GOLDMANN

Buch

Udo Jürgens hat Schlager- und Chanson-Geschichte geschrieben, jeder kennt seine Lieder. Im strahlenden Glanz des Musikgeschäfts hat er gestanden, aber auch in dessen kaltem Schatten. Ein Leben, von den Medien geprägt, als Star und als Opfer. Ungeschminkt und offen erzählt Udo Jürgens in diesem Buch von Höhenflügen und Niederlagen, von seiner Lust am Leben, aber auch von seiner Angst, von Liebe und deren Verlust. Und ungewollt vielleicht verrät uns der Künstler Udo Jürgens auch sein Erfolgsgeheimnis: es ist sein Mut, immer wieder einen Traum zu wagen, und seine Bereitschaft, alles zu geben. In den letzten Sekunden vor jedem Auftritt ist dieses prikkelnde Gefühl wieder da: ... unterm Smoking Gänsehaut.

Autor

Udo Jürgens (eigentlich Udo Jürgen Bockelmann) wurde am 30. September 1934 in Klagenfurt geboren. Schon als Schüler studierte er ab 1948 Klavier, Gesang und Kompositionslehre am Klagenfurter Konservatorium. 1950 gewann er als jüngster von 300 Teilnehmern mit seinem Lied »Je t'aime« den Komponistenwettbewerb des Österreichischen Rundfunks. 1964 nahm er zum ersten Mal am »Grand Prix d'Eurovision et de la Chanson« teil und erreichte mit »Warum nur, warum« den fünften Platz. Das Lied wurde sein erster Welterfolg und brachte ihm in der englischsprachigen Version »Walk away« seine erste internationale »Goldene Schallplatte« ein. 1966 gewann er mit »Merci Chérie« den »Grand Prix«.
Es folgten Tourneen, die alle Rekorde brachen und Udo Jürgens zu einem der erfolgreichsten Musikinterpreten, Musiker und Komponisten der deutschen Musikgeschichte machten. Seine Popularität hält seit Jahrzehnten ungebrochen an.

Udo Jürgens
...unterm Smoking Gänsehaut

Erzählen will ich –
aus meinem herrlich-verrückten
Leben in einer schrecklich
verrückten Zeit

GOLDMANN VERLAG

Umwelthinweis:
Alle bedruckten Materialien dieses Taschenbuches
sind chlorfrei und umweltschonend.

Der Goldmann Verlag
ist ein Unternehmen der Verlagsgruppe Bertelsmann

Aktualisierte, vom Autor durchgesehene
Taschenbuchausgabe Dezember 1995
© 1994 der Originalausgabe C. Bertelsmann
Verlag GmbH, München
Umschlaggestaltung: Klaus Renner
unter Verwendung eines Fotos von Peter Kranzler
Satz: IBV Satz- und Datentechnik GmbH, Berlin
Druck: Graph. Großbetrieb Pößneck
Verlagsnummer: 12691
kf · Herstellung: Ludwig Weidenbeck
Made in Germany
ISBN 3-442-12691-6

1 3 5 7 9 10 8 6 4 2

Inhaltsverzeichnis

In eigener Sache
oder Wie fängt man ein Buch an?   9

Opening
oder Improvisationen auf Papier   12

Das Konzert der Konzerte
oder Der vergebliche Versuch, ein gigantisches Ereignis
bescheiden zu schildern   23

Auch ich war mal »17 Jahr'«
oder Das Jahr der ersten Entscheidung   33

Mein Klagenfurt
oder Die Flucht aus den Mauern der Jugend   41

Schweiz
oder Wer jodelt, ist noch lange nicht von gestern   51

Ihr Lieben daheim
oder Ein großer Vater und seine
»Dame des höchsten Ansehens«   59

Zwölf Töne statt Zehn Gebote
oder Wenn wir nicht bereit sind, die Wahrheit zu
akzeptieren, werden wir es bitter bereuen   73

Ein Kärntner in Amerika
oder Jugend an den Grenzen des Denkens,
Fühlens und Liebens   83

Von den »Tollen Tanten«
bis zum »Schloß am Wörthersee«
oder Die Kunst,
dreißig Jahre auch beim Film mitzumachen,
ohne ein Filmstar zu werden   95

Arbeitspause
oder Erinnerungen über den Klippen des Meeres
und des Lebens   103

Jonny, Jenny, Sonja und ich
oder Wir vier sind vielleicht sogar mehr als eine Familie   109

Die Scheidung
oder Die Erkenntnis, getrennt glücklicher zu leben   123

Der Skandal
oder Viel Lärm um nichts   133

Nachgedanken
oder Medienfreiheit um jeden Preis?   145

Unterm Smoking – Gänsehaut
oder Wenn die Seele Geschichte erlebt   149

Nachlese
oder Deutschland überm Zürichsee   163

Corinna
oder Liebe und Lust, Leid und Loriot   167

Manager
oder Die Kunst, den Champagner aus den Hirnschalen
anderer zu trinken   181

Rausch der Termine
oder »Hast du heute abend Zeit für mich?«   199

Algarve
oder Mein Adlerhorst über der Piratenbucht   207

Fans
oder Musik als Brücke zur Freundschaft   217

Ober, bitte zahlen!
oder Wie wird man ärmer mit Glücksgefühlen?   225

1954
oder Die Pubertät meiner Musik   231

Mein Alltag, die Nacht
oder Freund, hast du den Rappen gesattelt?   237

Der ganz normale Größenwahn
oder Der Traum, daß Lieder uns verändern   257

Da Capo
oder Ein Finale ist immer auch ein Anfang   269

Anhang in drei Teilen

Visionen
oder Die Philosophie des Quintenzirkels   283

Fiktionen
oder Ein Pressespiegel mit persönlichen Kommentaren   293

Informationen
oder Ein Leben in Zahlen und Fakten   321

In eigener Sache

oder

Wie fängt man ein Buch an?

Ich weiß, daß alle, die dieses Buch lesen, sagen werden: Udo Jürgens hat dieses Buch von einem Ghostwriter schreiben lassen! So, wie es in der Branche in solchen Fällen üblich ist.

DEM IST NICHT SO!

Gleichzeitig aber muß ich sagen, daß dieses Buch nicht entstanden wäre, hätte ich nicht die Hilfe eines Freundes gehabt: Helmut-Maria Glogger. Als erfahrener Journalist und Buchautor hat er mir bei der Arbeit zur Seite gestanden.

Die schreibende Feder aber habe ich geführt.

Die Entstehungsgeschichte dieses Buches ist einfach zu erzählen: Im Laufe der Zeit habe ich viele besprochene Tonbänder gesammelt, da es eine Gewohnheit von mir ist, meine Gedanken Kassetten anzuvertrauen oder Interviews auf Tonbändern aufzuheben.

Zu diesen Quellen ist dann viel neues Gedankenmaterial hinzugekommen, so daß ich über ein Drittel des Buches erst einmal mit der Hand aufgeschrieben habe. Was mir nicht leichtgefallen ist, da ich mir dabei eine Entzündung am rechten Arm zugezogen habe: Soviel habe ich ja nicht mal in der Schule schreiben müssen! – Und das ausgerechnet mir, der ich doch ohnehin seit Jahren vom Klavierspielen am »beidseitigen Tennisarm« laboriere.

Übrigens: Mein »Schreibtisch« ist ein ganz ordinäres Küchentablett. Denn immer wenn ich ordentlich am Tisch sitze, fällt mir gerade nichts ein. Wenn ich irgendwo herumdöse, am Pool, im Bett, vorm Fernseher oder sonstwo, dann springen mich die Ideen an.

Auf dem Tablett habe ich meine Lesebrille, meinen Stift und das Manuskript, an dem ich gerade herumwurschtele. Und ich achte darauf, daß »mein Tablett« immer in meiner Nähe ist.

Ein Griff – und los geht's.

Große Teile des Buches habe ich in langen Monologen in Portugal auf nicht weniger langen Spaziergängen über den Klippen ins Aufnahmegerät diktiert. Oder in meiner Wohnung in Zürich.

Viel habe ich gelernt bei dieser Arbeit. Ungeheuer viel habe ich über mich selbst erfahren.

Viel schwieriger würde ich heute mit meinem Alter, mit der Tatsache, daß ich sechzig Jahre alt werde, umgehen, hätte ich diese Arbeit nicht gemacht!

Ich habe mich bemüht, vor allem die Zeit, in der ich lebe, in den Mittelpunkt zu stellen. Mich auch als Zeitzeugen zu sehen.

»... unterm Smoking Gänsehaut« heißt das Buch.

Und das trifft den Gedanken, daß ich in meinem Leben eigentlich nie besonders gerne einen Smoking getragen habe. Eigentlich trug ich ihn, weil ich mich neutralisieren wollte, in einer Zeit, in der alle mit zerrissenen Jeans oder, im anderen Extrem, mit Goldjacken auf die Bühne kamen. Jeder, der mich privat kennt, weiß, daß ich mich eher locker kleide. Ganz gern mal elegant, aber leger.

Ein Smoking erzeugt jene Neutralität, mit der ein glaubhafter Konzertmusiker auf die Bühne geht. Das war die ursprüngliche Idee. Und es wurde Tradition. Die Besucherinnen und Besucher meiner Konzerte wissen, daß ich im Smoking erscheine. Und jung und alt kamen und kommen wahrscheinlich deshalb in meine Konzerte fast so angezogen wie zu den Salzburger Festspielen.

Heute ist es auch ein Anlaß, seine Garderobe zu zeigen: Junge kommen in fetzigen Jeans, tragen dazu aber einen dunklen Blazer oder eine schicke Bluse.

So ein bißchen macht man meine Konzerte damit zu einem Ereignis, einem Feiertag, und ich habe absolut nichts dagegen.

Obendrein empfinde ich es als hochgradig dümmlich, daß sich heute Künstler und Intellektuelle, fast alle in meiner Branche, dadurch profilieren wollen, daß sie zu jeder Gelegenheit im »Archipel-Gulag-Look« erscheinen! Fünf-Tage-Bart und Fetzen-Klamotten sollen eine Einfachheit vortäuschen, die nicht aufrichtig ist, sondern modische Wichtigtuerei.

Läppisch und verlogen wie vieles, was heute leider modern ist.
Im Wohlstand läßt es sich leicht von Armut träumen.

Und die Gänsehaut?
Die Gänsehaut ist ein Gefühl, das ich in unendlich vielen Situationen auf der Bühne erlebt habe.

In meinen eigenen Konzerten bin ich oft von den Gefühlen und Inhalten der Texte weggetragen worden. Die melodische und harmonische Kraft der Musik verstärkt natürlich die Wirkung, vielleicht stärker, als es ihr zusteht. Das will ich ehrlich zugeben.

In meinen Liedern gibt es immer wieder Stellen, die »Gänsehaut-gefährlich« sind, und ich selbst bin der erste, der darauf reinfällt.

In diesen Sekunden empfinden wir – meinen Musikern geht's oft nicht anders – eine ungeheure Dankbarkeit dafür, daß wir diesen Beruf haben. Einen Beruf, in dem wir Gefühle ansprechen und zum Klingen bringen können – Gefühle, die wir selbst erleben: »... unterm Smoking Gänsehaut«.

Eigentlich will ich nichts anderes als erzählen.
Ja, das ist es, erzählen will ich, wie in einer lockeren Runde.
Ein Musikant, der im Leben immer etwas vorlaut gewesen ist, schon in der Schule, spinnt sein Garn. Und es sind immer die Vorlauten gewesen, die im Leben Visionen hatten und es wagten, sie auch auszusprechen.
Erzählen will ich – aus meinem herrlich-verrückten Leben in einer schrecklich verrückten Zeit.

Opening
oder
Improvisationen auf Papier

Ich improvisiere.
Will nicht ernsthaft sein.
Bin allein.
Sitze an keinem Klavier, sondern über namenlosen Klippen.
Bin nur ich.
Ein Mensch, der sich erinnert.
Hier, wo Europa ins Meer stürzt,
wie eine alte portugiesische Weisheit sagt.

Habe wunderbar in einer meiner kleinen Lieblingskneipen am Hafen einen gegrillten Tintenfisch gegessen, hier »Lula« genannt, als Apéro ein eiskaltes Bier aus Sagres und dann noch einen halben Liter des herben, spritzigen Vinho Verde getrunken.

Diesen portugiesischen Wein kannte ich bis vor wenigen Jahren gar nicht. Aber die Portugiesen kannten mein Lied »Griechischer Wein«. Das war auch hier unter dem Titel »Vinho Verde« ein riesiger Erfolg.

Gegessen und gesüffelt habe ich heute ganz allein. Ich bin mit dem Geländewagen von meinem Haus über den Klippen runter ins idyllische Fischerdörfchen Carvoeiro gekurvt.

Jetzt, im Januar, im so hellen atlantischen Winter, sind hier an der Algarve nur wenige Touristen. Das Dörfchen und seine tausend Seelen schlummern friedlich vor sich hin, wie die Fischerboote, die auf den geradezu winzigen Strand gezogen sind.

Ich habe meine gute Seele Maria mitgenommen runter nach Carvoeiro. Maria heißt mit Nachnamen »da Silva«, wie viele hier. Wie bei uns »Meier« oder »Müller«.

Maria, von undefinierbarem Alter – ich schätze sie auf fünfzig – ist wohlbeleibt, gutmütig, mit südländisch dunklem, festem Haar und führt mir meinen atlantischen Haushalt, mein »Casa do Mar«. Sie kümmert sich um alles, ob ich hier bin oder in Amsterdam, Wien, Südafrika, Berlin, Paris, in einem TV-Studio in einem der fünf Erdteile arbeite oder in Zürich über dem See komponiere, lebe, wohne.

Ich bin allein, mutterseelenallein. »Vaterseelenallein« ist im Wortschatz nicht vorgesehen, ich vermisse das Wort – und ich genieße zum erstenmal in meinem hektischen Leben das Alleinsein.

Hier oben in meinem Refugium über der felsigen Steilküste, über dem Algar Seco, dem Kalkgestein, das durchlöchert von Höhlen und Stollen ist. Unter mir tobt das Meer. Es arbeitet, die Wassermassen spülen Naturbogen aus, erweitern unmerklich die kleinen Strände, die mich fünfzig Meter unterhalb meines Hauses vom Sommer bis weit in den Herbst, ja selbst im Winter, zum Schwimmen einladen.

Mußte ich sechzig Jahre alt werden, um die Einsamkeit zu erleben?

Mußte ich durch Höhen und Tiefen eines stürmisch-wilden Musiklebens gehen? Mit Höhen in jubelnden Euphorien und Tiefen in lähmenden Depressionen? Beschenkt mit unendlich viel Liebe? Mit einer nie enden wollenden Lust am Leben? Um mich hier, am südwestlichsten Zipfel Europas wiederzufinden, vielleicht sogar endlich zu definieren?

In meinem Paß bin ich sechzig. Wenn ich über das Leben und seine Folgen nachdenke, bin ich sechsundsechzig. Aber in meiner Lebensfreude bin ich sechzehn.

Ich sitze da, ein Glas Wein in der Hand, schaue in die unendliche Weite der von Wolken frei geputzten Nacht. Keine Musik dudelt. Kein Straßenverkehr lärmt vor meinem Fenster. Kein Fernseher tobt mir immer neue Kriege ins Haus. Der Wind pfeift über das Dach hinweg – und ich merke langsam, warum die Algarve, die Küste, für die Portugiesen männlich ist.

Und ich fühle, warum ich mich hier so wohl fühle: Portugal erinnert mich an meine Heimat Österreich – so komisch das klingen mag. Tausende Kilometer von meinem Geburtsort in Kärnten entfernt, stoße ich wieder auf meine Wurzeln.

Wir Österreicher waren wie die Portugiesen einst die stolzesten Europäer. Das mag Vergangenheit sein und ist es doch wieder nicht. Mein Europa ist immer dort, wo das Jetzt und der Tag danach passiert, hat immer Osten mit Westen verbunden, den Menschen diesseits und jenseits. Es ist die gleichzeitige Gegenwart, die Spannung zwischen beiden und die Fruchtbarkeit ihrer Vereinigung, die mein Europa ausmachen.

Ein Schluck auf »mein Europa«, das für mich genauso in Klagenfurt liegt wie in meiner Wahlheimat Zürich, mitten im Herzen Europas, wie hier in Carvoeiro über den Klippen, die ferne Meere begrüßen.

Mein Österreich, meine Schweiz, mein Portugal – das sind die kleinen, aber so wichtigen Seelen Europas. Was wäre Europa ohne seine kleinen Länder? Sie sind das Gewissen dieses einzigartigen Kontinents. Das werden die Großen begreifen müssen auf dem Weg zur Einheit aller. Vor allem die kleinen Länder enthüllen das tiefste Wesen dieses wunderbaren, vielsprachigen, wichtigsten Kulturträgers unseres blauen Planeten.

Am liebsten würde ich mich jetzt an mein Klavier setzen und meine Gefühle in die schwarzen und weißen Tasten drücken. Doch heute abend bin ich zu entspannt, genieße es, allein zu sein, wirklich allein, mich und mein Leben entdeckend.

Meine Gedanken reisen zurück in meine Kindheit, als ich mich als kleiner Bub in blankgewetzten Lederhosen in das »Herrenzimmer« stellte und mich dort, in dem kleinen Erker mit den hohen Fenstern, als Kapitän auf brandend-hohen Ozeanen fühlte.

»Der Udo ist wieder weit draußen auf See«, stichelte mein großer Bruder John. Damals stritten wir unentwegt. Heute ist John eine »feste Größe« in meinem Leben. Meine Mutter lächelte dazu, und mein Vater fühlte, daß dieser Sohn sein Leben wohl kaum auf der heimischen Scholle von Schloß Ottmanach, meinem Heimatflecken, beenden würde.

Übrigens: Im »Damenzimmer« des Schlosses, das unser Wohnzimmer war, stand der Flügel, der mein Schicksal bestimmen sollte.

Sekunden später bin ich in Amerika, sehe meine Studentenliebe, eine dunkelhäutige Amerikanerin, vor mir, Adrienne Hall aus Pittsburgh, schmecke ihre Küsse, verstehe heute, warum mein Sohn Jonny, wie ich in seinem Alter, so leicht dem Reiz exotischer Frauen erliegt und mich mit dem kleinen Angelo zum Großvater machte.

Ich denke an München, die Stadt, der ich viel zu verdanken habe. Meine ersten Erfolge, Mega-Hits wie »Merci Chérie«, »17 Jahr', blondes Haar« und »Was ich dir sagen will« habe ich hier geschrieben. Ich fliege durch die Zeit. Habe einen neuen Manager, Freddy Burger, eine neue Adresse, nicht mehr Kitzbühel, jetzt Zürich. Doch meine Freunde bleiben. Neue kommen hinzu.

Gedanken. Wolkenfetzen. Sterne. Erinnerungen.

Ich rase durch Städte, von Zimmer zu Suite, von Klavier zu Flügel, von Bühne zu Kamera, von Jubel-Rausch zu Wodka-Rausch – damals, auf meinen frühen Tourneen.

Ich sehe mich in meinem weißen Bademantel auf irgendeiner Bühne sitzen, vor mir wunderschöne Mädchen, von denen ich eines, vielleicht waren es manchmal auch zwei, mit in mein Hotelzimmer nahm. Nichts ernst nehmend. Schon gar nicht das Leben.

Hier, allein unter dem blankgeputzten Himmel Portugals, umspült von Kilometern von Meer, kann ich die Jahre Revue passieren lassen, ohne in meinen Erinnerungen gestört zu werden. Ich kann alles hervorkramen, was ich will, was mir in den Sinn kommt.

So sehe ich mich in der Altstadt von Aachen stehen. Ich weiß noch genau die Stelle, an der ich Corinna zum ersten Mal sah. Vor vielen Jahren.

Ich sitze mit Freddy Burger, der längst nicht mehr nur mein Manager, sondern auch mein Freund geworden ist, in Brasilien, in irgendeiner Bar, umringt von den schönsten Mädchen Rio de Janeiros. Erinnere mich, wie Shirley Bassey und ich in der Maracaná-Halle vom tosenden Erfolg vor 40000 Menschen fast »erschlagen« wurden.

Ich sehe mich, wie ich in Peking im Kulturpalast an meinem gläsernen Flügel sitze und zum ersten und einzigen Mal in meinem Leben chinesisch singe; ich erinnere mich, wie ich im »Palladium« in Hollywood auftrete und für »The Best Country Song Of The

Year« eine Auszeichnung als Komponist erhalte. »Buenos días« hatte es in den USA in einer Country-Version zum Superhit geschafft.

Szenenwechsel. Ich erinnere mich, wie ich im Mannschaftslager der deutschen Fußballnationalmannschaft am Comer See mit Franz Beckenbauer und Lothar Matthäus darauf anstoße, daß Deutschland in Italien hoffentlich Fußballweltmeister werden wird und mein Lied »Sempre Roma« der Wegweiser zum Ziel.

Und schon bin ich in einem alten Kastell bei Florenz, wo ich den weltberühmten deutschen Hollywood-Regisseur Wolfgang Petersen (»Das Boot«, »In The Line Of Fire«) treffe, um mit ihm einen Spot zu drehen.

Bruchteile einer Sekunde später lande und starte ich, unterwegs zu Konzerten, Terminen, Aufnahmen, Freunden. Bin in meiner Wohnung, den Text dieses Buches auf den Knien. Immer wieder alles lesend, redigierend, neu formulierend.

Und ich empfinde plötzlich den ganzen rastlosen Wahnsinn unserer Zeit. Allein im letzten Jahr habe ich 97 Starts und Landungen absolviert. Viel mehr macht ein Pilot auch nicht, denke ich. Die Flugkilometer, die ich bis heute zurückgelegt habe, lassen sich nur noch in Millionen ausdrücken.

Das Jahrhundert der grenzenlosen Unruhe!

Unsere Gedanken fliegen uns voraus, sind noch schneller als wir. Aber was ist mit unseren Seelen? Können wir sicher sein, daß auch sie überall ankommen, wo wir schon sind? Oder folgen sie uns mit großem Abstand? Ist vielleicht deshalb alles so kalt, so seelenlos geworden?

Es ist eigenartig, schmerzlich-schön, sich seinen Gedanken und Erinnerungen hinzugeben, alles loszulassen, alles in sich aufkeimen zu lassen.

Plötzlich sehe ich mich allein in Amsterdam im Vincent-van-Gogh-Museum stehen. Vor meinem Lieblingsbild, vor den »Roggenfeldern, die in Flammen stehen«, wie ich sie in meinem Lied »Traumtänzer« zitiert habe. Wo ich den ganzen Irrsinn des Lebens entdeckte: Ein Mann, van Gogh, malte nur wenige Jahre, keiner wollte ein Bild von ihm. Er ging daran zugrunde – und heute? Heute sind seine Bilder kaum noch mit Geld zu bezahlen.

Jener geschichtsschwangere November fällt mir ein, der Moment, in dem in Berlin die Mauer fiel. Genau in jener Nacht war ich am Brandenburger Tor, war Zeit- und Augenzeuge dieser freudetrunkenen Stunden.

Charlie Chaplin schießt mir durch den Kopf. Der kleine, weißhaarige Mann auf einer Bühne in Hollywood, als er, um die neunzig Jahre alt, den »Oscar« für seine Lebensleistung bekam. Und wie haben die Amerikaner, oder sagen wir die Presse, dieses Genie gehaßt, verfolgt, aus dem Land getrieben! Weil er sich, als alter Mann noch, in ein vierzehnjähriges Mädchen verliebt hatte – und das den Puritanern nicht ins moralische Weltbild paßte!

Jahrzehnte war der Schöpfer von so unvergessenen Filmen wie »Goldrausch«, »Moderne Zeiten« und »Der Große Diktator« nicht in seiner Wahlheimat Amerika gewesen. Verbannt. Und jetzt stand er da, weinend. All die großen Stars der Welt erhoben sich von ihren Plätzen und jubelten ihm zu. Dazu spielte man seine berühmte Filmmelodie »Smile«. In dieser Sekunde, als ich diese Bilder sah, entstand in meinem Kopf die Idee zu dem Lied »Nur ein Lächeln«.

Ja, Leben ist Gefühl!

Mein Skandal – vor wenigen Jahren – kommt mir in den Sinn. Als ich von der größten deutschen Sonntagszeitung in eine Rufmordkampagne gezogen wurde, zusammen mit einem netten, sympathischen dreizehnjährigen Mädchen. Und erst bei dieser Kampagne merkte ich, wer wirklich meine Freunde waren!

Noch ein Schlückchen Vinho Verde. Und eine Zeile von Francesco Petrarca fällt mir ein. Die einzige, die ich von diesem italienischen Dichter aus dem Mittelalter auswendig kenne, der seine junge Geliebte Laura in wunderschönen Sonetten beschrieben hat. Ein Zweizeiler, über den ich manchmal schmunzelnd sinniere:

Ein Held, der einst durch wilde Wogenbette
Mit seinem Liede schwamm, als seinem Steuer.

Also, ein Held bin ich wahrlich keiner. Eher ein Lebenskünstler. Eine harmoniesüchtige Waage eben. So mancher Sturm hat mich geschüttelt oder mich auch in schwindlige Höhen getragen. Doch immer wieder zog es mich an mein wahres Lebenssteuer: an mein

Klavier, um in mir etwas Neues zu entdecken und als Lied in Töne zu betten.

Einer meiner besten Freunde, Peter Wagner, mein Produzent, ein Berliner, ist heute mittag mit seiner Frau von Faro abgeflogen. Ebenso eine befreundete Familie, die in der Nachbarschaft eine Woche Ferien gemacht hat.

Peter und ich haben im »Casa do Mar«, meinem portugiesischen Heim, gearbeitet, geackert, gedacht, gelacht, verworfen, entworfen, hatten eine Idee, dann eine bessere, dann eine, die die bessere um Längen schlug – dann in der Sauna eine noch viel gewagtere.

Mit Corinna, meiner Freundin, habe ich telefoniert. Wie immer mehrmals am Tag. Sie bangt um das Leben ihrer Mutter, die schwer krank ist, fürchtet um ihren Vater, der das Leiden seiner geliebten Frau nicht wahrhaben will. Ich kann ihn verstehen. Würde ich anders reagieren? Habe ich nicht auch den Tod meines Vaters mit meinen Brüdern vorausgeahnt? Und habe ich nicht einen langen Monat nicht begreifen können, daß meine Mutter im Koma lag – und auf den Tod wartete, um erlöst zu werden?

»Junge, wann wirst du endlich erwachsen?« Das waren ihre Worte, wenn ich wieder mal irgend etwas Verrücktes beruflich oder privat angestellt hatte.

Heute habe ich es aufgegeben, erwachsen zu werden. Es sind die Erwachsenen, die Kinder in Kriege hetzen, Regenwälder roden, unsere Welt zerstören. Erich Kästner hatte recht, als er sinngemäß sagte: »Ein Erwachsener ist nur zu ertragen, wenn er sich Kindliches bewahrt hat.«

Alt will ich werden, aber nicht erwachsen.

Zeitlupenaufnahmen, Ausschläge des Schicksals: Leben pur, ungefiltert. Mal Bohemien, dann wieder ernsthafter Komponist, gelobt von Herbert von Karajan und Leonard Bernstein.

Und immer wieder diese Sucht, sich selbst auf einer Bühne total zu beweisen, seine Gefühle in die Tasten hauen zu müssen. Weil du genau in dir spürst: Die Bühne – das ist dein Leben.

Hätten meine Eltern, als ich am 30. September 1934 geboren wurde, je ahnen können, daß dieser kleine Bursche mit den braunen Augen und der zu großen Nase einmal das größte Konzert unter freiem Himmel in Europa geben würde?

Es war in Wien, in einer der schönsten Sommernächte, auf der Donauinsel. Über zweihundertdreißigtausend Menschen waren gekommen, um an diesem Abend meine Musik zu hören. Mit großem Symphonieorchester, mit Chor, mit dem Pepe-Lienhard-Orchester.

Was für ein Leben! Das des Udo Jürgen Bockelmann? Der als Udo Jürgens lebt, liebt und den Traum nach Frieden, Geborgenheit und ewiger Liebe nie ausgeträumt hat? Die Uhr steht heute für mich still. Befremdend, aber ungemein schön.

Ich höre das Meer wie ein Donnern unterirdischer Fuhrwerke. Es ist kein Brunnen, an dem ich mich laben kann. Jede Welle ist eine Herausforderung, ist ein wilder Stoß, der mich antreibt.

Peter ist jetzt sicher schon an der Spree, in Berlin, seinem Zuhause. Mit seiner jungen Frau Anke. Vielleicht ist er aber auch schon wieder unterwegs. In einem der wilden, neuen Schuppen, in denen die Musik für das nächste Jahrhundert gemacht wird. Vielleicht sieht er Horizonte. Ich sehe hier mehr als nur einen Horizont. Der überragt uns alle, macht uns auf krasse Weise deutlich, wie sterblich wir sind. Wie wir uns irren, verfehlen, bedenkenlos aufs Spiel setzen, was uns auszeichnet: unsere Neigung zur Freiheit, unsere Möglichkeit zur Subjektivität und unsere Widersprüche.

Auch die Journalisten, die mich hier in Portugal in den letzten Tagen interviewt und fotografiert haben, sind weg. Sicher in einer Redaktion, in der sie sich über Hunderte von Dias beugen, um genau das herauszufiltern, das sie für druckenswert halten – und in dem ich mich absolut nicht werde wiederentdecken können.

Tatendrang und Selbstironie, Sehnsucht und Angst – das eben läßt sich nicht auf Zelluloid bannen. Visionen und Träume auch nicht.

Der aus der Ferne angereiste Journalist konnte mein Refugium kaum genießen: Er mußte, während er aufs Meer hinausschaute, in seinem Archivmaterial blättern, mußte an unterstrichenen Reizworten hängenbleiben und überlegen, sich Fragen ausdenken, die er mir stellen soll, die mir vielleicht eine unüberlegte Antwort entlocken...

Alle diese Worte, wohin gehen sie? Egal, ob man sie sagt oder druckt?

Nirgendwohin, denke ich. Sie sind eh nur Konfetti, das man hochwirft, das verschwindet. Und die doch immer auf mich zurückfallen – egal, ob ich sie nie gesagt, nicht mal gedacht habe.

Das Tonband, das ich oft laufen lasse, wenn ich vor mich hin philosophiere, ist zu Ende. Ich habe es nicht mal gemerkt. Erst das ratternde Geräusch elektronischer Allgegenwärtigkeit weckt mich aus meinen Träumen.

Meine Erinnerungen sind sekundenkurze Wahrnehmungen, die mein Auge, gepaart mit meinem Gedächtnis und meiner Phantasie, ergänzt, eine Geschichte, meine Geschichte, Gestalt annehmen läßt. Über mir der wolkenlose Himmel macht mir die Linien der Nacht deutlich, fügt einzelne Bilder zu Sternbildern zusammen. Nirgends so klar wie hier an der Algarve.

Meine Gedanken sind nicht so konturenscharf, in meinem Gedächtnis sind Hunderte von Details vergraben. Soll ich mich an sie erinnern?

Immer hatte ich mir gegenüber mehr Selbstkritik, als die Öffentlichkeit je ahnte. Ich war nur selten mit mir zufrieden.

Heute habe ich mir mein Recht auf Unzulänglichkeit wohl erkämpft.

Dabei habe ich doch immer versucht, meine Gefühle in Worte zu kleiden, die ich mit Tönen unterlegt, als Lieder gefaßt habe, und erst gemeinsam sind wir drei als Geschichte entstanden.

Mitternacht ist lange vorbei. Der Himmel noch genauso frisch wie der Wind.

Keine Melancholie, bitte.

Laßt mich Ehrlichkeit versuchen.

Das Konzert der Konzerte

oder

Der vergebliche Versuch, ein gigantisches
Ereignis bescheiden zu schildern

WIEN, DONAUINSEL, ENDE JUNI 1992

»Herr Professor... I bitt' Sie jetzt, bleiben'S ganz ruhig... regen'S
sich nur net auf... Herr Professor, i bitt' Sie, bitte net aufregn...
aber Sie müss'n ma zuhören... alsdann, Herr Professor... da
kommt was Unglaubliches auf uns zu.«

Der Chef des Wiener Donauinselgeländes ist nervös. Sehr nervös.

»Verehrter Herr Professor! Als der Verantwortliche... wissn'S
eh, Sie verstengans doch... Alsdann, kurz... es bahnt sich Unglaubliches an... Sie... verstengan'S mi scho... als Verantwortli-
cher... schier Unglaubliches eben«, wiederholt der Mann immer
wieder mit fassungsloser Miene und reibt sich immer nervöser
werdend die Hände.

Aber was bahnt sich denn Unglaubliches an?

Ich kann jetzt keine Schreckensnachrichten gebrauchen. In wenigen Minuten muß ich den großen Wohnwagen, der wie alle
Wohnwagen der Welt spießig und zickig eingerichtet ist, verlassen, muß auf die Bühne, will mein Open-Air-Konzert auf der Wiener Donauinsel wie geplant beginnen.

Plötzlich durchzuckt es mich: Gibt es irgendeinen Ärger? War
die Wetterprognose schlecht? Droht ein Sturm? Ein Gewitter?
Bitte nicht, nicht hier in Wien!

Vor wenigen Tagen erst habe ich zusammen mit dem Frankfurter Symphonieorchester unter der Leitung seines Chefdirigenten
Peter Falk, dem Frankfurter Jugendchor und dem Pepe-Lienhard-

Orchester einen triumphalen Erfolg im alten römischen Amphitheater von Windisch in der Schweiz erlebt – mit dem Open-Air-
Konzert, das von RTL aufgezeichnet und inzwischen mehrmals
gesendet wurde.

Schon in Windisch schwankten die großen, mächtigen Bäume
bedrohlich. Immer wieder mußten Techniker die Pflöcke nach-
schlagen, um die gewaltige Bühne zu sichern. Doch das Gewitter,
das sich über dem Schweizer Jura in der Ferne abzeichnete, zog
damals wie durch ein Wunder an uns vorbei. Und der Abend
wurde ein Erlebnis! Für uns alle, für die Veranstalter, den Sponsor, die Musiker, die Techniker, mich und die rund zehntausend
Menschen, die sich über zweieinhalb Stunden in meine musikalischen Welten entführen ließen.

»Also noch amal, Herr Professor... I bin eben der Verantwortliche... aber bitte, regen'S Ehna nur net auf... da kommt was
Unglaubliches auf uns zu«, sagt der Mann erneut und schüttelt
sorgenvoll den Kopf.

Neben mir sitzen auf abgewetzten typischen Wohnwagenbän-
ken mein musikalischer Assistent Georges Walther und mein Solo-
geiger Christian Fink, mit dem mich eine besondere Freundschaft
verbindet, mein Schweizer Orchesterchef Pepe Lienhard, mein
Manager Freddy Burger, seine rechte Hand Mucki Stammler und
der Dirigent Peter Falk.

Wir alle sind angespannt, nervös, denn dieses Konzert unter
freiem Himmel in Wien hat eine ganz besondere Größenordnung,
eine eigene Dimension. Man rechnet bei schönem Wetter mit sage
und schreibe an die hunderttausend Menschen! Und selbst bei einem »normalen« Konzert bin ich ohnehin schon angespannt, lau-
ere geradezu darauf, daß etwas Schreckliches passiert.

Und tatsächlich: Bei unserem allerletzten Open-Air-Konzert in
Dresden sollten wir alle knapp einer Katastrophe entrinnen, als
sich kurz vor der Probe ein gewaltiges Gewitter entlud, direkt
über unseren Köpfen. Der gesamte sündhaft teure Zeltaufbau
brach zusammen. Die gesamte fünfhunderttausend Mark teure
Bühne wurde zerstört. Scheinwerfer krachten zu Boden, Lautspre-
cher kippten um, Stühle, Notenständer und Computer versanken
im Regen, Instrumente für viele hunderttausend Mark wurden
zerstört. Gesamtschaden: knapp 1,5 Millionen!

Dabei begann auch jener Tag so schön wie der in Wien. Ich war um die Mittagszeit im Privatjet von Zürich nach Dresden geflogen. Bereits über den Wolken wurden wir gewarnt: Unwetter! Eine Stunde kreisten wir über der Stadt. Über uns die gecharterte Lufthansa-Sondermaschine mit dem Symphonieorchester Frankfurt und dem Jugendchor.

Landung in Dresden. Gewitter, Blitz, Donner, Regen.

Dann das Chaos: Mein Flügel zertrümmert – ein Stahlrohr hat ihn getroffen. Über der Harfe liegt ein zerschmetterter Scheinwerfer. Dort, wo die Geiger sitzen, klafft ein tiefes Loch in der Bühne. Und dort, wo Pepe und ich spielen sollten, liegen abgeknickte Masten.

Diese Bilder tauchen bis heute vor mir auf. Dieses Trümmerfeld, dieses Chaos. Nicht auszudenken, wenn wir alle zur Probe – wie geplant – auf der Bühne gestanden hätten!

Später haben wir rekonstruiert, daß mindestens acht von uns, fünf in der vordersten Reihe und drei bei den Streichern, den Tod gefunden hätten!

Boulevard-Zeitungen war diese wirkliche Gefährdung meiner Musiker und mir nur wenige Zeilen wert. Wenn ich aber eine völlig harmlose Mittelohrentzündung habe, dann ringe ich sofort mit dem Tod, kämpfe auf jeden Fall schon mal mit drohender absoluter Taubheit. Als ich den Tod wirklich vor Augen hatte – acht magere Zeilen. Nie werde ich wohl die geheimnisvollen Mechanismen von Redaktionen begreifen.

Gewitter, Unwetter, starke Böen – das sind die Alpträume vor jedem Open-Air-Konzert.

Und so denke ich auch an diesem wunderschönen 27. Juni 1992 in Wien, als mir der nervöse Mann immer wieder etwas von »Unvorstellbares geschieht« erzählt, sofort an eine Naturkatastrophe.

Bitte, bitte kein Gewitter! Bitte kein Unwetter, jetzt, nur wenige Minuten vor dem Konzert.

Ich äuge durch das kleine Fenster im Wohnwagen nach draußen: Keine Wolke am Himmel. Vollmond! Ein traumhaftes Ambiente, eine Stimmung, wie man sie sich nicht besser hätte ausdenken können. Also, was soll sich da schon Unglaubliches anbahnen?

Ein zweiter Mann tritt auf uns zu, ein hagerer Bursche mit einem Walkie-talkie um den Hals, und flüstert dem Chef des Wiener Donauinselgeländes etwas ins Ohr.

Und wieder beginnt dieser Mann mit dem Satz, den ich nicht mehr hören will: »Also, Herr Professor Jürgens... jetzt wiss' ma's genau... das Unglaubliche ist eingetroffen.«

Ja, was denn! »Um Himmels willen, was denn«, frage ich gequält und leicht entnervt.

»Herr Professor... i muß es Ehna sagen... Wir hab'n jetzt schon a Rekordkulisse... und das a halbe Stund' vor dem Konzertbeginn...«

Der Mann lauscht in sein Walkie-talkie: »Und g'rad gibt ma die Polizei durch... hallo, hallo, ich höre... schon hundertfünfzigtausend Zuschauer auf der Insel sind da... Alle Zufahrtswege sind total verstopft... wenn des so weita geht... ja, dann kommen noch fünfzigtausend dazua... dann hamma summa summarum zweihunderttausend da... oder vielleicht sogar noch mehr... kaum zu glauben... so etwas hab' i noch nie erlebt... meine Mitarbeiter natürlich schon gar nie nicht! ...Ja, und die Polizei... der wird langsam das Sicherheitsrisiko zu groß...«

Ich fasse es nicht! Welche Erleichterung! Doch plötzlich durchzuckt mich ein Schreck! In wenigen Minuten muß ich doch raus auf die Bühne. Muß vor diese gewaltige Menschenmenge treten und singen. Und immer noch sind nicht alle da.
Du lieber Gott, ZWEIHUNDERTTAUSEND!

Meine Angst paart sich aber mit tiefster Freude. Ich schaue in die Gesichter meiner Freunde, meiner Mitarbeiter. Ich versuche, nur das Positive in ihren Gesichtern zu erkennen, das mir Mut und Selbstvertrauen gibt.

Ich lasse sofort Peter Wagner zu mir kommen. Er ist für die gewaltige Beschallung zuständig.

»Peter, für wie viele Menschen reicht unsere Soundanlage aus?«

»Für über hunderttausend«, strahlt er mich an.

»Peter, wir werden aber zweihunderttausend oder sogar noch mehr Besucher haben«, sage ich ihm leicht besorgt.

»Das gibt's doch nicht«, setzt er sich fassungslos hin.

»Wird das funktionieren? Wird man mich überall hören?«

»Ganz hinten und an den Seiten könnte es problematisch werden. Wir brauchen etwas Glück«, meint Peter nachdenklich. »Wenn kein Wind ist, könnte es klappen.«

»Könnte«, denke ich beunruhigt. Was mache ich aber, wenn es nicht klappt? Wenn solche Massen unruhig werden? Weil sie akustisch nicht ins Geschehen eingebunden sind? Dann kann die Stimmung schnell kippen. Das weiß ich aus Erfahrung.

Es ist nicht zu fassen: Über zweihunderttausend Menschen wollen meine Musik hören!

Und in dieser Sekunde erinnere ich mich daran, wie so mancher mir vor Monaten gesagt hat: Udo, diese Open-Air-Konzerte werden eine große Pleite! Damit hast du dich übernommen! Das will niemand von dir!

Eine Euphorie packt mich, und ich grinse den ängstlichen Chef des Wiener Donauinselgeländes an. Ich nehme ihn in die Arme und tanze mit dem verdutzten Mann durch den Wohnwagen.

Wenn das nicht das größte Konzert meines Lebens wird!

Die Mischung aus Angst und Freude setzt eine übernatürliche Kraft in mir frei.

Keine Wolke stört den Abend, kein Wind. Der Mond lacht mir zu. Alles ist so unwirklich und doch so wirklich. Es ist wunderschön warm. Die Dämmerung hat alles in ein weiches, sanftes Licht gehüllt.

Und dann hebt Peter Falk den Dirigentenstab, und das Frankfurter Symphonieorchester beginnt mit der Ouvertüre.

Ich höre hinter der Bühne die Musik des riesigen Orchesters majestätisch und mächtig erklingen. Und eine große, unbändige Kraft und Ruhe senkt sich in meinen Körper. Ich weiß in dieser Sekunde, daß ich gewinnen werde.

Ich traue mir selbst zu, mit Unruhe im Publikum, mit technischen Defekten, mit allem, was da kommen mag, fertig zu werden. Ja, selbst mit einem Krawall!

Ich fühle mich unbesiegbar.

Jetzt werde ich es euch allen zeigen! Ich werde mir jetzt dieses Klavier zur Brust nehmen und werde in diese verdammten Tasten hauen, als sei das Jüngste Gericht über alle Klaviere dieser Welt hereingebrochen.

Ich werde meinen Kopf ins Genick werfen und meine Lieder hinausschreien.

Es gibt jetzt keinen Ton, den ich nicht singen könnte. Ich kann es kaum erwarten, hinaus, vor diese gewaltige Menschenmenge zu gehen.

Endlich – die Ouvertüre ist verklungen. Es ist soweit.

Ich trete auf die Bühne meines Lebens. Ein nie gehörter Orkan braust auf.

»Die Welt braucht Lieder!«

Jede Anstrengung hat sich gelohnt. Es wurde das größte Konzert meines langen Musikerlebens. Ein Konzert, das man mit Worten nicht beschreiben kann. Mein größter Wunsch ging in Erfüllung – und alles, wirklich alles, paßte an diesem Abend zusammen.

Als ich eines meiner bekanntesten Lieder singe, die Ballade über die Fremdenfeindlichkeit, »Griechischer Wein«, sehe ich von meinem Klavierstuhl aus in der ersten Reihe einen Mann stehen. Mit schwarzem Schnurrbart, dunklen krausen Haaren. Der Mann weint.

Ich denke: Der Mann ist sicher Grieche.

Ich unterbreche das Lied, gebe ein kurzes Zeichen an Pepe und Peter Falk, das Orchester verstummt. Ich stehe auf, gehe mit meinem Mikrophon auf den weinenden Mann zu und frage ihn: »Sind Sie Grieche?«

»Nein, ich bin Türke.«

Ich sage: »Es gibt ja viele Probleme zwischen den Türken und den Griechen.«

»Ja, die gibt es«, sagt er unter Tränen. »Trotzdem – wenn wir Türken dieses Lied hören, fühlen wir uns angesprochen. Es trifft auch uns, und es ist unser Wunsch, daß Sie mal ein Lied über uns schreiben.«

Das sagt er mir – inmitten aller Menschen.

Ich wiederhole seine Worte nochmals durch das Mikrophon, damit es auch wirklich alle hören können.

Dann sage ich: »Wir spielen dieses Lied jetzt für Sie. Für alle Türken und alle Griechen.«

Und wir stimmen erneut »Griechischer Wein« an. Taschentücher in unzähligen Händen, Tausende Feuerzeuge und Wunderkerzen. Bis in die letzten Reihen hat man empfunden, was da passiert ist.

Gegen 23.15 Uhr sollte Schluß sein. Doch die Menschen haben zwanzig Minuten lang getobt, wollten mehr und mehr hören. Was tun?

Ganz einfach: Ich gehe auf die Bühne hinaus, setze mich ans Klavier und spiele weiter. Ohne Orchester, ohne Band, ohne Chor. Nur ich. Allein. Vor fast einer Viertelmillion Menschen.

Nach weiteren zwanzig Solo-Minuten klettert ein Wiener Polizist auf die Bühne und sagt mir im unnachahmlichen Wiener Dialekt: »Also, Herr Professor... bitte denken'S dran, die Veranstaltung langsam zu beenden... wegen der Leut'... und wegen der Verkehrsbetriebe... verstengan'S scho: ...wissn'S was, ...es is besser, wenn ma jetzt Schluß machn.«

»Okay«, nicke ich ihm zu. Ich zupfe mir meinen Bademantel zurecht, den ich immer anhabe, wenn ich nach dem offiziellen Konzert noch allein Zugaben spiele, und schlage erst das »Ehrenwerte Haus« an, dann – als Dankeschön an das wunderbare Wiener Publikum – »Merci Chérie«.

Blumen, Briefe, Teddys fliegen auf die Bühne. Ich habe einen Kloß im Hals. Nur mit Mühe kann ich meine letzten Töne kontrollieren. Die Tränen in meinen Augen lassen die Tausende kleiner Flammen vor mir wie ein Feuerwerk erscheinen.

Alles, wirklich alles, habe ich gegeben und unendlich viel mehr zurückbekommen.

NACHKLANG

WIEN, JUNI 1992, NACHTS

In unserem Wohnwagen hinter der Bühne fallen wir uns in die Arme. Ich bin außer mir vor Glück, vor Zufriedenheit, vor Freude. Dabei war ich es doch, der noch vor wenigen Wochen das Projekt einer »Open-Air-Symphonie« überhaupt nicht wollte!

Ja. Ich dachte nicht an einen Erfolg, als Freddy nur ein paar Tage nach meiner großen Erfolgstournee »Geradeaus« durch über 100 europäische Städte auf mich zukam und sagte: »Udo, jetzt machen wir anschließend noch eine Zwölf-Konzerte-Tournee, Open-Air-Konzerte mit einem Symphonieorchester.«

Damals sagte ich: »Freddy, das Projekt ist ein Traum. Dieses Projekt kann man nach einer zweijährigen Tourneepause als Neubeginn machen. Direkt nach einer erfolgreichen Tournee kann ich mir nicht vorstellen, daß man die Leute motivieren kann, nochmals ins Konzert zu gehen, nur weil jetzt plötzlich das Symphonieorchester dabei ist. Freddy, ich find' es toll, aber ich fürchte, wir kriegen es nicht geregelt, auch von den Proben her. Können wir es nicht auf einen anderen Zeitpunkt verlegen?«

Doch Freddy, der trockene Schweizer mit dem untrüglichen Riecher, meinte nur: »Udo, verlaß dich auf mich! Es ist jetzt genau der richtige Zeitpunkt.« Und er hat recht, so recht behalten!

Ich bin heute mehr als dankbar, daß wir das gemacht haben. Und was Freddy da geleistet hat, war schon ein Riesending. Er machte wieder einmal das Unmögliche möglich, fand den absolut richtigen Sponsor, denn ohne eine solide Finanzierung sind Projekte in diesen Größenordnungen heute überhaupt nicht mehr machbar. Und wir mußten wirtschaftlichen Erfolg haben, wollten wir nicht große Geldsummen verlieren.

Aber natürlich machten wir auch Fehler. So spielten wir auf einem wunderschönen Areal in Ostberlin, der Wuhlheide – das leider für viele Westberliner gar nicht auffindbar war.

Heute wissen wir, daß wir natürlich in der weltberühmten, traditionsreichen Waldbühne hätten spielen müssen. Okay, wir haben vielleicht eine Chance vertan, spielten nur vor siebentausend, statt vor möglichen zwanzigtausend Menschen. Aber ich wollte in diesem Juni 1992 partout ein politisches Zeichen setzen und, gegen die Meinungen der anderen, unbedingt im Ostteil der Stadt auftreten.

Mit dem Frankfurter Symphonieorchester trafen wir aber die für mich beste Wahl. Ich wußte, Peter Falk kennt mich, mag meine Musik, schätzt mich als Musiker, und da sparen wir viel Zeit. Außerdem wußte ich, daß Falk und sein Orchester sich mit den Musikern von Pepe Lienhard bestens verstehen würden. Hier trafen sich zwei Klangkörper, die auf höchstem musikalischen und internationalen Niveau musizierten. Und auch der Jugendchor von Radio Frankfurt gab sein Bestes. Sie sangen mit einer Begeisterung, die phantastisch war. Die Begegnung und das Musizieren mit diesen jungen Leuten wird mir unvergeßlich bleiben.

Ich danke Euch und denke an Euch alle in Freundschaft und Liebe.

Und doch hätte ich mir nie träumen lassen, daß wir alle gemeinsam das größte Open-Air-Konzert Europas geben würden. In Wien, der Hauptstadt der Musik, dem Zentrum der Kunst, dem Ort, der musikalisch verwöhnter ist als alle anderen Städte zusammen.

Ausgepowert, aber glücklich strecke ich die Beine von mir, trinke genüßlich einen großen Schluck eiskaltes Bier, gebe Autogramme durch die Tür meines Wohnwagens. Da es keine Dusche gibt, rubbele ich meinen schweißnassen Körper mit nassen Tüchern ab, verwöhne mich mit einer großen Dosis »Eau Sauvage«, schlüpfe in frische Klamotten und warte darauf, abgeholt zu werden.

»U-DO« – »U-DO« – »U-DO« – Sprechchöre dringen zu mir herein.

Ich bin glücklich.

Von der Polizei eskortiert, fahren wir schließlich ab.

Links und rechts Menschen, die applaudieren. Keine Hektik, keine Aggression. Leute aus ganz Österreich, aus meiner Kärntner Heimat sind da, manche kamen aus der Schweiz, Fans aus vielen deutschen Städten winken mit Transparenten wie »Hamburg grüßt Udo«, »Frankfurt grüßt Udo«. Einige Fans waren sogar extra aus Skandinavien nach Wien gereist, um dabeizusein.

Völlig klar, daß wir alle nach so einem Erlebnis nicht zu beruhigen waren. Wir waren immer noch in Euphorie. Peter, Freddy, Pepe, einige Musiker, ein paar Freunde und ich hockten in dieser Nacht noch lange zusammen.

Ja, es war ein Fest des Friedens, eine Kathedrale des Friedens unter freiem Himmel, die schönste Kathedrale, die ich je in meinem Leben gesehen habe.

Und es wurde mir einmal mehr bewußt: Es ist nicht nur der Moment, in dem du auf die Menschen zutrittst – es sind auch die vielen Stunden Arbeit vorher, die aus einem Abend ein Erlebnis, aus einem Konzert eine wunderbare Erinnerung und aus wildfremden Menschen Freunde machen.

Auch ich war mal » 17 Jahr'«

oder

Das Jahr der ersten Entscheidung

Sind es immer Novembertage, an denen mein Leben eine besondere Richtung einschlägt?

Im November fliegen doch keine Schwalben, glaube ich doch zu wissen.

An einem Novembertag im Jahr 1989 fiel die Mauer in Berlin – ich war dabei.

Es war im November 1961 – als ich erstmals ahnte, daß ich als Komponist Erfolg haben könnte.

Es ist meistens November – wenn ich auf Tournee bin, auf der Konzertbühne stehe.

Und es war ein Novembertag im Jahr 1951 – ein Tag, der mein Leben mitentschieden hat. An diesem Tag spürte ich erstmals, daß ich die Verantwortung für mein Leben in meine eigenen Hände nehmen muß.

1948. November in Ottmanach, in Kärnten, meiner Heimat.

Nebelverhangene Landschaft, milchiges Grau. Nieselregen legt über die sonst so blühende Kärntner Landschaft nachdenkliche Melancholie. Düstere Stimmung dringt in die Seele. In den Herbst- und Wintermonaten kann der Nebel nirgends so dicht und deprimierend sein wie im Klagenfurter Becken.

Ich bin vierzehn Jahre alt, gehe auf das Realgymnasium in Klagenfurt. Nur im »Damenzimmer« von Schloß Ottmanach, meinem Zuhause, brennt Licht. Hier steht mein Klavier.

Aus den Fenstern läßt sich alles beobachten. Ein Traktor tuckert in mein Blickfeld, in der Ferne schlägt die Kirchturmuhr.

Meine Eltern waren zu Freunden nach Klagenfurt gefahren. Wenn es nach ihren Vorstellungen gegangen wäre, hätte ich nachmittags von drei bis sechs Uhr Klavier üben sollen, nach den Schulaufgaben.

Doch zu dieser Zeit habe ich nicht geübt. Da war ich draußen, spielte mit meinem kleinen Bruder Manfred, der damals gerade fünf Jahre alt war, flüchtete mich in meine Tagträume und immer wieder in neue Melodien, die mir ständig einfielen.

Nachts, wenn meine Eltern mal aus dem Haus waren, was sehr selten vorkam, bin ich aus dem Bett, ran ans Klavier und habe gespielt. Ich verknotete am Klavier meine Phantasie mit den Tasten, hob ab in eine Welt, in der alles klang und schwebte. Oft wußte ich, wann meine Eltern zurückerwartet wurden, so daß ich mich noch zur rechten Zeit ins Bett verziehen konnte. Aber einige Male vergaß ich die Zeit, blieb am Klavier sitzen und spielte für mich in die Stille des Hauses hinein.

»Junge, du gehst uns aber pünktlich ins Bett«, rief mir meine Mutter ins Gewissen, bevor sie wegging. »Und nicht wieder stundenlang am Klavier sitzen – verstanden«, doppelte mein Vater nach.

Doch dieses Klavier, das ich als kleines Kind so gefürchtet hatte, da es mir wie ein schwarzer Sarg erschien, bevor ich sein musisches Geheimnis entdeckte, zog mich unheimlich an. Kaum waren meine Eltern verschwunden, saß ich schon davor und spielte, spielte, spielte.

Was ist Zeit? Für mich blieb sie weder stehen noch raste sie wie heute, sie war einfach nicht vorhanden. Und die Mahnung meiner Eltern – auch die vergaß ich nach den ersten Harmonien schnell.

Jahre später gestand mir meine Mutter: »Ja, und als dein Vater und ich spätabends aus Klagenfurt zurückkamen, da hörten wir schon vor der Tür, daß du Klavier spieltest. Natürlich waren wir etwas böse, weil du nicht auf uns gehört hattest. Aber andererseits: Wie wir dich da durch die Tür spielen hörten – da mußten dein Vater und ich einfach stehenbleiben. Ja, ich habe ihm sogar mit meinen Fingern den Mund geschlossen, raunte ihm leise zu: ›Bitte sei ganz ruhig! Genießen wir es, hören wir dem Jungen doch einfach zu, bevor wir ins Zimmer platzen.‹«

Sie fühlten, daß da mit ihrem Sohn etwas Besonderes im Gange war. Erst nachdem ich zum Ende gekommen war, betraten sie den Raum, musterten mich halb vorwurfsvoll, halb stolz und – schickten mich ins Bett.

Wenn ich mit meinen Eltern mal im Klagenfurter Stadttheater eine Oper oder Operette besuchte, was damals natürlich nur sehr selten vorkam, zog es mich anschließend sofort ans Klavier: Ich spielte zu Hause einen rund halbstündigen Querschnitt durch das eben Gehörte, ohne jegliche Note der Oper oder Operette je gesehen zu haben. Und – ich spielte das mit absoluter Sicherheit.

Mein freies Spiel und mein Talent zum Improvisieren waren so ausgeprägt, daß von Zeit zu Zeit sogar Musikpädagogen aus Klagenfurt, Innsbruck, einmal gar aus Wien kamen, um sich dieses »Wunderkind aus Kärnten« anzuhören.

Ich mußte einfach spielen. Wie eine Sucht. Als Kind hatte ich schon kleine Klavierstücke komponiert, jetzt, mit vierzehn Jahren begann ich mit meinen ersten Liedern. Bewegt durch meine erste glücklich-unglückliche Liebe.

Erst heute weiß ich, was außerhalb meiner kleinen musikalischen Welt sich alles um mich herum abspielte.

Berlin wird gespalten, Westberlin blockiert, die DM entsteht, der Staat Israel wird gegründet, Ghandi ermordet und Kinseys erster Sex-Report erscheint. Neue Gedankenfreiheit kündigt sich an.

1948. – Ich saß ahnungslos am Klavier, und Europa wurde neu geordnet. Aus dem Pakt von England, Frankreich und den Beneluxländern wurde später das, was wir heute den »Weg nach Europa« nennen.

Und es war wieder ein November, in dem die legendäre Luftbrücke den Berlinern Mut und Essen brachte: An einem einzigen Tag im November 1948 wurden in über siebenhundert Flügen über sechstausend Tonnen Lebensmittel in die eingeschlossene Stadt transportiert.

Haben wir das alles heute schon vergessen? Die größte Leistung von Menschen für Menschen? Die hunderttausend Landungen in Berlin? Spätestens seit 1948 wissen wir: Menschen können Menschen helfen, wenn sie nur wollen!

Und was reden wir heute von Asylanten, von Asylbewerbern? Waren die fünfzehn Millionen Flüchtlinge damals nicht auch Asyl-Suchende? Und wenn wir heute die Augen vor den Greueltaten verschließen – damals suchten Menschen Menschen, Kinder ihre Eltern. Elftausend Kinder konnten damals dank dem Roten Kreuz ihren Eltern zurückgegeben werden.

Doch was interessierte mich damals Politik! Musik, das war's. Die Schule jedenfalls nicht.

Und es war wieder ein Novembertag, an dem ich meinen Eltern nicht mehr verheimlichen konnte, daß ich Musiker und sonst nichts auf der Welt werden wollte!

Das war 1951. Ich war siebzehn: Bei einem langen Spaziergang durch den feuchten Kärntner Nebel mit meinem Vater machte ich ihm klar, daß nur die Musik meine Zukunft sein konnte! Ich hatte gerade als jüngster Teilnehmer den »Österreichischen Komponistenwettbewerb« von Radio Wien gewonnen. Dreihundert Komponisten, auch solche, die sich bereits einen Namen gemacht hatten, nahmen teil. Das verschaffte mir Aufwind.

Mein Vater war sehr ruhig und nachdenklich. Ein Unterhaltungsmusiker in der Familie Bockelmann!? – Der älteste Bruder meines Vaters war Chef des Ölmultis BP in Hamburg, ein anderer Bruder, Werner, Oberbürgermeister von Frankfurt und später Präsident des Deutschen Städtetages. – Eine Familie, die nur klassische Musik ernst genommen hatte.

Aber mein Vater liebte meine Musik, das wußte ich. Oft hatte ich bemerkt, wie leiser Stolz über sein Gesicht huschte, wenn er sich meine neuesten Kompositionen anhörte. Und mit neuen Kompositionen war ich ja ständig beschäftigt.
Sein Lieblingsstück war ein kleiner Walzer, den ich mit ungefähr zwölf Jahren komponiert hatte. Er nannte ihn »Valse Petite Musette«. Ich kann ihn heute noch spielen.

Nach seinem Tod habe ich ihn an seinem Sarg gespielt, bevor die Trauerfeier begann. Ganz allein. Nur er und ich…

Wenn ich nachmittags mit dem alten Personenzug von Klagenfurt nach Willersdorf gefahren und dann noch vier Kilometer zu Fuß den Berg hinauf nach Ottmanach gelaufen war, bis ich endlich zu Hause war – dann trieb es mich fast immer sofort ans Klavier. Gerade siebzehn Jahre, spindeldürr, zwischen Realität und Träumen hin- und herpendelnd, oft in Tagträumen versunken.

Würde Vater also meinem Wunsch widersprechen, oder würde er mir seine Erlaubnis geben, mich auf den schwierigen Weg zu begeben?

»Als Musiker wirst du dir kaum das Dach überm Kopf verdienen, geschweige denn eine Familie durchbringen können. Ich mache mir ehrlich Sorgen um deine Zukunft, Junge.« Vater stapfte in tiefstes Nachdenken versunken neben mir her, das Gesicht in Sorgenfalten gelegt.

In Österreich gibt es für den Künstler seit jeher den Begriff »Hungerleider«.

»Keine Angst. Ich habe mir alles genau überlegt. Ich will mich am Konservatorium zum Musiker und Pianisten, vielleicht sogar zum Dirigenten und Komponisten ausbilden lassen.«

Es wurde dunkel. Kälte hatte sich in unsere Füße gefressen. Wir erkannten in der Ferne die dunklen Umrisse unseres Schlosses Ottmanach. Meine klammen kalten Finger hatte ich in die Tasche der Jacke geschoben.

Ich mochte Spaziergänge mit meinem Vater. Wir konnten uns immer glänzend unterhalten. Nie hatten wir »Berührungsängste« oder irgendwelche Verständigungsblockaden. Wir hielten in der Familie sehr viel von »freier Kommunikation«, wie man heute sagen würde.

Wie wir so in stiller Eintracht aufs Schloß zuschlenderten, das immer klarere Konturen annahm, je näher wir kamen, wurde mir bewußt, welche Konsequenzen mein Entschluß mit sich brachte: Ich würde aus der Enge der Provinz wegziehen müssen. Würde mein geliebtes Ottmanach, vielleicht sogar Kärnten verlassen. Ich würde meine Eltern, meine beiden Brüder, die Wälder, die Ländereien mit den dreitausend Obstbäumen nicht mehr täglich sehen.

Plötzlich kroch neben der Kälte Angst in mir hoch. War es das wert? Meine Heimat, meine Wurzeln − alles aufzugeben?

Mein Vater und ich waren an dem großen Torbogen angekommen. »Du weißt, daß ich nichts dagegen habe, wenn du deine Musik in das Zentrum deines künftigen Lebens stellen willst. Eigentlich haben deine Mutter und ich es immer gewußt. Wenn du am Klavier sitzt, verändert sich die Welt. Logische Überlegungen haben da plötzlich keinen Platz mehr. Doch bitte denke immer daran, keiner von uns hat die geringste Vorstellung davon, was auf dich zukommen wird. Unsere Familie lebt in einer anderen Welt. Sie wird dir nicht helfen können. Keiner von uns kennt die Leute, die dir deinen Weg ebnen, dir deinen Erfolg garantieren können. Du wirst vollkommen auf dich allein gestellt sein. – Aber tu's, Junge, du mußt es tun!«

Ich war frei! Herrlich frei! Gefährlich frei?

Mich schauderte, doch diesmal nicht vor Kälte, nein, der prikkelnde Schauder der Freiheit kroch durch sämtliche Glieder. Meine Gedanken hatten Flügel, ich hob ab. Ich fühlte mich stark.

Der behütete Sohn gegen den Rest der Welt! Ich werde mich durchbeißen!

Womit ich gerechnet hatte: Ich wurde von einem Teil der Verwandtschaft mit skeptischer Abneigung bedacht. Es war für die Bockelmanns undenkbar, daß einer von ihnen Musiker werden wollte. Noch dazu in der Unterhaltungsbranche!

Ich ließ mich jedoch keineswegs einschüchtern. Denen würde ich schon zeigen, was in mir steckt!

Damals, 1951, Nachkriegszeit und Beginn der Freß-, Reise- und Sehnsuchtswelle, war nun wirklich nicht der geeignete Zeitpunkt für einen siebzehnjährigen Burschen aus einem kleinen Nest bei Kärnten, die Welt als Musiker zu erobern.

Jahre später, als mein Sohn mir verriet: »Du, Papa, ich will nach New York gehen und Schauspieler werden!«, sollte ich genauso reagieren wie mein Vater damals. Und genauso Angst haben: Was wird nur aus dem Jungen? Schafft er das auch? Kann ich ihm helfen?

Heute verstehe ich meinen Vater besser als je zuvor. Was muß ihm doch alles durch den Kopf gegangen sein, auf jenem denkwürdigen Spaziergang?

Das Jahr meiner großen Entscheidung war kein Jahr zum Träumen. Erst am 9. Juli wurde der Kriegszustand mit Deutschland offiziell von den westlichen Alliierten für beendet erklärt. Noch immer befanden sich Tausende ehemaliger deutscher Soldaten in Kriegsgefangenschaft. So auch mein Onkel Johnny, der jüngste Bruder meines Vaters, und der einzige seiner fünf Brüder, der heute noch lebt.

Noch war ich mir nicht sicher, welche Art von Musik ich machen wollte, sicher war ich mir nur, es sollte etwas absolut Swingendes, Neues und Aufregendes sein. Noch war ich auf der Suche. Mal wollte ich Komponist werden, am liebsten Filmkomponist. Dann wollte ich singen, ein Entertainer werden, aber welche Musik? – Jazz? Showmusik aus den USA war in Deutschland damals kaum ein Thema. Meine Verunsicherung war grenzenlos! Und meine Talente waren vielleicht sogar etwas zu viele.

Um diese Zeit brach die deutsch-österreichische Urlaubswelle los. Man pilgerte in Massen über die Alpen nach Italien, Sizilien, Frankreich und Spanien. Und dieses neue Lebensgefühl spiegelte sich natürlich in Schlagern wider. Italien- und Sehnsuchtslieder wurden zum Zeitgeist der Fünfziger. Fernweh und südliche Sonne wurden besungen in »Capri-Fischer«, »Isola Bella«, »Laß uns träumen am Lago Maggiore«, »O bella Napoli« und in dem absoluten Knüller und Kassenschlager des Jahres 1951: »Florentinische Nächte«.

Es waren die Jahre des Aus- und Aufbruchs. Die Erinnerung an die schlimme politische Vergangenheit wurde mit zuckersüßen Schnulzen übersungen.

Wir alle – von Peter Alexander bis Freddy Quinn – machten da mit. Der eine gern, der andere mit Bauchschmerzen, so wie ich. Daher hatte ich auch keinen Erfolg, meine Bauchschmerzen konnte man hören.

Immerhin: Gerade in der Beschäftigung mit diesen Liedern lernte ich immer genauer, was ich musikalisch als eigenen Weg gehen wollte – und was nicht. Es war noch ein weiter Weg bis zu den Liedern, die dann schließlich eine Einheit mit mir, meinem Fühlen und Denken bildeten.

Meine Träume haben sich gut gehalten.

Heute weiß ich, warum es damals keine großen deutschen Entertainer von internationalem Format gab, sondern bestenfalls populäre Sänger.

Ein großer Entertainer muß aus einem Land mit großem Selbstvertrauen kommen. Der Entertainer muß einen Hauch von Überheblichkeit und Unvergleichlichkeit ausstrahlen. Siehe Frank Sinatra und Sammy Davis jr.

Deutschland und Österreich hatten in den fünfziger Jahren kein Selbstbewußtsein. Eine Dekade später änderte sich das. Peter Alexander war in den Fünfzigern ein beliebter Sänger und Schauspieler, aber erst in den Sechzigern, als das Selbstbewußtsein in Deutschland und Österreich wieder erwacht war, wurde er zum glaubhaften Entertainer.

Aber was wußte ich damals, 1951, schon von der Welt? Als ich, siebzehn Jahre alt, meine Träume als Musiker verwirklichen wollte?

Die Demokratie, die Republik war damals genauso in der Pubertät wie ich. Sie war neugierig und verschämt, schüchtern und doch außer Rand und Band. In der Zeit lebten noch viele von uns zwischen Ruinen. Den Kopf voller Rosinen, und alle sahen den Himmel voller Sterne.

Und heute?

Wieder ist ein Land in der Pubertät, das wiedervereinte Deutschland. Wo gestern Ruinen waren, sind heute, immerhin, nur noch Probleme.

Und ich bin immer noch neugierig. Wie damals, 1951. Ich erinnere mich, als wäre es gestern gewesen. Was ist Zeit?

Ist diese Welt denn noch erlaubt,
die Erde ist bald ausgeraubt,
das Wasser tot, das Land entlaubt,
der Himmel luftdicht zugeschraubt.

Die schöne Lüge vom Goodwill
das hübsche Spiel vom Overkill.
Warum macht ihr die Waffen scharf?
Wenn ich das auch mal fragen darf.

Was ist Zeit? Was ist Zeit? Was ist Zeit?
Ein Augenblick, ein Stundenschlag.
Tausend Jahre sind ein Tag.

Mein Klagenfurt

oder

Die Flucht aus den Mauern
der Jugend

»Meine Stadt« pflegt man etwas großspurig zu sagen, wenn man von der Stadt spricht, in der man geboren ist. Erinnerungen, die sich durch die Zeit verklären.

Eigentlich findet man ja »seine« Stadt – wie es auch anderen mit »ihrer« Stadt geht – immer zu spießig, zu provinziell. Es ging mir nicht anders, als ich jünger war.

Aber die erste Liebe, die Verzweiflung über schlechte Zeugnisse, Einsamkeit, Nicht-Verstanden-Werden, aber auch erste Freunde, Freude und Glück hat man genau dort empfunden, gefühlt.

So geht's auch mir mit »meinem« Klagenfurt.

Heute durch die Straßen zu gehen, das heißt, Hand in Hand mit diesen Gefühlen zu gehen. Bittersüße Gefühle. Hin- und hergerissen zwischen den hübschen Mädchen und den kleinkarierten Spießern, den guten Freunden, die es bis heute gibt, und zu vielen heimlichen Nazis, die – meiner Meinung nach – immer noch hier leben. Wie natürlich anderswo auch. Aber in »meiner« Stadt, da schmerzt es eben besonders!

In der Schule, da hat man die eigene Stadt immer nur als »das letzte, langweilige Nest« bezeichnet. Und ich erinnere mich kaum an einen, der später in »seiner« Stadt bleiben wollte. Aber viele blieben natürlich doch in ihrer Stadt, Gott sei Dank. Und ein paar Freunde aus frühen Tagen sind Freunde bis heute geblieben. Wie zum Beispiel Fritz Kuchler, der dieselbe Klavierlehrerin hatte wie ich: Grete Lorweg.

Fritz, ein technisch ungemein begabter Erfinder und Tüftler, der in Klagenfurt ein Unternehmen aufgebaut hat, das die besten Wurstschneidemaschinen – richtig gelesen: »Wurstschneidemaschinen« – der Welt herstellt.

Wem Wurst einfach nicht »wurscht« ist, der schneidet seine Wurst eben mit einer »Kuchler S.A.M.«. – Was der Rolls Royce für den verwöhnten Autofahrer, das ist gewissermaßen diese Maschine im »Universum der Würste und Schinken«.

Und siehe da: Mit dieser originellen Idee hat Fritz ein weltweit erfolgreiches, technisch brillantes Produkt in Klagenfurt geschaffen.

Oder Herwig Jasbetz, mit dem ich 1957 als Student in Amerika war.

Wenn man in der Ferne an »seine« Stadt denkt, dann denkt man auch an Menschen, und wie schön, wenn man ein paar von ihnen nicht aus den Augen verloren hat.

Ich liebe diese bittersüßen Erinnerungen auf meinen Wegen durch »meine Stadt«. Ich liebe sie!

Da drüben ist das »Sandwirt«.

Ein altes Hotel mit einem Restaurant, in dem meine Eltern immer Freunde untergebracht haben. Meine Eltern aßen gern dort, besonders an irgendwelchen Festtagen.

Beim »Sandwirt« gibt es die solide österreichische Küche, die ich so liebe. Noch heute esse ich dort gern, im Gedenken an die vielen Male, die ich mit meinen Eltern dort einkehrte. Vom »Sandwirt« aus schlendert man durch die Bernhardgasse Richtung Neuer Platz, der in meiner Kindheit »Adolf-Hitler-Platz« hieß.

Das ist der Platz, wo der berühmte Lindwurm mit dem aufgerissenen Rachen vor dem Herkules steht. Der Herkules, der mit seiner Keule ewig ausholt, aber nie zuschlägt.

Ist das nicht ein wenig typisch für »mein« Klagenfurt?

Der Lindwurm ist das Wahrzeichen der Stadt. Gleich auf der rechten Seite unseres Weges ist das »Palais Porcia«. Eines der ungewöhnlichsten Hotels, das ich jemals gesehen habe. Dieses Haus, stünde es in New York, wäre wohl das ganze Jahr über ausgebucht: Jedes Zimmer, jedes Detail im Stil der k. u. k. Monarchie.

Schlendern wir geradeaus weiter, kommen wir zur Bahnhofstraße. Wir biegen links ab.

Einige Schritte weiter, auf der rechten Seite, war früher ein Geschäft, das hieß »Spitra« und war das beste Lebensmittelgeschäft der Stadt. Hier kaufte meine Mutter immer ein. Das »Spitra« gehörte zum Stadtbild.

Die Tochter der Besitzer, Anneliese Spitra, war meine erste wirklich große Liebe. Da war ich etwa vierzehn Jahre jung. Anneliese war vielleicht ein knappes Jahr älter.

Als wir uns kürzlich zufällig wiedersahen, war ich 59 Jahre alt und Anneliese eine Dame Anfang 60. Mein Gott, was für ein unglaubliches Gefühl! Wo sind all die vielen Jahre geblieben? Anneliese erzählte von ihren vier Töchtern, von ihren Enkelkindern, eine Frau, die voll im Leben steht.

Einen Augenblick lang machte es mich fassungslos, ihr gegenüberzustehen.

Ich habe sie damals abgöttisch geliebt, wie man nur mit vierzehn Jahren lieben kann. In dieser Tiefe. Ritterlich war damals die Liebe.

Man hat sein Mädchen als Wesen idealer Eigenschaften gesehen. Ich schwebte auf Wolken, umgarnte sie, wünschte mir nichts sehnlicher als dieses herrliche Mädchen.

Und wie alle Liebenden in diesem Alter haben auch wir uns gegenseitig gequält mit unseren sexuellen Wünschen, die wir uns natürlich nicht erfüllten. Denn jedesmal machten wir Schluß, bevor es zum Letzten kam.

Ja, da war man ritterlich! Ganz verzichtender Held, obwohl man heimlich davon träumte, ein »Lumpenhund« zu sein!

Zu meinem Schrecken aber trat damals ein Mann, ein »richtiger Mann« in ihr Leben. Der war fünfzehn Jahre älter als wir beide und ein Weinhändler. Und der hat damals dieses Mädchen ganz selbstverständlich genommen, wie ein Mann eben ein Mädchen nimmt.

Mit ihm hat sie das erlebt, was sie sich wahrscheinlich von mir erhofft hatte. Und in dem Augenblick hatte ich sie verloren.

Sie sagte: »Udo, ich liebe einen anderen!«

Ich quälte mich mit Vorstellungen, wie die beiden sich körperlich liebten. Entsetzlich. Unvergeßlich grausam. Ich glaubte, sterben zu müssen. Einen Erwachsenen! Ein Dreißigjähriger war für mich damals ein Großvater! Ich war tief getroffen, hatte Selbstmordgedanken und kam ewig nicht über diese erste, verlorene Liebe hinweg. Habe ich vielleicht deshalb in meinem Leben anderen in der Liebe, ohne es zu wollen, oft so weh getan?

Jetzt befindet sich in den Räumen des »Spitra« ein Modegeschäft.

In meinen Erinnerungen versunken, bleibe ich kurz stehen. Schaue in die Fenster, in denen früher die prallen Würste und all die anderen Köstlichkeiten feilgeboten wurden.

Die Kleider, die jetzt dort hängen, wirken befremdlich auf mich.

Ich gehe lieber schnell weiter.

Ich biege links in die Burggasse, schlendere wieder zurück Richtung Neuer Platz, und schon stehe ich vor dem Café »Moser-Verdino«, in dem meine Mutter stets ihren obligatorischen »Kleinen Braunen« trank, wenn sie ihre Einkäufe hinter sich hatte und sich bereit machte, die siebzehn Kilometer zurück nach Ottmanach zu fahren.

Vor dem »Moser-Verdino« stehen einige Tische auf der Straße. Ich trinke einen großen Espresso.

Zufällig kommt Günther Allesch vorbei, ich lade ihn ein. Sein Optikergeschäft ist um die Ecke, auch er ein Freund seit einigen Jahren.

Ich verabrede mich mit ihm und seiner Familie zum Abendessen, das sehr anregend verläuft.

Schon am nächsten Tag geistern wilde Gerüchte durch die Stadt: Udo Jürgens hat ein Verhältnis mit der ältesten Tochter von Günther Allesch!

Dazu muß man natürlich sagen, daß die Tochter von Günther vermutlich wirklich das schönste Mädchen der Stadt ist.

Nur ein Essen – und schon wieder das »17 Jahr', blondes Haar«-Syndrom, natürlich besonders gewürzt durch den »berühmten Sohn« in der heimatlichen Provinz.

Zurück zum Spaziergang, da drüben, das »Kärntner Landesreisebüro«.

An das kann ich mich noch genau erinnern. Davor lungerten wir als junge Burschen immer herum und betrachteten die Prospekte von Italien und anderen fernen Gegenden. Und wir träumten von weiten Reisen, von exotischen Ländern, von erotischen Mädchen an langen Sandstränden...

Damals war selbst das Reisen nach Italien noch ein Luxus, von dem man nur träumen konnte.

Ich erinnere mich aber auch noch sehr gut an meine allererste Reise nach Italien.

Im Prospekt stand damals: »Die Stadt Rimini ist wunderschön am Rande des Adriatischen Meeres und am Knotenpunkt der Eisenbahnlinien nach Bologna, Ancona und Ravenna gelegen. Die Bevölkerung ist fleißig und widmet sich dem Seeverkehr und dem Fischfang.«

Rimini per Zug – das hätte ich mir damals nie leisten können.

Ich besaß aber einen Puch-Roller. Und mit dem machte ich mich von Klagenfurt auf nach Rimini, dem Ort, von dem damals alle träumten und schwärmten! Mein Freund, der Gitarrist Klaus Behmel, mit dem ich bei meinen ersten kleinen Auftritten immer zusammenspielte, wie im Gasthof »Valzachi« oder im Café »Lerch«, hinten drauf.

Wir starteten in die großen Ferien ins Gelobte Land der Apfelsinen, des weiten Meeres, der großen Freiheit entgegen. Natürlich hatten wir damals kaum Geld. Wir waren ja noch keine zwanzig Jahre alt.

Die Motorräder von damals waren auch noch recht anfällig, besonders, wenn es Alpenstraßen zu erklimmen galt. Wann immer es bergauf ging, mußten wir so alle sechs, sieben Kilometer anhalten: Die Kerzen waren verrußt! Wir mußten also absteigen, die Kerzen rausdrehen, putzen oder austauschen.

Übernachtet haben wir natürlich im Freien oder in kleinen Gasthäusern. Und auch in Rimini belegten wir die besten »Hotelzimmer« in einer billigen Pension. Oder direkt am Strand, dort, wo das Meer rauschte und der Himmel über uns greifbar nah die Sterne glitzern ließ.

Irgendwo am Strand traf ich einen Berliner Urlauber, der mich fragte, was ich so mache.

»Ich mache Musik«, antwortete ich.

»Musik? Det is doch wat zum Verhungern, wa! Wat spieln Se denn, Mensch?«

»Klavier. Und ich singe«, meinte ich.

»Du liebe Jüte! Und wat sing Se denn so?«

»Jazz«, sagte ich.

»Um Jottes willen! – Det is doch nischt, Junge!« meinte er. »Kenn' Se den Song: ›Tell mi Kwando, tell mi wenn‹? Mensch, det müss'n Se singen, dann ham Se Erfolch! Wa!«

Erster gutgemeinter, schmerzlicher Ratschlag für ein idealistisches Musikerherz.

Zurück zum Reisebüro in Klagenfurt.

Das war mehr als nur ein Ort der Träume. Dort standen wir nach der Schule und haben die ersten Zigaretten geraucht, besser gedreht! Denn damals war das Drehen von Zigaretten ein Ausweis für das erste »Erwachsensein«!

»Da stehen sie wieder, diese Schlurfs«, raunten sich die alten Damen zu, die uns stehen sahen. »Schlurfs«, das war der Ausdruck für die jungen Burschen mit den langen Haaren.

Wir trugen damals das Nackenhaar lang und mit Brillantine gekämmt, eben so wie wir es in den Filmen aus Hollywood gesehen hatten. Dazu eine Zigarette im Mundwinkel. Den Kopf immer leicht nach vorne gebeugt wie die heißen Filmliebhaber. Dazu knallenge Röhrenhosen und spitze Schuhe.

Und alles natürlich mit lässiger Miene.

Weiter auf meinem Spaziergang durch die Vergangenheit, zum Alten Platz, nicht weit entfernt.

Ein idyllischer Ort, der sehr schön renoviert worden ist. Überhaupt ist Klagenfurt heute wieder herrlich anzuschauen.

Früher waren alle Gebäude dunkelgrau bis schwarz, herunterfallender Putz, es war nach dem Krieg, viele Häuser durch Bombenangriffe beschädigt.

Durch eine graue, farblose Stadt gingen wir damals zur Schule. Und in dem kleinen Park neben dem Stadttheater hatten wir unsere ersten zaghaften Rendezvous.

Die Mädchen kamen damals meistens aus dem Realgymnasium an der Ursulinengasse. Dort gab's die »heißesten Bräute«.

Ich kam aus dem Realgymnasium an der großen Einfallstraße, die von Graz nach Klagenfurt hereinführt. Ein großes Eckgebäude. Das Konservatorium war nicht weit davon entfernt, vielleicht zehn Minuten zu Fuß, zwischen Bahnhofstraße und Gymnasium gelegen.

Die weltberühmte Schriftstellerin Ingeborg Bachmann kommt wie ich aus Klagenfurt und hat sich in ihrer kurzen Erzählung »Jugend in einer österreichischen Stadt« auch an diesen Park erinnert:

»An schönen Oktobertagen kann man, von der Radetzkystraße kommend, neben dem Stadttheater eine Baumgruppe in der Sonne sehen. Der erste Baum, der vor jenen dunkelroten Kirschbäumen steht, die keine Früchte bringen, ist so entflammt wie der Herbst, ein so unregelmäßiger goldner Fleck, daß er aussieht, als wäre er eine Fackel, die ein Engel fallen gelassen hat.«

Wie schön hat sie doch »ihre Stadt« beschrieben. Sie, die jahrelang die große Liebe, die Muse des wunderbaren Max Frisch war, der in meiner heutigen Wahlheimatstadt Zürich nur wenige Schritte von mir entfernt gelebt hat.

Seltsame Verschlingungen des Lebens.

Ist mir vielleicht deshalb Zürich so nah?

Als ich kürzlich in Klagenfurt/Annabichl das Grab der Bachmann suchte und es nach langer Suche auch fand – keiner konnte mir Auskunft geben, obwohl es zur Zeit des »Ingeborg-Bachmann-Preises«, also in der Woche ihres Geburtstages war –, war ich schon sehr erstaunt, ein vergessenes, ärmliches, verdorrtes Grab vorzufinden.

»Meine« Stadt scheint seine größte Literatin vergessen zu haben – es sei denn, man kann mit einem Literaturrummel unter ihrem Namen Touristenwerbung betreiben.

Unter jenen Bäumen aber wagten wir ein erstes harmloses Händchenhalten, einen scheuen, verstohlenen Kuß – mehr nicht.

Durch die Radetzkystraße geht's zum »Kreuzbergl«.

Wer glaubte, sich bei seiner Angebeteten schon etwas mehr herausnehmen zu dürfen, der bat um ein Rendezvous auf dem »Kreuzbergl«. Er riskierte allerdings, daß das Mädchen des Herzens gleich auf dem Absatz kehrtmachte.

Das »Kreuzbergl« ist ein kleiner Berg, obendrauf eine Kirche mit einer großen Uhr und einer gewaltigen Glocke. Auf diesem Berg gibt es Teiche, einen schönen Park, waldige Gegenden, Wiesen, Bäume, Fichten, Gebüsch, in dem man sich als junges Liebespaar wunderbar verkriechen kann.

Wir Burschen und die Mädchen haben das »Geheimnis Kreuzbergl« natürlich alle gekannt. Und wenn einer zu seiner Angebeteten sagte: »Laß uns aufs Kreuzbergl gehen«, dann war das schon fast anzüglich.

Hier konnte man schon hoffen, ein paar Knöpfe zu öffnen, das Knie unterm Petticoat zu berühren, dem Paradies seiner Wünsche etwas näher zu kommen.

Und die ganz kecken »Hundlinge« haben's dort vielleicht auch schon »ganz« erlebt!

Ich noch lange nicht.

Ich war – für heutige Vorstellungen fast unglaublich – ganze zwanzig Jahre alt, als ich die Liebe mit »Ganzkörperkontakt« zum ersten Mal erlebte.

Es war in St. Veit an der Glan. Ungefähr siebzehn Kilometer von Klagenfurt entfernt.

Ich spielte damals auf dem »Wiesenmarkt«, einer Art Holzmesse, zehn Tage lang, einschließlich zweier Wochenenden.

Unter der Woche spielte ich mit unserer Band von vier Uhr nachmittags bis zwei Uhr früh. An den Wochenenden ab zehn Uhr vormittags bis drei, vier oder gar fünf Uhr früh. Bis zu achtzehn Stunden saß ich täglich am Klavier.

Tausend Schilling Tagesgage bekam ich dafür.

Wenn ich heute immer wieder mit meinen Armen und Händen Probleme habe, dann sicher, weil ich damals öfter mal Raubbau mit meinen »Arbeitsgeräten« betrieben habe.

Nach Mitternacht bluteten meine Finger unter den Nägeln so stark, daß ich alle paar Minuten die Klaviatur mit einem Handtuch abwischen mußte.

Eine junge Fotografin, die Bilder von den Gästen machte, beobachtete mich und meinen einsamen Kampf.

Eines Tages kam sie mit einer Schüssel Eiswürfel und Wasser, damit ich meine Hände in den kurzen Pausen kühlen konnte.

Sie begann, mich richtig zu pflegen, und nahm mich schließlich mit zu sich, in ihr winziges Zimmerchen, verband mir die Hände, legte mir Kompressen an. Am Wochenende mußte ich ja um neun Uhr wieder raus, um mit schmerzenden Armen und Händen die Tortur von vorne zu beginnen.

In der kurzen Zeit, die uns blieb, in dem Zustand, in dem ich war, waren unsere Liebesübungen wohl eher ein Gestümper.

Es war eine hilflose, aber glückliche Liebe.

Wir haben uns aus den Augen verloren. Aber damals war unsere Liebe groß, und wir halfen uns über unsere harte Zeit hinweg.

Kärntner Erinnerungen.

Jugend, unerfüllte Sehnsucht, Tränen und Lachen nah beieinander.

Klagenfurt.

In den Mauern dieser Stadt liegen sie für immer, diese großen Gefühle der jugendlichen Liebe, die die Erwachsenen niemals ernstgenommen haben.

In keiner Stadt, zu keiner Zeit – und es auch heute noch nicht tun. Gefühlsarm, wie eben nur »Erwachsene« sein können.

»Mein« Klagenfurt endet nicht an der Ortstafel, auch nicht am Schild: »Auf Wiedersehen in Kärnten«. Es ist für mich das Herz von ganz Österreich. Und mein österreichisches Lebensgefühl empfinde ich am stärksten in Wien, in den alten Gassen, »wo sich Traum und Leben noch die Hände geben«, wie es in meinem Lied »Wien« heißt. Hier wurde aus einem Talent ein Musiker. Hier lebten und musizierten die österreichischen Komponisten, deren Klänge ich mit der Wiener Luft zu atmen scheine.

Seit meinem siebzehnten Lebensjahr, als ich zum ersten Mal in dieser unvergleichlich klingenden Stadt war, lege ich zu besonderen Anlässen immer wieder eine Rose auf die Geige des Johann-Strauß-Denkmals im Stadtpark. Immer spät in der Nacht, wenn mich niemand beobachtet. Manchmal sind Freunde dabei.

Einmal tat ich das bei strömendem Regen um fünf Uhr früh, zusammen mit meinem Geiger Christian Fink. Er hatte sein Instrument mitgenommen, und während ich auf das Denkmal kletterte, spielte er in Hut und Mantel den »Donauwalzer«. Plötzlich stand ein Polizist neben uns, der wohl glaubte, es mit »Sandlern« zu tun zu haben: »Alsdann, wos is, meine Herrn, seid's a bißl deppat, oder was?«

Ich kletterte wieder herunter.

Er erkannte mich. »Oh, da Herr Professor! Wos mach'ma denn heut' noch so spät?!«

Ich erklärte ihm meine kleine Tradition; das muß ihn irgendwie berührt haben. »De G'schicht g'fallt ma. Aber bittschön machn'S net so an Lärm!«

Aber nicht einmal an den Schlagbäumen in die Nachbarländer endet »mein« Klagenfurt. Denn es ist nicht nur eine Kärntner, eine österreichische, es ist eine europäische Stadt. Und ich träume von einer Verantwortung, die wir Europäer für jede unserer Städte, für jedes unserer Kunstwerke und Denkmäler, für jedes unserer gemeinsamen Bauwerke übernehmen.

Wer Bomben auf Dubrovnik wirft, trifft uns alle, so, als würde er Bomben auf Salzburg werfen. – Das ist das Gefühl, das ich mit Heimat verbinde. Und die Gedanken an »meine« Stadt nehme ich überallhin mit, wo auch immer ich mich auf diesem herrlichen »Blauen Planeten« befinde.

Schweiz

oder

Wer jodelt, ist noch lange nicht von gestern

»So, jetzt mached Sie s'Muul uf!«
Ich glaube, ich höre nicht richtig! Ich sitze wegen einer Halsentzündung beim Hals-Nasen-Ohren-Arzt!
»Mached Sie äntli s'Muul uf, Herr Jürgens!«
Was soll ich? Das Maul aufmachen? Bin ich hier beim Doktor oder im Kuhstall?
Ich glaube, da macht sich einer lustig über mich! Lieber jetzt kein Widerspruch. Brav öffne ich meinen Mund!
»Und jetzt schnuufed Sie ii!«
Was soll ich jetzt? Schnaufen? Meint der, ich soll tief durchatmen – oder was? Ich bin doch nicht im Zoo!
»Und jetzt no mal; s'Muul uf und schnuufe!«

Der Arzt war mir als Meister seines Faches gelobt worden. Aber ich beschließe, doch in Zukunft zu einem Mediziner zu gehen, mit dem ich mich etwas leichter verständigen kann!
Ja – wie erlebt ein Österreicher das Schweizerdeutsch?
Anfangs als eine Art Schock!
Als ich mich 1977 von meinem deutschen Manager Hans R. Beierlein und seinem fränkisch gefärbten nürnbergischen Akzent getrennt hatte und der Deutschschweizer Freddy Burger meine Geschicke in seine Hände nahm, wußte ich noch nicht, was mich da in der Schweiz alles erwartete – an Sprache!
Freddy sprach mit mir anfangs ja nur Hochdeutsch. Mit einem Hauch von *Emil.* Und das gefiel mir. Das war durchsetzt mit Schweizer Wortspielen – herrlich.

Doch als ich erstmals Freddy mit seiner Frau Schweizerdeutsch reden hörte – da klang es für mich so, als hätten sie einen schweren Ehestreit. In Wahrheit machte er ihr eine Liebeserklärung!

Sehr schnell war ich versöhnt, als ich mich mit dem Deutsch der Deutschschweizer beschäftigte. Diese im Rachen artikulierte Sprache entstand aus dem Alemannischen, ist älter als jede hochdeutsche Sprachvariante.

Vollends verwirrt ist der deutschsprachige Ausländer in diesem Land, wenn er sich bewußt macht, daß die wahrscheinlich bedeutendste deutschsprachige Literatur der Nachkriegszeit nicht aus Deutschland und auch nicht aus Österreich kommt. Nein! Sie kommt aus der Schweiz!

Max Frisch und Friedrich Dürrenmatt stehen an der Schwelle zur Unsterblichkeit.

Fast unglaublich, daß diese beiden Genies deutschsprachiger Literatur innerhalb weniger Monate gestorben sind, als hätten sie sich abgesprochen und ihrem Land den Rücken gekehrt, mit dem sie oft hart ins Gericht gegangen sind, verärgert über das »Bünzlitum«, das allzu kleinkarierte Denken.

Frisch und Dürrenmatt wurden von den Schweizern nicht nur geliebt. Doch jetzt, wo sie nicht mehr sind, ist es ein wenig so, als wäre das Gewissen des Landes abhanden gekommen.

An den Klang des echten Schweizerdeutsch habe ich mich, wie gesagt, irgendwann einmal gewöhnt – die zu Fasnacht bewußt falsch gespielte »Guggen-Musik« schmerzt da wesentlich mehr.

Zu Beginn unserer Zusammenarbeit lud mich Freddy Burger in sein Büro ein:

»Chum emol, Maya! Maayaa – was isch? Verdamme mi, was isch Maayaa«, rief er lautstark aus seinem Sessel in den Raum nebenan, in dem seine Sekretärin Maya arbeitet.

Ich sacke zusammen, denke: Mein Gott, die haben Krach!

»Maayaa – häsch es äntli'? – Häsch es – chum, chum.«

Was für ein Menschenschinder, glaube ich.

Und dann kommt die gerufene Maya rein, legt lachend die Dokumente auf Freddys Bürotisch und lächelt mich an: »Ich freue mich, daß wir zusammenarbeiten, Herr Jürgens.«

Und das in perfektem Hochdeutsch!

Ja, Maya, was würden Freddy und wir alle nur machen, wenn sie nicht da wäre?! Sie hält ihm den Rücken frei, kümmert sich um meine Belange. Und wenn Fans etwas brauchen, Informationen oder einen speziellen Gruß von mir zum Hochzeitstag oder Geburtstag, Maya erledigt alles mit Charme und großer Herzlichkeit. Seit siebzehn Jahren.

Und schon schreit Freddy wieder – diesmal ins Telefon. In einer Sprache, in einer Lautstärke, die nur schärfste Differenzen verheißen können: »Ja, gahts no!? Dänn wird die Platte ja niä färtig!!«

Doch ganz ruhig lehnt er sich nach dem für mich dramatisch klingenden Telefonat in seinen Sessel zurück und sagt: »Udo – das Studio für dich ist gebucht. So lange du es brauchst.«

Heute weiß ich es besser: Wenn Freddy laut und auf Schweizerdeutsch telefoniert – macht er seiner Frau vielleicht eine Liebeserklärung oder ein gutes Geschäft.

Alles ist o. k.

Und wenn ich mit ihm essen gehe und er lautstark mit dem Kellner spricht – dann weiß ich heute: Es gibt keine Rauferei – er hat nur unser Essen bestellt!

Da saß ich unlängst bei einem wunderschönen Essen in der »Brasserie Lipp« in Zürich. Der Wein war kühl, die Austern von erlesener Qualität – und an meinem Nachbartisch saßen zwei Damen, wie man sie sich schicker nicht vorstellen kann: hypergepflegt, die Lippen perfekt in der neuesten Modefarbe, ein Make-up wie von Pariser Meisterhand angelegt und dazu eine Kleidung wie aus dem Modejournal.

Kurz: ein Augenschmaus!

Und erst die Tischmanieren! – Vom Feinsten! Warum im Gegensatz dazu fast alle Herren, die ich hier kenne, beim Essen ständig mit Zahnstochern im Mund herumhantieren, wird mir ewig ein Rätsel bleiben.

Und wie die beiden Damen französisch parlierten – da kann man mit seinem Restaurant-Französisch schon neidisch werden!

Als die Damen mich erkannten, prosteten sie mir freundlich zu. Wenn ich ein Bayer wäre, hätte ich wahrscheinlich gedacht: »A bisserl was geht alleweil!«

Aus welchem Grund auch immer, die Damen wechselten plötzlich die Sprache, was man in der Schweiz oft erlebt, denn drei bis vier Sprachen spricht fast jede Schweizerin, jeder Schweizer fließend.

Ich erstarrte!

»Ja, du cheibe Schiißdräck, jetzt han i doch mini Schtütz vergässe!« (für Nichtschweizer: »Verdammte Sch..., jetzt hab' ich doch mein Geld vergessen!«)

Ich traute meinen Ohren nicht!

Sobald sie Schweizerdeutsch sprechen, sind auch Damen nicht zimperlich im Verwenden von Kraftausdrücken!

Seit fast zwanzig Jahren lebe ich nun in diesem herrlichen Land.

Und obwohl auch an Limmat und Rhein das Hausgemachte wieder seligmachende Triumphe feiert und alles, was von draußen kommt, des Teufels ist, wie Europa, UNO, Blauhelme – liebe ich meine Wahlheimat. Denn in Abwägung der Gemütslage drängt sich der Schluß auf: Auch Schweizer sind Sünder. Sie sind wie alle Erdenbürger Menschen – besitzen keinerlei besondere Merkmale gegenüber den sechs Milliarden Menschen, die derzeit um das Matterhorn herum den unbedeutenden Rest der Welt bevölkern.

Das Symbol der Deutschen ist der Adler.

Das Symbol der Österreicher ist ebenfalls ein Adler, der nur etwas zerzaust aussieht, so als hätte er sich gerade furchtbar erschrocken. Im Lauf der Geschichte hatte er ja auch oftmals Grund dazu.

Das Symbol der Schweizer ist das weiße Kreuz auf rotem Grund – und dieses Symbol hängt der Eidgenosse aus Fenstern, über Straßen, an Masten von Schrebergärten. Rundherus: Kaum ein Volk auf dieser Welt, das ich bislang besuchen durfte (es waren mehr als genug) und bei dem ich leben konnte (es waren weniger als genug), pflegt so ungeniert seine eigene Genialität. Der Narzißmus hat hier etwas kultiviert Sauberes. Aber haben sich die Schweizer ihre Innenwelt als Alternative zur bösen Außenwelt in letzter Zeit vielleicht allzu eng geschnitzt? Ein Labyrinth braucht doch stets einen Ausgang.

Bombennächte, Nachkriegsarmut, Jugend in Ruinen, das haben die Schweizer nie kennengelernt. Emigrant zu sein, Wurzellosigkeit, Jude sein unter Ariern, Schwarzer unter Weißen – das Gefühl »Fremder zu sein« kennen die Älpler nicht.

Sicher rührt daher ihr Hang zum Rechthaberischen, denn nationales Leid haben sie nie kennengelernt. Aber nationales Leid kann auch Menschlichkeit, Toleranz, Mitgefühl fördern.

Dennoch, mit den vielen Ausländern und Exoten, die es in die Schweiz gezogen hat, lebt man erstaunlich friedlich nebeneinander. Wenn man hier auch der selbstverständlichen Meinung ist, daß die »auf der falschen Seite des Lebens« geboren wurden!

Von der falschen Seite aber kommt man hier oft schon, wenn man im Nachbartal geboren wurde.

Die Macht der Geographie und des Geldes hat viele Eidgenossen zu Mystikern von »Recht und Ordnung« gemacht.

Die eidgenössische Gemütslage wird gerne und oft so formuliert: Im Süden lauern weinselig ständig singende Mafiosi und Menschen ohne jede Organisation – die Italiener.

Im Westen tummeln sich Genußmenschen, die im Champagner neuer Philosophien zu ertrinken drohen – die Franzosen.

Im Osten steckt der Frostschutz im Wein, der Operetten-trunkene Gaudibursch in jedem österreichischen Skifahrer – der Feind im Schnee, der ewige Depp in jedem Witz.

Die Tatsache, daß es sich beim österreichischen Nachbarn um ein Kulturland handelt, von Mozart bis Strauß, von Grillparzer bis Schnitzler, von Kokoschka bis zu den »Phantastischen Realisten« um Ernst Fuchs, wird dabei großzügig übersehen.

Und der Deutsche ist eh nur ein »chaibe Ussländer«, »a goppverdammti Sauschwob«.

Der Schwabe ist dem Schweizer als Gast dann (doch) am liebsten, wenn er vier Wochen Vollpension bucht, bezahlt und am besten gar nicht erst erscheint.

Aber vielleicht »lieben« die Schweizer die Deutschen so sehr, weil sie die deutschesten Deutschen von allen Deutschen sind. Siehe die gemeinsame Liebe zum Gartenzwerg.

Nein. Deutschschweizer mögen Deutsche wirklich nicht. Die international renommierte »Weltwoche« titelte nach der Fußball-Weltmeisterschaft in Mexiko 1986: »Weltmeister ist, gottlob, Argentinien«.

Doch der real existierende Deutsche ist für viele Schweizer ein Banause. Versteht nichts vom Essen. Trinkt süßen Wein.

Gepflegte Feindschaften haben, wie alles in der Schweiz, Tradition. So habe ich eine Geschichte aus dem 18. Jahrhundert gehört, daß sich die Bewohner des kleinen Dörfchens Ernen weigerten, ihren Galgen für die Hinrichtung eines Mörders aus dem Nachbardorf zur Verfügung zu stellen. »Tut uns leid«, sagten sie, »dieser Galgen ist nur für uns und unsere Kinder.«

Bei alledem aber gestehe ich es gerne ein: Ich habe einen österreichischen Reisepaß und eine Aufenthaltsgenehmigung C für die Schweiz.

Ich sage Zürich und nicht Züri. Ich fahre die Tram, nicht das Tram.

Ich schreibe »die Mutter« und nicht »das Mami«, freue mich auf das Finale und nicht den Final. Ich »rufe dich an« und »läute dir nicht auf«.

Doch nach nunmehr fast zwanzig Jahren »Wahlschweizer« habe ich viel gelernt von den Eidgenossen – und liebe mein Zürich!

Warum?

Weil ich Zürich für eine der schönsten Städte der Welt halte; weil ich die Schweiz und die Schweizer liebe.

Und wer meint, die Zürcher seien konservativ, der weiß nicht, daß die Zürcher Uni die erste deutschsprachige, ja, neben der Pariser sogar die erste europäische Universität war, die Frauen als »Studenten« aufgenommen hat. Bereits 1867 schloß die erste Frau, die Russin Nadezda Suslowa, hier ihr Medizinstudium ab. Aus ganz Europa und Rußland, sogar aus Amerika, strömten mit letzter Hoffnung die Frauen herbei, die verzweifelt studieren wollten. Darunter Berühmtheiten wie die Autorin Ricarda Huch, die später übrigens ein wunderbares Buch über diese Stadt, »Mein Frühling in Zürich«, schrieb, Rosa Luxemburg und die Freud-Schülerin Lou Andreas-Salomé.

Ach, wie liebe ich doch meine typischen schweizer Widersprüche: Das Wahlrecht für Frauen ist im Kanton Appenzell erst in jüngster Zeit eingeführt worden. – Welch ein herrliches Land solcher »exotischer« Gedankenverschlingungen! – Aber Widersprüche inspirieren eben!

Ich liebe mein Zürich! Weil ich hier Freunde habe, die ich nicht mehr missen möchte.

Warum meine besten Freunde hier Ärzte sind, wie der »Schurli« Rhomberg, dieser wunderbare, heitere Philosoph, oder Christoph Wolfensberger, dieser blendend aussehende Charmeur, an dem ein phantastisch begabter Schauspieler und Parodist verlorengegangen ist – das weiß ich nicht.

Und wenn ich eine Tram sehe, dann blicke ich sofort ins Führerhäuschen, ob dort nicht René Tamborini sitzt – ein toller Freund, der mal als Chefsteward die Luftstraßen der Welt befahren und diese gegen die Gleise der Straßenbahn in Zürich vertauscht hat, um sich einen Kindheitstraum zu erfüllen. Verrückte finden sich eben.

Und allen voran natürlich Freddy. Ein Freund mit Ecken und Kanten. Aber aufrecht und verläßlich, wie ich vielleicht nie einen Menschen in meinem Leben getroffen habe.

Ich glaube, auch darin sind die Schweizer gründlicher als andere.

Ich weiß aber auch: Die Zürcher sind die besten Preußen Europas. Die Berge bleiben die saubersten, der Räuschling bleibt mein Lieblingswein, ähnlich dem portugiesischen Vinho Verde.

Die »Confoederatio Helvetica« bleibt ein faszinierender Vielvölkerstaat, der neben schönen Banken und noch schöneren Bergen, neben tollen Reden und noch tolleren Raketen zum Nationalfeiertag, neben prallvollen Kellern unter dem Zürcher Paradeplatz und noch prallvolleren Börsen, neben panischer Angst vor Roten und Gelben, Punkern und Parolen weit mehr Sonnenseiten hat als ein verregneter Sommer anderswo in Europa.

Auf einen einzigen Flüchtling kommen in der Schweiz rund hundert Aktiengesellschaften! Und eine Revolution – na, davor muß sich nun wirklich kein Eidgenosse fürchten.

Die Frage der Revolution im eigenen Land scheint durch den Genossen Lenin endgültig geklärt, der seinerzeit ständiger Gast im »Café Odeon« war, als er in Zürich lebte, nur einen Steinwurf von meiner Wohnung im »Corso« entfernt.

Vor seiner Abreise aus der Schweiz soll der Russe gefragt worden sein, wann denn »die proletarische Revolution in der Schweiz komme«?

Lenins Antwort 1917: »Bei 4,3 Millionen Sparheften und 3,8 Millionen Einwohnern – nie!«

Die Antwort dürfte auch neunzig Jahre später noch Gültigkeit besitzen.

Und gerade wegen all dieser Widersprüche kann ich die Frage »Lieben Sie die Schweiz?« nur schwiizerdütsch beantworten:

»Chlar, i lieb mi schurig schönes Züri und mi Schwiizer Ländli.« (Zu deutsch: Klar, ich liebe mein schaurig-schönes Zürich und mein Schweizer Land.)

Ihr Lieben daheim

oder

Ein großer Vater und seine
»Dame des höchsten Ansehens«

»Hast du Weihnachten schon etwas vor?« fragte ich meine Mutter.

»Weihnachten? Nein, natürlich nicht. Seit Papa tot ist, verbringe ich Weihnachten immer daheim. In unserem Haus am Lamisch.«

»Würdest du diesmal mit mir die Festtage verbringen? Nur du und ich?«

»Udo, du machst wohl Witze?«

»Nein. Ich mache keine Witze. Einfach du und ich, Weihnachten zusammen. Wir fahren in ein wunderbares Hotel, in die Berge, wo ich langlaufen kann. Du läßt dich verwöhnen. Und jeden Abend machen wir uns schick, gehen schön essen, lassen den Bär los.«

»Junge, du spinnst mal wieder! Ich bin eine alte Frau...«

»...seit wann?«

Meine Mutter lacht ins Telefon: »Ach, Junge. Weihnachten raus, Weihnachten mit dir, in einem wunderschönen Hotel – ist das wirklich dein Ernst?«

»Ehrenwort!«

»Das ist ein Traum. Das ist das Schönste, was ich mir wünschen kann.«

Und so verbrachten meine Mutter und ich das Weihnachtsfest 1988 zusammen. Corinna, meine Freundin, konnte nicht mit uns feiern, ihre Mutter war schwer krank. Und so organisierte ich alles, um meine Mutter zu verwöhnen.

Zwei Tage vor Heiligabend holte ich sie am Lamisch ab. Gemeinsam gondelten wir im Auto von Kärnten durch halb Österreich nach Telfs in Tirol. Dort steht, hoch oben in einem Naturschutzgebiet, ein wundersam-wunderbares Hotel. Verwunschen liegt es in einem herrlich großen Wald. Kein Dorf in störender Nähe, alles klug konstruiert, wie man es sich als ökologisch denkender Mensch nur wünschen kann. Der Rauch aus der Heizung, ja selbst die Düfte aus der Küche werden abgesaugt und ins Tal gepumpt, wo sie gefiltert werden. Auch parkende Autos trüben nicht den Blick auf die hier noch freie Natur. Die Blechkarossen verschwinden im Bauch einer mehrgeschossigen Tiefgarage.

Die Zimmer sind riesig, die Appartements noch größer. Für meine Mutter und mich hatte ich zwei davon reservieren lassen. Wir wohnten Tür an Tür, jeder hatte seinen eigenen Salon, seine eigene Welt, seinen Lebensraum. Und durch große Panoramafenster hatten wir eine traumhafte Aussicht auf die Berge.

Meine Mutter genoß es. Sie ließ sich jeden Morgen massieren, solchen Luxus hatte sie oft vermissen müssen.

Dann frühstückten wir zusammen, und danach zogen wir uns warm an, und ich ging langlaufen. Ich nahm meine Mutter mit zur Loipe, und sie setzte sich in ein gemütliches Gasthaus, von dessen Fenster aus man einen großen Teil des Tals überblicken kann.

»Ich laufe jetzt los, bin in einer Stunde wieder da. Und bestelle dir, was immer du willst.«

Was hat sich meine Mutter wohl gedacht, als sie mich vor dem Fenster sah? Während ich meine Bindung schloß und dann meine Spuren durch den pulverigen Dezemberschnee zog? Hat sie an ihr Leben mit uns Kindern gedacht? An ihre so verschieden geratenen drei Buben? Die doch alle in ihrem Leben etwas geworden sind?

An John, den ältesten, den wir alle »Joe« nennen. Ruhig, besonnen, verläßlich, mit beiden Beinen fest auf dem Boden stehend, bildet er einen wichtigen Kontrast zu Manfred und mir, die wir doch ständig dazu neigen, allzu unrealistisch in den Wolken zu schweben. – »Joe«, Geschäftsmann, ganz in der Tradition unserer Familie; intelligent, mit scharfzüngigem, sarkastischem Humor. Als Kinder waren wir uns ziemlich fremd. Heute ist gerade seine andere Mentalität dasjenige, was einen ruhenden, kraftvollen Pol in unserer Familie schafft. –

Manfred und ich das krasse Gegenteil. Er, als Maler mit einer farbigen, grenzenlosen Phantasie beschenkt, neigt manchmal noch mehr als ich dazu, Träume als Wahrheit zu erleben.

Hat sie mit meinem verstorbenen Vater stille Zwiesprache gehalten?

Verschwitzt, aber glücklich kam ich zurück. Meine Mutter saß immer noch an ihrem Tisch und hat sich – und da bin ich mir heute sicher – nicht eine Sekunde gelangweilt. Denn Langeweile war ein Fremdwort für sie, wie für meinen Vater. Die gab es nicht. Warum auch? Das Leben ist zu kurz, um es auch nur eine Sekunde mit Langeweile zu vertändeln.

Nach meinen täglichen zehn Kilometern auf Skiern nahm ich ihr gegenüber Platz, trank ein Glas Bier, sie nahm vielleicht noch einen Kleinen Braunen, dann fuhren wir wieder zurück in unser Refugium. Mutter legte sich wie immer etwas hin, ich setzte mich wie immer in die Sauna, ging schwimmen – und freute mich schon auf den Abend mit ihr.

HEILIGABEND

In meiner Suite steht ein frischer, nach Wald und Nadeln duftender Tannenbaum. Ganz so wie früher, als wir noch Kinder in Kärnten waren und Mutter und Vater Weihnachten für uns als Fest der Freude und des Friedens zelebrierten. Den Baum schmückte ich höchstpersönlich – in eben der Art, wie es früher meine Mutter getan hatte. Zur Bescherung legte ich Klaviermusik auf, alles war feierlich, die Zeit verharrte einen Wimpernschlag, die Welt ruhte sich eine Sekunde aus – die Tür ging auf, meine Mutter, im Festtagsgewand, betrat den Raum.

Vielmehr noch – sie hatte einen Auftritt.

Nachdem ich auf dem kleinen, mitgebrachten Keyboard »Stille Nacht, heilige Nacht« gespielt und gesungen hatte, wie ich es immer tue oder getan hab', zu Hause oder sonstwo, packten wir unsere Geschenke aus, die wir uns unter den Weihnachtsbaum gelegt hatten.

»Wann willst du essen? Wäre dir acht Uhr recht?« fragte ich sie.

»Ja, acht Uhr, das ist eine gute Zeit.«

»Ich hole dich dann bei dir drüben ab.«

Und so machten wir es auch. Ich, im dunklen Anzug, klopfte kurz vor acht Uhr an ihrer Tür: »Madame – es ist soweit!«

Sie hatte ihr bestes Kleid angezogen. Das gehörte zum Lebensstil meiner Eltern. Disziplinlosigkeit verachteten sie – und nachlässige Kleidung ganz besonders.

»Du siehst phantastisch aus«, lobte ich meine Mutter und blinzelte ihr zu. »Alle werden mich heute wieder um diese Mutter beneiden!«

Sie lachte, freute sich, genoß den Abend, das Ambiente, auch das Abenteuer.

Arm in Arm gingen wir zum Lift, fuhren hinunter, betraten die große, feierlich geschmückte Hotelhalle. Und alle begrüßten meine Mutter wie eine Königin. Das Personal, vom Direktor bis zum Oberkellner, wußte: »Meine Mutter ist ›die Dame höchsten Ansehens‹.«

Sie war damals schon sehr schwach auf den Beinen, hatte Mühe, längere Strecken zu laufen. Dennoch gingen wir beide vor jedem festlichen Abenddinner zur Bar. Sie blieb ein paarmal stehen, ruhte sich an meinem Arm aus, genoß es aber sichtlich, hier, in dieser eleganten Atmosphäre, der Mittelpunkt zu sein, an der Hand ihres Sohnes. Und daß der ein berühmter Sänger und Komponist war, hat ihr sicher gefallen.

»Gnädige Frau, was darf ich Ihnen heute abend servieren lassen?« fragte ich galant meine elegante Begleiterin.

Meine Mutter zögerte lächelnd – aber da sagte ich schon zum Barkeeper: »Champagner, bitte – aber bitte nur den feinsten, den Sie haben.«

Beflissen holte der freundliche Mann die edelsten Tropfen, die er in seiner Bar hortete.

»Den Taittinger rosé hatten wir an unserem ersten Tag…«, erinnerte ich mich.

»Einen Perrier-Jauët Belle Epoque tranken Sie gestern, und einen Louis Roederer Christal hatten Sie vorgestern«, meinte der Mann hinter der eleganten Holztheke.

»Dann nehmen wir heute den Veuve Cliquot – La Grande Dame«, entschied ich.

Und dann, ja, dann kam immer der Satz, für den ich meine Mutter heute noch liebe: »Udo, du weißt doch, wie sehr ich deinen Vater geliebt habe. Du weißt, was wir alles gemeinsam durchlebt haben. Und wie sehr wir uns aufeinander verlassen konnten. Aber eines muß ich dir hier schon mal verraten, mein Junge: Ob Weihnachten, Geburtstag oder sonst ein Festtag – immer gab es bei deinem Vater Sekt. Sekt! Immer nur Sekt!«

Zart nippte sie aus dem hohen Kelch ein Schlückchen »La Grande Dame«. Sie schloß kurz ihre Augen, genoß den unvergleichlichen Geschmack. »Ja, mein Junge, ich habe deinen Vater wirklich sehr geliebt. Aber immer gab es – Sekt!«

Und es lag ein Hauch von Trotz in ihrer Stimme.

Und dann sah sie mir mit ihren bis ins hohe Alter so klaren blauen Augen direkt ins Gesicht: »Udo, bei dir ist das schon was anderes. Bei dir gibt's immer Champagner!«

Ein so leicht dahinperlender Satz. Und doch: Noch heute schleicht sich mir eine Träne in die Augen, wenn ich an die Situation denke.

Champagner und meine Mutter. Weihnachten 1988, kurz vor ihrem Tod.

Ich erinnere mich noch an jedes Detail: Königlich tafelten wir jeden Abend an unserem mit stets frischen Blumen dekorierten Tisch. Jeden Abend bestellten wir ein köstliches Menü, ließen unsere Geschmacksnerven von den besten Tropfen Wein massieren und genossen unsere Gespräche.

Es waren, wie ich damals ahnte, unsere letzten Gespräche. Sie waren intensiv, fröhlich, ernst, nie sentimental. Der Tod hatte bei ihr schon angeklopft, doch der Tod war kein Thema.

Wir genossen die Tage, die Abende, uns. Und ewiges Glück ist im Leben nicht vorgesehen.

SILVESTER

Der Beginn eines neuen Jahres, die Zuversicht, das Knallen der Korken in der frischen Nacht – das alles erlebten wir gemeinsam.

Dann, am ersten Tag des neuen Jahres, plötzlich hektisches Treiben im Zimmer meiner Mutter. Ich schoß aus dem Bett, streifte mir meinen Bademantel über und lief in ihre Suite.

Dort standen bereits einige Leute an ihrem Bett.

»Was ist mit meiner Mutter?« fragte ich sie.

»Herr Jürgens, Ihrer Mutter ist nicht wohl«, antwortete man mir. Der Notfallwagen war bereits bestellt.

»Mami, was ist mit dir?« Ich streichelte ihre Hand.

»Mir ist nicht gut. Ich muß ins Spital«, sagte sie. »Mach dir keine Sorgen. Ich bin schnell wieder zurück. Es ist sicher nix Ernstes!« Sie hat immer alles heruntergespielt, was sie bedrückte.

Innerhalb weniger Minuten war meine Mutter im Krankenwagen, der Arzt an ihrer Seite. Auch ich sprang sofort in meinen Wagen, raste hinter dem Krankenwagen her, nach Innsbruck, ins Universitätsspital. Ich fühlte, daß es sehr wohl ernst war.

Sofort kam meine Mutter auf die Intensivstation. Alle, wirklich alle, jeder Arzt, jede Pflegerin, jede und jeder in diesem Krankenhaus kümmerte sich rührend um meine Mutter, rund um die Uhr.

Nach der Untersuchung stand fest: Sie hatte eine lebensbedrohende Thrombose!

Ich telefonierte mit meinen Brüdern, informierte sie, sagte ihnen, daß ich bei ihr bleiben würde. Meinen Manager bat ich, alle Termine für mich abzusagen.

Jeden Tag besuchte ich sie im Spital und blieb mehrere Stunden bei ihr, hielt ihre Hand, versuchte, mit ihr zu sprechen.

Die Tage wurden immer schrecklicher. Ihr Zustand immer beängstigender. Und doch kam es ganz plötzlich, dieses endgültige Aus, dieser endgültige Abschied.

Ich wollte sie in ihrem Zimmer auf der Intensivstation besuchen. Doch das Zimmer war leer. Sie war nicht in ihrem Bett. Eine unheimliche Unruhe erfaßte mich. Ich raste durch die Gänge, suchte den diensthabenden Arzt, der mir mit einfühlender Stimme sagte: »Herr Jürgens, Ihre Frau Mama ist vor wenigen Minuten ins Koma gefallen.«

Zwei endlos lange Wochen lag sie so da. Meine Brüder John und Manfred und ich wechselten uns am Krankenbett ab.

Dann starb sie. Vier Jahre nach meinem Vater. Sie ist nicht mehr aus dem Koma erwacht. Sie hat nicht gelitten. Sie wurde achtzig Jahre alt.

»Wenn du jemals über ein Mütterlein mit Silberhaar ein Lied schreibst, kannst du was erleben – mach ja keine Schnulze auf mich!« drohte mir meine Mutter früher schelmisch, doch durchaus ernst.

Keine Angst, Mutter. Ich kenne deinen Geschmack, ich hab' den gleichen. Ich wußte, sie haßte wie ich diese »Mama-Lieder« mit den »gütigen Händen« und dem »schlohweißen Haar«!

Doch über seine Eltern zu schreiben, fällt jedem schwer. Jeder Abschied ist eine Zäsur. Und der Abschied von meinem Vater und meiner Mutter war ein Einschnitt – mein Gedächtnis hält viele kunterbunte Glasstücke parat, die sich zu einem Kaleidoskop meiner Vergangenheit, meiner Gegenwart und meiner Zukunft fügen, und immer tauchen meine Eltern auf. Diese beiden so starken, so unabhängigen Persönlichkeiten, die dem Leben ihren eigenen Wert verliehen und meine Brüder und mich nicht nur geformt haben: Sie haben uns gefordert, in ihrer Menschlichkeit unsere eigene Menschlichkeit zu entdecken und dieser als Richtschnur zu folgen.

Mein Vater hat sich in seinem Leben verbraucht, hat sich in der Arbeit als Bürgermeister von Ottmanach und bei der Bestellung von Schloß Ottmanach und der großen Landwirtschaft verzehrt. Er hatte ein sehr schwaches Herz, und obwohl er in den letzten Jahren seines Lebens zusehends verfiel, immer schwächer und dünner wurde, trug er sein Schicksal mit einer ungeheuren Haltung.

Persönlichkeiten werden nicht geboren, Persönlichkeiten entstehen durch die Kanten, die Reibungen, durch die Verluste und Erfolge eines Lebens. Mein Vater hatte kein einfaches Leben, wahrlich nicht. Doch er ging immer aufrecht, sein Rückgrat blieb gerade, was auch passieren mochte.

Heute weiß ich, daß ich von meinem Vater die Friedfertigkeit habe. Ich bin stets um Harmonie bemüht. Mein Vater war ein sehr musischer, feinsinniger, humaner, humanistisch gebildeter Mann mit unerhörtem Charme, war beliebt und wurde auch im Alter noch von jungen Frauen als Persönlichkeit verehrt, ja geliebt.

Alle bewunderten ihn wegen seiner ausdrucksstarken Augen und weil er eine unerhörte Begabung besaß, mit seinen Geschichten zu begeistern. Vater war immer die ausgleichende Person, einer der damals noch seltenen Männer, die nie versucht haben, ihre Frau zu dominieren oder gar Macht über sie auszuüben. Allerdings paarte sich diese scheinbar angeborene Friedfertigkeit auch mit einem Mangel an Aggressivität, besonders wenn es um die eigenen finanziellen Belange ging.

Nein, ein harter Bursche, ein deftiger Draufgänger in finanziellen Dingen, gar ein eiskalter Manager war mein Vater nicht. Aber es wurde ihm in seinem Leben auch nichts geschenkt. In Moskau geboren, dann in Deutschland erzogen, schließlich in Kärnten heimisch geworden – bedingt dies nicht ein Gefühl von Zerrissenheit?

Ich weiß heute, daß sich mein Vater von seinen eigenen vier Brüdern etwas hintergangen fühlte. Dieses Gefühl hatte auch mit dem Testament meines Großvaters zu tun. Darin stand klipp und klar: »Die Güter aus meinem Besitz (er besaß zwei Schlösser) vermache ich meinen fünf Söhnen zu gleichen Teilen!«

So auch Schloß Ottmanach in Kärnten.

Mein Vater versuchte nun sein Leben lang, diesen Besitz zu halten. Er gestattete sich nur einen Grundlohn, aber schuftete und schuftete. War die Landwirtschaft in den Zeiten meiner Kindheit ein blühender Wirtschaftszweig, so ging es später immer mehr bergab mit ihr. Als schließlich Schloß Ottmanach vor nahezu vierzig Jahren verkauft werden mußte, weil diese Güter nicht mehr viel wert waren, da mußte dennoch alles durch fünf geteilt werden!

Lohn für die jahrelange Plackerei wurde nicht gewährt!

Ergebnis: Für meinen Vater blieb nach dem Verkauf nur ein bescheidener Anteil. Aber zu ernsthaften Zerwürfnissen unter den Brüdern hat all dies nicht geführt. Zu stark waren die familiären Bindungen.

Ich habe meine Eltern bis zu ihrem Tod unterstützt. Sie sollten einen Lebensabend frei von finanziellen Sorgen haben. Doch nie hätten meine Eltern ein Almosen von uns Kindern angenommen. So kaufte ich meinem Vater vom vorhandenen Land einen großen Teil ab – zu einem damals wirklich guten Preis.

Zu Schloß Ottmanach gehörte eine Almwirtschaft, der Lamisch, ein altes, fast verfallenes Bauernhaus inmitten herrlicher

Felder. Mit dem Geld aus dem Verkauf des Landes konnten meine Eltern den Lamisch wunderbar ausbauen und sorgenfrei leben. Es war alles da, Swimmingpool, Tennisplatz und eine Bocciabahn. Mein Vater liebte es, Boccia zu spielen.

Heute wohnt am Lamisch mein Bruder Manfred mit seiner Frau Maria und ihrer entzückenden Tochter Leonie – die von mir respektlos »Breschnew« genannt wird.

Eine Persönlichkeit ganz anderer Natur war meine Mutter. Sie war wesentlich energischer. Sie war eine Powerfrau! Sie fühlte sich in Gesellschaft von Männern wohl, schwache Frauen konnte sie nicht leiden!

Wenn sie Freundinnen hatte, dann waren es nur sehr starke Frauen, wie Aenne Burda, die deutsche Verlegerin aus Offenburg. Mit ihr konnte sie reden. Ihr schrieb sie Briefe, Aenne Burda hat meine Mutter bewundert und geliebt. Das war eine Frau nach dem Herzen meiner Mutter: eine Frau, die sich nicht an Männer hängt, die selbstbewußt und stolz durchs Leben geht. Frauen, die sich als verhuschte Wesen, als liebesbedürftige Schmuseengel gaben, mochte sie nicht.

Ein kleines Beispiel, an das ich mich immer gerne erinnere, wenn ich in Klagenfurt bin: Wenn wir mit Mutter einkaufen gingen, lief dies immer nach folgendem Ritual ab: Gemeinsam fuhren wir in die Stadt, trennten uns, machten unsere Besorgungen und trafen uns dann im Café »Moser-Verdino«, dem traditionsreichsten Café Klagenfurts. Es war auch das Lieblingscafé meiner Mutter. Nie hätte sie die Stadt verlassen, ohne dem »Moser-Verdino« einen Besuch abgestattet zu haben.

Und nie vergaß sie, sich an einem Kiosk aufzuregen!

»Wie können sich Frauen nur so einen Mist kaufen!« erregte sie sich und zeigte auf die vielen bunten illustrierten Blätter, die da hingen. Mit spitzen Fingern wies sie auf Titelbilder, auf denen Königin Elizabeth II. prangte oder Soraya oder die damals noch aktuelle Farah Diba.

»Das ist wieder typisch! Das kauft sich doch kein Mann! Die ganze Emanzipation nützt doch nichts, solange sich die Frauen nicht endlich geistig emanzipieren!«

Sie las Nachrichtenmagazine wie den »Spiegel« und das »Profil« und natürlich Bücher. Und selbst wenn mein Bild auf den Titeln von Frauenzeitschriften prangte, kam ihr »so ein Zeug« nicht lange ins Haus: Sie schnitt die schönen, bunten Bilder von mir aus und warf den Rest in den Papierkorb. Artikel über mich fanden in ihren Augen nur Gnade, wenn sie blendend formulierte Lobgesänge auf ihren Sohn waren.

Objektivität war nun wirklich nicht ihre Stärke!

Nächtelang diskutierte sie über Politik – und rauchte dazu eine Zigarette nach der anderen, egal, ob es vier Uhr morgens wurde. Und ab und zu feuerte sie sich mit einem kleinen Schlückchen Weinbrand an, den sie neben ihrem Sessel versteckt hielt, damit Vater nichts bemerkte. Heimlich schenkte sie sich ein Gläschen ein – und politisierte mit ungebrochener Leidenschaft weiter.

Wenn ich manchmal das Wohnzimmer betrat, in dem sie bequem in ihrem Sessel in der Ecke saß, kam es mir vor, als sei ein Schwelbrand ausgebrochen! Sie saß inmitten einer Rauchwolke. Sie war mehr als eine Kettenraucherin.

Als sie bereits über siebzig war, hatte sie schon richtig blaue Lippen von diesem verfluchten Nikotin. Vater hat immer unter Mutters starker Qualmerei gelitten – also startete ich damals den letzten Versuch, sie von diesen Glimmstengeln wegzubekommen.

»Ich habe hier die Adresse eines Hypnotiseurs in Wien. Und den suchen wir jetzt auf. Der heilt Raucher von ihrer Sucht.«

»Rausgeschmissenes Geld«, befand sie kurz.

»Nein, im Ernst. Der Mann kann auch dir helfen.«

»Also wenn ich dir und deinen Brüdern damit eine Freude machen kann – dann machen wir das eben bei diesem Hypnotiseur in Wien. Du weißt, ich kann nicht aufhören zu rauchen. Ich will, aber ich kann nicht, ich rauche seit meinem achtzehnten Lebensjahr.«

Wir fuhren nach Wien und gingen zu dem Wundermann. Der sprach sehr lange und ernsthaft mit ihr und erklärte ihr: »Und jetzt, gnädige Frau, werde ich Sie hypnotisieren. Sie müssen sich aber innerlich auch wünschen, mit dem Rauchen aufzuhören.«

»Ja, innerlich wünsche ich es mir schon sehr lange. Aber ich kann nicht!« sagte meine Mutter ehrlich.

Nach zwei Sitzungen geschah das Wunder: Sie rauchte nicht mehr. Keine einzige Zigarette!

Schade, daß mein Vater das nicht mehr erleben konnte. Das wäre für ihn eine der größten Stunden seines Lebens gewesen. Zumal sich meine Mutter nach ihrer letzten Zigarette prächtig erholte. Ihre Haut bekam wieder Farbe, ihre Backen und Lippen wurden wieder rosa, und auch der Raucherhusten verschwand.

Reden mit meiner Mutter – das war nie ein unverbindlicher Kaffeeklatsch mit einer älteren Dame. Sie war immer die erste, die von meinen Ängsten und Sorgen erfahren hat. Wenn es in meinem Liebesleben mal wieder Probleme gab und ich trostsuchend das Gespräch mit ihr suchte: »Mami, ich glaub', ich hab' Mist gebaut, mal wieder Mist...« – dann konnte sie sehr drastisch werden: »Wenn euch Männern der Schwanz steht, ist euer Verstand im Arsch!« sagte sie einmal seelenruhig zu mir. »Wann wirst du endlich erwachsen?«

Danach haben wir uns die Köpfe heiß debattiert, denn ihre Grundeinstellung war trotz allem: »Du bist mein Sohn, und ich stehe zu dir, egal, was passiert.«

Und wo stand meine Mutter politisch?

Sie war eine konservative Demokratin wie aus dem Bilderbuch der Politik. Jede Form von Faschismus war ihr zuwider, den Nationalsozialismus haßte sie. Und fühlte sie bei einer Diskussion auch nur den Hauch einer Andeutung, die eine gewisse Sympathie für das Naziregime beinhaltete – dann stand sie angewidert auf, verließ das Zimmer.

Sie war unbestechlich.

Mutters politische Einstellung war von ihrer Kindheit und Jugend geprägt. Ihre Mutter war aktive Kommunistin. Als meine Mutter jung war und der Nationalsozialismus bereits wie ein Brandherd ganz Europa in ein Irrenhaus verwandelte, wuchs sie in einem Haus voller sozialistischer Ideale auf. Damals versteckte meine Großmutter Juden auf ihrem Bauernhof in Schleswig-Holstein und half mit, sie über die Grenze der Ostsee nach Dänemark in Sicherheit zu bringen, in kleinen Fischerbooten.

Doch sie wurde denunziert. Großmutter, die wir immer die »blonde Omi« nannten, weil sie volles, offenes Haar bis über die Hüften hatte, die sie als Zopf geflochten wie einen Kranz trug, mußte drei Monate ins Gefängnis, doch ließ sie sich von solchen »Zwischenfällen« nicht von ihrer politischen Grundhaltung abbringen. Ihre geistige Heimat war der Kommunismus. Mit dem deutschen KP-Politiker Ernst Thälmann traf sie sich auf ihrem Bauernhof.

Ihre Tochter hat unter der strengen kommunistischen Haltung ihrer Mutter gelitten und verfolgte in ihrem eigenen Leben eine gemäßigtere Linie. Aber durch meine Großmutter hat sie den Horror des Naziregimes hautnah miterlebt – und ihr Leben lang versuchte sie, jede Art von Faschismus im Keim zu ersticken.

Mit Männern konnte sie über all das diskutieren, stundenlang, nächtelang, tagelang. Mit Männern teilte sie auch ihre Liebe zum Sport. Wie konnte sie sich da aufregen!

Wenn Cassius Clay boxte, dann stand sie nachts auf, um jeden Schlag dieses tänzelnden Meisters im Schwergewicht live mitzuerleben.

»Udo, hast du den Clay heute nacht gesehen?« rief sie mich dann an. »Das war doch ein Tiefschlag in der dritten Runde! Und was Frazier in der sechsten Runde gemacht hat – also, das war doch unfair!«

Wenn die deutsche Fußballnationalmannschaft irgendwo spielte – meine Mutter war dabei, per Fernseher. Kein Spiel ließ sie sich entgehen! Und erst die Übertragungen von Skirennen! Leidenschaftlich fieberte sie mit Franz Klammer und Co., wenn sie auf der Streif in Kitzbühel oder am Lauberhorn starteten. Und immer hielt sie dabei den Österreichern die Daumen.

Im Sommer Fußball-Deutschland, im Winter Ski-Österreich – das waren ihre Sport-Jahreszeiten.

Dahinter steckte weit mehr: Meine Mutter, aufgewachsen in Norddeutschland an der Ostseeküste, lebte in Kärnten in Österreich; beide Länder, so gegensätzlich sie sein mögen, waren ihre Heimat.

Den Tod meines Vaters überstand sie mit großer innerer Kraft, mit großem Schmerz und Bitterkeit, aber mit einer phantastischen Haltung, wie es für sie typisch war. Sie hat nie die Haltung verloren, laut weinende Frauen bei Beerdigungen waren ihr ein Greuel.

Früher gab es bei uns in Kärnten ja noch die sogenannten »Betweiber«, die »Klageweiber« bei den Beerdigungen. Das waren Frauen, die man dafür bezahlte, daß sie möglichst laut schreiend hinter dem Sarg hergingen und klagten.

Meine Mutter hätte das natürlich niemals geduldet. Sie war zutiefst traurig, hat viel geweint, aber hat ihr Leid möglichst nicht gezeigt. Mit versteinerter Miene stand sie an Vaters Grab und versuchte, ihre Tränen zu verbergen.

In diesen Wochen ging auch ein Teil von ihr. Doch ihr Lebenswille wich in den Stunden der Trauer nicht. Jetzt wollte sie für ihre drei Söhne weiterleben. Wir waren ihr ganzer Stolz. Sie hat uns über alles geliebt, aber trotzdem spürten wir, daß sie sich nicht mehr bis in alle Ewigkeit weiterquälen wollte. Sie war durchaus noch fröhlich und kraftvoll, hat mit uns lustige Abende verbracht, aber das letzte Feuer, das brannte nicht mehr lichterloh, es verglimmte langsam.

Sie war froh darüber, daß keiner ihrer Söhne beruflich in die Fußstapfen unseres Vaters getreten war.

»Landwirtschaft ist zu einem brotlosen Gewerbe geworden, eine Schinderei das ganze Leben lang«, pflegte sie zu sagen. Und deshalb konnte sie sich auch bis zuletzt über Politiker aufregen, die an Entscheidungen gegen die Landwirtschaft beteiligt waren.

Immer aber ergriff sie Partei für Frauen, die keine geregelte Arbeit haben, die keine geregelte Urlaubszeit haben, die schlechtere Gehälter als Männer bekommen, die mieser behandelt werden in der Wirtschaft, der Industrie, der Landwirtschaft. Und so war sie doch emanzipierter als alle Frauen, die ich je kennengelernt habe, trotz oder auch wegen ihrer manchmal harschen Kritik an Frauen.

Nach dem Tod des Vaters lebte meine Mutter am Lamisch, alleine. Betreut von Karl und Sophie Schindler, einem liebenswerten Paar, das auf unserem Hof alt geworden ist und heute noch dort bei meinem Bruder Manfred lebt.

Und bis zum heutigen Tag ist Karl ein Glücksbringer für mich! Wenn es für mich wichtige Dinge zu entscheiden gibt, dann rufe ich Karl an und bitte ihn, mir den Daumen zu halten. Und wenn er das tut, hat es bisher immer geholfen.

Tempi passati.

Was mir geblieben ist, sind wunderschöne Erinnerungen. Daher kein schwermütiger Nachruf.

Meine Eltern liegen heute auf dem Friedhof in Ottmanach. Und manche Menschen wundern sich darüber, daß ihr Grab oft nicht ganz akkurat gepflegt ist. Und das bei diesen Söhnen, der eine Manager, der andere Showstar, der jüngste Maler...

Nein. Es liegt nicht daran, daß meine Brüder und ich viel unterwegs sind. Nein. Es liegt an der Mentalität meiner Eltern, die eine überputzte Gartenhäuschenmentalität immer abgelehnt haben. Sie liebten verwunschene und verwilderte Gärten, machten uns Kinder auf frei Wucherndes und Rankendes, auf natürliche Natur aufmerksam. Und deshalb pflegen wir bewußt das Grab unserer Eltern nicht pedantisch.

Wir lassen es mit dem Nachbargrab ein wenig zusammenwachsen. Und meine Brüder und ich hoffen, daß dies die Totenruhe im Nachbargrab nicht stören möge...

Meine Mutter, mein Vater, Menschen einer scheinbar vergehenden Kultur. Zwei Menschen, die sich gefunden, sich verliebt und geliebt haben. Zwei Menschen im großen Räderwerk der Welt. Zwei Menschen, denen ich nicht nur mein Leben verdanke.

Und nach diesem Kapitel erhebe ich allein das Glas, nippe an meinem Champagner und lache meinen Eltern zu.

Dabei höre ich in mir das Lied, das ich für sie getextet und komponiert habe: »Ihr Lieben daheim« ...

Zwölf Töne statt Zehn Gebote

oder

Wenn wir nicht bereit sind,
die Wahrheit zu akzeptieren, werden
wir es bitter bereuen

Manchmal scheint mir mein Name fast im Weg zu stehen, wenn es darum geht, über Ernstes nachzudenken und zu schreiben.

Was will man schon von mir lesen? Geschichten über unseren Beruf? Über die Karriere? Über Geld? Oder am allerliebsten Storys über Liebe und Sex? – Besonders die »Lieblingszeitschriften« meiner Mutter würden sich darüber freuen.

»Der Typ ist doch seit Jahrzehnten hinter den Weibern her!« – »Der treibt's doch mit jeder!« – »Vor dem ist doch auch heute noch keine Siebzehnjährige sicher!«

So klingt es mir in den Ohren und flimmert es vor meinen Augen.

Billy Wilder, das Wiener Hollywood-Genie, sagte einmal: »Sexszenen im Kino sind eine wunderbare Gelegenheit für den Regisseur, sich zu blamieren.«

Ich glaube, das gilt auch für ein Buch wie meines. Mit Geschichten dieser Art begeht man immer eine Indiskretion, man verletzt Menschen, man tut Menschen weh, die einem sehr nahe stehen oder gestanden haben. Und es klingt immer nach Angeberei.

Bei den Lesern und Leserinnen, die auf viele »Bettszenen« gehofft haben, möchte ich mich daher entschuldigen: Ihre Hoffnung wird in diesem Buch kaum befriedigt werden.

Mein Leben besteht, im Gegensatz zu den Vermutungen vieler Illustriertenschreiber, nicht allein aus solchen Geschichten. Weltweites Reisen, kreatives Schaffen öffnen den Blick für vieles mehr.

Wer so vermessen ist, wie ich vor Tausenden Menschen eine Bühne zu betreten, der wird immer orientieren, aber auch irritieren. Der hat die Verpflichtung, das, was er als die Wahrheit erkannt hat, auszusprechen, auch wenn es weh tut, ja selbst dann, wenn diese Wahrheit sich gegen ihn selbst richten sollte.

Oft bin ich für solche Äußerungen angegriffen, ja angefeindet worden. Meine wichtigsten Lieder legen dafür Zeugnis ab.

Zu Beginn von »Gehet hin und vermehret euch« spricht Hanns Joachim Friedrichs, der große Mann der deutschen »Tagesthemen«, diesen Prolog:

> Es ist Zeit, Alarm zu schlagen:
> An jedem Tag wächst die Zahl der Menschen
> auf unserem Planeten um 300000,
> in jeder Woche um über zwei Millionen.
> In jedem Monat kommen mehr Menschen
> neu auf diese Welt
> als in New York zu Hause sind.
> Aber wir wollen das nicht wissen.
> Noch ist es nicht unser Problem,
> und was uns nicht berührt,
> das geht uns auch nichts an.
>
> Wenn wir es merken, wird es zu spät sein.
> Wo die Menschen am ärmsten sind,
> vermehren sie sich am schnellsten.
> Es ist schon jetzt zu wenig Platz auf dieser Erde.
> Und es wird immer weniger Platz sein.
> Nicht Kriege, Seuchen und Naturkatastrophen,
> es sind die Menschen selbst,
> die ihren Lebensraum vernichten.
> Wer die Umwelt schützen will,
> der muß die Welt bewahren:
> Fünf Milliarden sind genug!

Und an einer Stelle des Liedes heißt es:

> Und da hat einer gütige Hände,
> Und ein gutes, kluges Gesicht,
> Aber denkt er das Diesseits zu Ende,
> Wenn er vom Jenseits spricht?

Wer damit gemeint ist, muß man nicht erklären!

Aber den Papst allein zum Schuldigen zu machen, das wäre zu einfach! Es ist das System, das in Zweifel gezogen werden muß.

Und dieses Lied hat es gewagt, zum ersten Mal.

Welche Unverfrorenheit!

Ich habe nur das getan, was Politiker schon längst hätten tun müssen, würden sie wirklich nach ihrem *Wissen* handeln, *wirklich* Verantwortung übernehmen.

Politikverdrossenheit hat auch damit zu tun!

Künftige Generationen werden keine Politiker mehr wollen, die aus Angst vor Kirchenschelte und eventuellen Wählerverlusten ständig »zu Kreuze« kriechen.

Es gab nach Erscheinen des Liedes 1988 unheimlich viele Schlagzeilen. Ich wurde angezeigt. Man warf mir vor, ich hätte religiöse Gefühle verletzt. Niemals war das meine Absicht. Aber ich bin dagegen, daß wir alle wider besseres Wissen schweigen, auch wenn die Wahrheit weh tut, vielleicht sogar verletzt – vielleicht sogar religiöse Gefühle! Alle Naturwissenschaftler der Welt müßten sich vor Staat und Kirche hinstellen und diese Wahrheit hinausschreien. Bevor es zu spät ist für uns alle.

Julian Huxley, der sein Leben lang diese Fragen erforscht hat, sagte zum Thema Überbevölkerung: »Dieses eine Problem ungelöst wird alle anderen Probleme auf der Welt unlösbar machen.«

Vom Ozonloch bis zum Regenwald, von Umweltbelastung jeder Art bis zu Wetterstürzen und Naturkatastrophen, alle diese Dinge hängen unmittelbar mit der Überbevölkerung zusammen. Zu Beginn dieses Jahrhunderts etwas über eine Milliarde Erdenbürger, am Ende dieses Jahrhunderts auf dem Weg zur siebten Milliarde. Unverkraftbar für unseren Planeten.

Bis zum Beginn dieses Jahrhunderts brauchte die Erdbevölkerung tausend Jahre, um ihre Zahl zu verdoppeln. Aber in den letzten nur hundert Jahren hat sie diese Zahl versechsfacht. Das muß mehr als zu denken geben! Aber blind verweigern wir uns dieser Wahrheit.

In der dritten Strophe meines Liedes heißt es weiter:

Die zehnte Milliarde ist vorprogrammiert.
So schnell ist die Menschheit noch nie explodiert.
Werft ja keinen Blick in die Zukunft zurück,
nach uns die Sintflut – vor uns das Glück!
Zum Leben zuwenig, zum Sterben zuviel!
Hat da nicht der Teufel die Hände im Spiel?

Nein, der Teufel bestimmt nicht, sondern diejenigen, die ihn erfunden haben!

Es sind wir Menschen selbst, die den Lebensraum vernichten. Es sind wir Menschen selbst und sonst niemand, die das Leben und die Zukunft unserer Kinder in Händen halten.

Wenn ich schon nichts bewirken kann, dann will ich wenigstens zu jenen gehören, die ihren Mund aufgemacht haben. Denn die Frage der Kinder und Enkel wird kommen: »Na – und was war mit dir? Hast du wenigstens *versucht*, was zu machen?«

Zwei Jahre lang beschäftigte mich die Idee zu diesem Lied. Friedhelm Lehmann hat dann mit mir zusammen den Text geschrieben.

Dieser viel zu früh verstorbene Mann wurde einer meiner besten Freunde und dieses Lied das wichtigste der ungefähr zwanzig, die er für mich getextet hat.

Was heiß getextet?!

Er war ein Dichter. Ein großer Dichter. Er hat mir Worte gegeben, die für mich zur Gewissensfrage geworden sind.

Naturwissenschaftler und sogar der Theologe und Papstkritiker Hans Küng haben uns nach diesem Lied begeisterte, zustimmende Briefe geschrieben: Es sei die wichtigste Öffentlichkeitsarbeit zu diesem Thema.

Ausgesprochen ungern schreibe ich über religiöse Dinge. Man wird mißverstanden, weil zu viel Fanatismus im Spiel ist. Aber ich muß es tun; zu weit habe ich mich in Liedertexten, mehr noch in Interviews, in dieser Frage schon vorgewagt. Und in vielen Briefen werde ich ermutigt, ja gedrängt, mich zu diesen Fragen zu äußern.

Überbevölkerung und Religion. Diese beiden Begriffe kann man – leider – nicht voneinander trennen.

Es wäre immerhin denkbar, dieses Problem in die Nähe einer Lösung zu bringen. Aber es sind nun einmal die konservativen Führer der großen Religionen dieser Welt, die sich jeglichem Versuch in dieser Richtung widersetzen.

Meine eigene Erziehung war in diesen Fragen sehr offen und liberal.

Ich wurde als Protestant in einer katholischen Umwelt, in einem kleinen Dorf in Kärnten, geboren. Meine Eltern waren keine bigotten Kirchgänger. Mutter und Vater standen bis zu ihrem Tod der Kirche distanziert und kritisch gegenüber.

Beide wollten am Ende ihres Lebens nichts mehr mit der Kirche zu tun haben. Wie entschlossen die Haltung meiner Mutter war, zeigt eine kurze Anekdote, die trotz des Ernstes der Situation nicht frei von Humor ist:

Wenige Tage vor ihrem Tod in der Intensivstation des Universitätsspitals von Innsbruck saß ich, wie immer in diesen Tagen, an ihrem Bett.

Sie drückte meine Hand, als ein dunkelgekleideter Mann den Raum betrat. Irgendein Beschäftigter des Spitals. Ohne Brille sah sie nicht gut. Erst sah sie zu dem Mann hin, dann zu mir, dann sagte sie in ihrer strengen, aber auch witzigen Art leise zu mir: »Wenn das ein Pfarrer ist – dann schmeiß ihn raus!«

Das richtete sich natürlich nicht gegen den Pfarrer persönlich – sie war mit vielen Pfarrern unserer Gemeinde befreundet –, sondern gegen das System. Jahrhundertealte Machtpolitik der großen Religionen, Inquisition, Folter, Krieg bis zum heutigen Tag. Ein Verhalten, das für jede politische Bewegung längst das gewaltsame Aus bedeutet hätte, hat im Laufe des Älterwerdens meine Eltern immer mehr von der Religion entfernt.

Jedoch haben meine Eltern nie auf uns Kinder den geringsten Einfluß in diesen Fragen ausgeübt.

Natürlich wurde ich getauft. Dieser Akt gehörte eben zum guten Ton auf dem Land.

Ich erinnere mich noch genau daran, wie sehr ich damals als kleiner Bub die »Bühne Kirche« liebte; ich mochte die festgesetzten Rituale, das Schauspiel, das da vorne nach strenger Regie aufgeführt wurde.

So war ich auch sehr beeindruckt von den farbenprächtigen katholischen Umzügen bei uns im Dorf. Ich erinnere mich noch heute daran, wie mein Vater – er war damals Bürgermeister der Gemeinde – mich amüsiert und gleichzeitig befremdet zur Rede stellte, nachdem er mich in der Funktion als Fahnenträger bei einem Umzug entdeckt hatte: Sein evangelischer Sohn Udo als Fahnenträger bei einer katholischen Prozession! Das gefiel ihm nicht sehr.

Natürlich hatte mein Vater den Versuch unternommen, mir den Unterschied zwischen den zwei Konfessionen – katholisch und protestantisch – zu erklären, was ich aber mit meinen acht Jahren noch nicht verstehen und nachvollziehen konnte.

Ich wollte ja nur mitgehen, weil alles so schön bunt war, weil gesungen und musiziert wurde. Die Show hat mich eben fasziniert.

Als ich da in der Reihe ging, glaubte ich an meine Vorstellung vom lieben Gott, die ich mir in meinem stillen Kämmerlein ausgedacht hatte.

Aber als ich größer und kritischer wurde, fing ich immer wieder diese Gedanken aus meiner Kindheit auf und verfing mich immer öfter in Zweifeln.

Ich begann mir Fragen zu stellen wie: Was steckt eigentlich hinter diesem Schauspiel? Was ist das nur für ein System? Was bedeuten Religionen? Was Glaube? – Immer mehr beschäftigte ich mich mit dem Christentum, mit meiner Religion, mit der katholischen Kirche, bemühte mich, den Islam zu verstehen, den Buddhismus.

Mit achtundzwanzig Jahren waren meine Zweifel an Religion und Kirche dann so groß geworden, daß ich aus der Kirche austrat.

Nein, ich habe nicht kirchlich geheiratet. Das war damals bereits eine Bedingung an Panja. Und doch: Unter dem Druck der gängigen Gesellschaftsordnung ließen wir unsere beiden Kinder taufen. Warum? Weil ich damals glaubte, daß das Kind später am besten selbst entscheiden sollte, ob es in der Kirche bleiben will oder nicht. Heute bin ich davon überzeugt, daß es die Pflicht der Gesellschaft ist, jegliche Möglichkeit bis zum Zeitpunkt der eigenen Entscheidung offenzuhalten.

Vielleicht scheint es ein bißchen sehr paradox: Auch heute gehe ich gerne in Kirchen. Aus Ehrfurcht vor diesen grandiosen Leistungen menschlichen Schaffens. Kirchen sind Orte großer Kunst und Kultur. Aber natürlich ist der tiefere Sinn all dieser gehorteten Pracht nur einem Einfältigen nicht klar. Der Betrachter soll sich im Anblick dieser gewaltigen Herrlichkeiten klein, schwach und unwürdig fühlen.

Das fängt bereits bei der hochliegenden Türklinke an. Gezwungenermaßen greift man nach oben, wenn man die Kirchentür öffnen will. Man fühlt sich als hilfloses Kind; man schreitet andächtig, fast ängstlich, unter dem großen Türbogen durch, um von einer noch mächtigeren, von stillem Echo überfüllten Dimension aufgesogen zu werden.

Das Ergebnis: Der Mensch wird immer unwichtiger. Das Selbstwertgefühl sinkt ins Nichts. Unbewußt verfällt man in eine devote Haltung. Dieser scheinbar sanften Gewalt aus Stuck, Skulpturen, Malereien und Verzierungen, diesem Duft nach Würde ist der Mensch völlig hilflos ausgeliefert.

Ich bin mir sicher, der liebe Gott wäre heute längst aus seiner eigenen Kirche ausgetreten. Pomp, Macht, Geld, ungestraft werden alle Mittel eingesetzt, und der ursprüngliche Auftrag »Friede in aller Welt« klingt wie Ironie.

Wir alle wissen doch, daß unsere Erde in eine gewaltige Krise taumelt: Zerstörung der Umwelt, der Regenwälder, der Ozonschicht – und die wahnwitzige Übervölkerung.

Doch ich glaube an Aufklärung. An Hilfe. An Geburtenkontrolle. Heute ist fast Unmögliches machbar. Da muß es auch möglich sein, all unser Wissen ungehindert einsetzen zu können, um auch den nächsten Generationen eine Zukunft zu geben. Die Zeiten, in denen sich Politik und Wissenschaft wie im finsteren Mittelalter dem Diktat der Kirchen zu beugen hatten, sollten eigentlich beendet sein.

Ein wichtiges, aber so undankbares Thema. Ein Buch genügt nicht, diesen Fragen gerecht zu werden. Was soll da ein Kapitel ausrichten? Noch dazu von einem Musiker?

Warum aber haben wir so eine Angst, uns von unseren Religionen zu lösen?

Weil wir nicht gelernt haben, unseren Tod zu bewältigen. Der Mensch ist das einzige Lebewesen, das um seinen Tod weiß.

Und wie lebt der Mensch mit diesem Wissen? Gar nicht. Er erschafft sich in seiner Sehnsucht nach Unsterblichkeit Götter, die ihm Unsterblichkeit garantieren sollen. Damit, den Tod als etwas Endgültiges anzuerkennen, können wir uns nicht abfinden. Wir sehen uns nicht als einen Teil dieser Erde mit ihrem biologischen Gleichklang aus Geburt und Tod. Wir fühlen uns als etwas Besseres, etwas Erhabenes, etwas Einmaliges – also als etwas, das auch nach dem Tod unbedingt weiterleben muß.

Größenwahn!

Der Schweizer Schriftsteller Max Frisch hat recht, wenn er bemerkt, daß jede Atombombe ihren Schrecken durch die Philosophie des ewigen Lebens verliert.

Eben dieser Wahn verführt uns dazu, die Welt in bekannter Weise auszubeuten. Maßlos roden wir die Wälder. Maßlos rotten wir Tiere aus. Maßlos zerstören wir Meere. Dabei sind wir alles andere als göttliche Wesen: Wir sind das schlimmste Übel, das dieser Erdball jemals zu ertragen hatte. Kein Tier, kein Saurier, nichts war so zerstörerisch wie die Gattung Mensch. Wir sind die Gefahr dieses Planeten – und nichts sonst.

In der phantastischen Überheblichkeit, uns selbst – mit religiöser Sanktion – als »Krone der Schöpfung« zu bezeichnen, haben wir jegliche Demut abgelegt und begreifen uns nicht als das, was wir wirklich sind: ein Teil des Ganzen!

Übrigens arbeite ich zur Zeit wieder an einem Lied mit eben diesem Inhalt, das den Gedanken »Gehet hin und vermehret euch« fortentwickelt. Der Titel: »Die Krone der Schöpfung«.

Es soll der dritte und letzte Satz einer symphonischen Dichtung werden, die ich irgendwann als ein geschlossenes Werk unter eben diesem Titel für Symphonieorchester, Rockgruppe, Klavier und Gesang herausbringen will:

1. Satz: »Gehet hin und vermehret euch«

2. Satz: »Wort«

3. Satz: »Die Krone der Schöpfung«

Wir machen uns – wie in der Bibel vorgesehen – alles untertan, anstatt uns einzufügen in den gewaltigen Kreislauf der Natur.

Was predigen uns die Religionen? – Daß wir im Höllenfeuer braten werden, das nie erlischt – so steht es im neuen »Katechismus für die Weltkirche«. Oder daß wir im Jenseits in Chören alle wiedertreffen, die wir auf Erden kannten.

Wir mißverstehen den Tod, die Ruhe, die Stille. Wir fordern das Weiterleben, und sei es in der Hölle, was ja auch ein Leben nach dem Tod bedeutet. Dazu gesellt sich die perfekt gepredigte Angst vor Strafe, die den Menschen bei der Stange hält.

Natürlich habe auch ich Angst.

Natürlich weiß ich, daß kein Labor dieser Welt ein Getreidekorn jemals erschaffen kann. Natürlich sehe ich die Welt auch als ein gewaltiges Wunder an. Das Wunder der Evolution. Das phantastische Mysterium der Natur. Nur, dieses Wunder ist in jedem einzelnen von uns. Der Mittelpunkt der Erde ist nicht irgendwo im Jenseits, er ist in dir selbst. Dort, wo du bist, ist die Erdachse. Egal, wo du bist: Du siehst die Welt mit deinen Augen.

Das Unverwechselbare und Unergründliche eines jeden Menschen, seine Lebendigkeit, seine Kreativität, das ist es, was ich als »göttlich« empfinde. Und dieser »Göttlichkeit« brauchst du dich niemals in gebückter Haltung zu nähern und dein Knie zu beugen. Aufrecht, mit ungebrochenem Selbstbewußtsein, sollen wir uns empfinden, uns selbst begegnen.

Es liegt also nicht an irgendeinem göttlichen Willen, sondern an dir selbst, ein erbärmlicher Dreckskerl oder schlicht ein Mensch zu sein, der sich all seiner Verantwortung bewußt ist.

Dabei glaube auch ich, daß der Mensch weiterlebt nach seinem Tod. Er lebt, bis der letzte gestorben ist, der sich seiner erinnert. Selbst die »Unsterblichen« – wer immer die sein mögen –, von Michelangelo bis Mozart, von Beethoven bis zu den Beatles, werden in dem Augenblick gestorben sein, wenn es keinen Menschen mehr gibt, der sich an sie erinnert.

Wie auch immer man zu diesen Fragen stehen mag, ich sehe nur eines: Seit Religionen fanatisch um Macht kämpfen, wird gnadenlos getötet. Unversöhnlich stehen sich die Orthodoxen in ihrem religiösen Wahn gegenüber: im Nahen Osten, in Irland, in Indien, in Bosnien, in Serbien. Auf der ganzen Welt.

Glaube ich also an Gott?

Ich glaube an das Wunder des Lebens in uns selbst.

Es waren nicht Religionen, es waren Menschen, die sich im Osten die Freiheit nahmen, die Mauer einzureißen. Es waren *Menschen*, die die »Kleine Nachtmusik«, den »Donauwalzer« oder »Yesterday« komponiert haben.

Es waren *Menschen*, die »Mona Lisa«, die »Nachtwache« oder »Guernica« gemalt haben.

Es waren *Menschen*, die den »Hamlet«, den »Faust« oder »Im Westen nichts Neues« zu Papier gebracht haben.

Ja, es waren *Menschen*, die die Demokratie erdacht haben, und es waren *Menschen*, die andere vor Verfolgung gerettet haben, wie der alles andere als fromme Oskar Schindler.

Es ist der Mensch, der die Fesseln von Zwang und Gewalt nach und nach auf der ganzen Welt ablegen wird.

Meine Welt hat keine Zehn Gebote, meine Welt hat zwölf Töne. Und diese zwölf Töne bedeuten und begleiten alles: Geburt und Tod, Krieg und Frieden, Haß und Liebe. Von »Hänschen Klein« bis Beethovens »Neunte«. Von der Bach-Fuge bis zum Rap-Song. Vom Jodler bis zum Flamenco. Von »Stille Nacht, heilige Nacht« bis zu »17 Jahr', blondes Haar«.

Ich glaube an das klingende Universum in Dur und Moll.

In mir und allen Menschen.

Ein Kärntner in Amerika

oder

Jugend an den Grenzen des Denkens,
Fühlens und Liebens

ZÜRICH, MITTE JANUAR 1994

Mein Sohn Jonny ruft an. Dankt für Weihnachten, in New York. Mit mir. Ich danke ihm. Ich habe seine Freundin kennengelernt. Habe meinen Enkel Angelo erstmals gesehen. War verblüfft. Verstehe meinen Sohn besser, freue mich über diesen Idealismus, den man als junger Mensch hat; den darf man keinem rauben.

Und ich erinnere mich.

DEZEMBER 1993, NEW YORK

Jonny ist bei seiner farbigen Freundin und seinem Sohn. Ich bin allein im Hotel – und habe plötzlich die Idee zu einem Film.

Die Idee ist kurz skizziert: Das »Romeo-und-Julia-Thema«, ähnlich wie in der »Westside Story«, nur auf unsere heutige gesellschaftliche Situation zugeschnitten.

Die jungen Burschen, die diese Brandsätze in Mölln und Solingen gegen fremde Familien, Frauen und Mädchen geworfen haben, haben die sich überhaupt überlegt, daß sie vielleicht eines dieser Mädchen, die da gestorben sind, hätten lieben können?

Ist es so unvorstellbar, daß diese jungen Menschen – der eine aus Mölln oder Solingen, der andere aus der Türkei, aus Kurdistan, aus dem Libanon – daß sie sich ineinander hätten verlieben können?

Vielleicht wäre es ja für beide die große Liebe geworden?

Vielleicht hat er seine große Liebe verbrannt.

Vielleicht hätte er genau das Mädchen, das er mit einem Molotowcocktail ermordete, in der Schule, im Pausenhof getroffen und gesagt: »Hallo, was machst du? Wo gehst du noch hin?«

Vielleicht wären sie zusammen zehn oder hundert Meter gemeinsamen Weges gegangen und hätten sich ineinander verliebt!

Und der junge Bursche hätte sich plötzlich mit seiner ganzen jugendlichen Begeisterung und seinem Idealismus nicht für den Haß entschieden, sondern das fremde Mädchen verteidigt. Weil er sie liebt!

Er hätte ihr die Hand gehalten, wenn sie jemand beschimpft hätte. Und sie hätte ihn zu Hause gegen den Willen ihrer Eltern durchgesetzt und gesagt: »Ich liebe diesen deutschen Jungen.«

Wer weiß denn, was für ein Schicksal, was für eine Romanze, was für eine Liebe daraus geworden wäre.

Ist das wirklich nur die Vision eines Films?!

AMERIKA, 1957

Ich habe diese schöne Vision erlebt, als Österreicher in Amerika, als Weißer unter Farbigen.

Man ist jung, man begehrt sich, entdeckt sich und den anderen neu. Egal, welche Hautfarbe der andere hat. Egal, aus welchem Kulturkreis er stammt.

Warum mir gerade in Amerika dies alles einfällt, hat seinen Grund: Ich hatte das Glück, 1957 als junger Musiker, als Austauschstudent nach Amerika zu fahren. Und ich habe dort nicht nur einen fremden Kontinent schätzen und lieben gelernt, sondern auch Menschen.

Mein Freund Herwig Jasbetz, heute Rechtsanwalt, war damals Sekretär der österreichisch-amerikanischen Gesellschaft in Klagenfurt. Er war Organisator des Jugendclubs mit über hundert Mitgliedern und organisierte wöchentliche Clubabende mit regelmäßigen Vorträgen, Präsentationen amerikanischer Filme und sogenannte Gesellschaftsabende mit Tanz.

Ich spielte mit meiner Band damals oft bei diesen Abenden,

denn ich kannte Herwig schon aus der gemeinsamen Zeit am Konservatorium. Wir hatten damals dieselbe Klavierlehrerin, Grete Lorweg. Jeder, der zu dieser Zeit in Klagenfurt zu den Begabteren gehörte, lernte bei ihr.

Die Bürger Amerikas hatten damals wohl Mitleid mit uns Jungen hier drüben, im Nachkriegseuropa. Und so gab es zahlreiche Einladungen von amerikanischen Schulen und Universitäten, sogenannte Exchange-Programme. Damals war das etwas ganz Neues.

Amerika, das war's. Und so machten wir uns auf in das Land unserer jugendlichen Träume.

Von Klagenfurt ging es erst mit dem Zug nach Rotterdam. Mit der »MS Rotterdam«, einem kleinen, billigen Auswandererschiff, schaukelten wir dann über den Atlantik.

Wir waren im zweiten und dritten Unterdeck in Schlafsälen mit Stockbetten untergebracht. Mit dabei: Dr. Pleinert, später österreichischer Botschafter in Israel. Leider konnte er bei unseren nächtlichen Feiern an Bord im Salon nicht mitmachen, weil er permanent seekrank war.

Und als ich einmal mit Herwig frühmorgens in unseren Schlafsaal schlich, empfing uns Kleinert mit der kühlen kärntnerischen Bemerkung: »Da schau her, die geilen Böck' gehen a amol schlofen!«

Denn auf diesem Schiff hatte ich schnell das Klavier entdeckt und spielte Balladen, mit Herwig zusammen heißen Boogie-Woogie – das konnte er ganz gut – und auch eigene Kompositionen, und so waren wir ständig der Mittelpunkt auf den kleinen nächtlichen Bordfesten.

Dann endlich New York.

Unvergeßlich die Einfahrt, morgens um fünf Uhr, in den Hafen mit Freiheitsstatue und Skyline. Hudson River, Manhattan, die Bronx. Kaum an Land, die ersten Hot dogs und Hamburger, Bier in großen irischen Gläsern, italienische Pasta – alles eine fremde Welt für einen jungen Mann aus dem fernen Kärnten.

Wir wohnten im Hotel »Woodstock« – ein Name, der erst Jahrzehnte später in die Annalen der Popmusik eingehen sollte.

Dann ging es weiter zur Alfred University nach Pittsburgh, wo wir von Präsident Ellis Drake herzlich empfangen wurden.

Wir wohnten in den sogenannten »dormitorys«, in Schlafräumen für Burschen und Mädchen, natürlich nach Geschlechtern getrennt. Es war Sommerzeit, und die amerikanischen Studentinnen und Studenten waren daheim. So konnten wir Ausländer dort hausen.

Natürlich scherten wir uns nicht immer um diese Geschlechtertrennung. Wenn sich einer von uns Burschen aber mal in den Mädchentrakt verirrt hatte, dann ertönte uns der Ruf entgegen: »Men on floor!«

Während unseres Aufenthalts in Pittsburgh begegnete ich erstmals auch farbigen Musikern und Mädchen. So spielte ich einmal mit dem Pianisten Richard Twartsik in einer Jazzkneipe. Das war ein völlig schwarz ausgekleideter Raum mit einer Sitzlandschaft – in der ein wunderschönes dunkelhäutiges Mädchen saß, mit orangefarbenem, enganliegendem Kleid.

Prompt verknallte ich mich übergangslos in sie, wollte sie sogar sofort nach Österreich mitnehmen – doch mein Freund Herwig hat mir das ausgeredet.

Immer schon typisch für mich: immer gleich totale Begeisterung, niemals die Konsequenzen bedenkend.

Danke, Herwig, für die Rettung! – Damals war ich sauer auf Dich, als Du mich unerbittlich aus dem Lokal gezerrt hast.

Pittsburgh war in jenen Tagen noch eine verschlafene Provinzstadt im Osten der USA. Die Stadt am Zusammenfluß zwischen Allegheny und Monongahela River im Bundesstaat Ohio, der Sitz eines katholischen, eines anglikanischen und eines methodistischen Bischofs. Die Stadt war für mich Kärntner fremd: Es gab Steinkohle, Erz und ein Symphonieorchester.

In den fünfziger Jahren herrschte auch in den nördlichen US-Staaten noch eine klare Rassentrennung: Schwarze hier, Weiße dort.

Die ersten Schwarzen, die wir in unserem Leben gesehen hatten, waren die GIs in Europa. Dazu Fotos von amerikanischen Jazzmusikern, die wir bewundert haben. Und dann kommst du plötzlich nach Amerika, in diesen Schmelztiegel, in dem du in deiner Phantasie ohnehin immer gelebt hast, garniert mit der Musik, die du liebst.

Und dort laufen tatsächlich überall Schwarze herum – die so attraktiv sind, daß du es anfangs gar nicht fassen kannst. Ganz besonders beeindruckend die farbigen Frauen, die von der ersten Sekunde an, die ich auf amerikanischem Boden stand, einen unerhört exotischen Reiz auf mich jungen Burschen ausübten. Meinem Sohn ging es da offensichtlich nicht anders. Ein Jugendlicher erlebt den Reiz des Neuen, des Außergewöhnlichen und Unbekannten vielleicht unmittelbarer, spontaner, auch unkontrollierbarer.

Rassenschranken kannte ich nicht.

Daß einer eine andere Hautfarbe als der andere hat, war mir zwar bekannt, aber nicht, daß das irgendwie trennt. Man hatte einfach keine Erfahrung damit.

Am Konservatorium in Pittsburgh gab es offiziell eine Rassentrennung, in der Musik nicht! – Sie verbindet, über alle Schranken hinweg. Und das ist es ja gerade, was die Musik so unvergleichlich macht.

Ich spielte meist in der »Midway Lounge«. Das war ein Jazzclub, den es heute nicht mehr gibt. Damals spielten dort ganz tolle Musiker. Und als die damals weltberühmte Big Band Les Browns in Pittsburgh ein Konzert beendet hatte, kamen die Musiker zu uns in den Club. Es stiegen wilde »Jam-Sessions«, bei denen jeder bis an den Rand seines Könnens gehen mußte. So ist das bei einer guten »Session«. Sonst spielst du nie mehr mit.

Ich spielte ohne »Greencard«, also ohne jede Arbeitserlaubnis. Der Chef drückte mir ein paar Dollar in die Hand und gab mir nach dem Auftritt etwas zu essen.

Das war die Hoch-Zeit für mich. Damals spielte ich verschiedene Stilrichtungen und hatte auch die großen Standardsongs alle drauf. Am liebsten aber spielte ich Blues, Swing und Bebop, eine damals populäre Jazzrichtung.

Und es war ebenfalls in Pittsburgh, als ich mich erneut Hals über Kopf in ein farbiges Mädchen verliebte, in Adrienne Hall. Ich spielte und sang wie von Sinnen. Der Schweiß lief mir übers Gesicht. Der Laden stand Kopf. Die meisten farbigen Besucher standen auf den Stühlen. Denn das hatten sie auch noch nicht so häufig gesehen: Ein Weißer, der ihnen den Blues gibt, der vollkommen entfesselt spielt, die schwarzen Musikerkollegen mitreißt.

Ununterbrochen sah ich in die Augen eines wunderschönen Mädchens. Ich spielte für sie, sie spürte das, fixierte mich. Als ich unter tosendem Applaus die Bühne verließ, kam sie auf mich zu. Inmitten der tobenden Menschen küßte sie mich, ohne ein Wort zu sagen. Es war der längste Kuß meines Lebens. Da flippte das Lokal völlig aus. Von diesem Moment an waren wir unzertrennlich, und ich der Jazz-King in der »Midway Lounge«.

Adrienne nahm mich, den spindeldürren »Hungerleider« aus dem fernen Europa, ernst. Ich liebte sie. Sie mich. Und sie nahm mich mit zu ihren Eltern.

Am »Thanksgiving Day« war ich zum ersten Mal bei ihr zu Hause eingeladen. Es gab, wie in Amerika üblich, Truthahn.

Adrienne wohnte an der Webster Avenue 2926, einer schwarzen Gegend in Pittsburgh. Ich weiß die Adresse bis heute.

Ich hatte mich schick angezogen, trug sogar eine dieser damals so beliebten Krawatten mit Mini-Knoten – den hatte mir ein schwarzer Musikerkollege gebunden. Mit drei aus einem Park geklauten Blumen stieg ich in den Bus.

Anfangs waren fast nur Weiße im Bus, dann immer mehr Schwarze. Zum Schluß war ich der einzige Weiße und merkte, daß mich alle anschauten: »Ist der wahnsinnig oder lebensmüde?«

Die waren mir nicht böse gesinnt, aber manche fragten mich: »Are you sure where you wanna go?«

Und ich sagte: »I'm looking for Webster Avenue 2926.«

»O yeah, this is the area, but are you sure there is someone who is taking care of you? Watch out on the street!«

Und sie gaben mir Ratschläge. Aber ich war zwanzig, und da kennt man keine Gefahr, wenn man verliebt ist. Ich fand die Adresse.

Es wurde ein unvergeßlicher Abend für mich.

Adriennes Vater arbeitete am Flughafen bei einer großen amerikanischen Airline, war Techniker für Motoren, also dem gehobenen Mittelstand zuzurechnen.

Die Familie bewohnte ein Reihenhaus, nett, freundlich und sehr gemütlich eingerichtet.

Vater Hall empfing mich mit großer Freundlichkeit, aber sehr distanziert. Ernst fragte er mich, ob mir mit meinen großen, naiven, europäischen Vorstellungen klar sei, daß das, was ich da tue, mich in dieser Gegend zu bewegen, nicht ganz ungefährlich sei, und wie ich mir das vorstelle mit seiner Tochter.

Ich sagte: »I love her! And she's wonderful. And I don't care if she's black and I'm white.«

Man hat mich dann zum Essen eingeladen, und Adriennes Vater hat einen Toast auf mich gesprochen, erhob das Weinglas und sagte: »Du gibst uns ein strahlendes Beispiel für Menschlichkeit und Demokratie.« – Ein Satz, den ich nie im Leben vergessen habe.

Damals gab es noch überall in den amerikanischen Städten Trinkwasserbrunnen, getrennt für Schwarze und Weiße; deutlich durch ein Schild gekennzeichnet: »Coloured«, »White«. – Demonstrativ trank ich immer aus Trinkwasserfontänen, die nur für Schwarze bestimmt waren.

Auch promenierte ich im Stadtzentrum von Pittsburgh mit Adrienne, daß sich die Amerikaner fast den Kopf verdrehten: Was – ein Weißer mit einer Farbigen! Und das noch Hand in Hand!

Einmal legte ein Autofahrer den Rückwärtsgang ein, stieß zu uns zurück, ließ die Scheibe herunter und schrie: »God damned nigger fucker!!!«

In diesem Moment hat Adrienne meine Hand ganz fest gedrückt. Eine Träne stahl sich in ihre Augen. Heute kaum noch denkbar, damals – 1957 – menschenverachtende Normalität.

Ja, und dann begann meine Rundreise durch Amerika. Zusammen mit Herwig und drei anderen Freunden aus Klagenfurt.

Was für eine Fahrt!

Wir kauften uns einen Ford, Baujahr 1953, für siebenhundert Dollar und starteten in Fort Wayne. Dann ging es los: Über Chicago, Denver, Colorado, Rocky Mountain National Park, Wyoming, Salt Lake City, Utah, Nevada, Reno, Sacramento, San Francisco, Yosemite Park, Sequoia Park, Los Angeles, Las Vegas, Lake Mead, Hoover Dam, Grand Canyon, New Mexico, El Paso, Dallas, Texas, New Orleans, Louisiana, Mississippi-Überquerung, Alabama, Florida, Everglades, Georgia, Savannah, Charleston, South Carolina, North Carolina, Virginia, Washington D.C., Baltimore, Philadelphia.

Für unsere tägliche Verpflegung hatten wir alle zusammen 5,14

Dollar, dazu kamen 1,17 Dollar für Mautgebühren. Herwig hatte das alles minutiös ausgerechnet (ganz der spätere Rechtsanwalt). Sonst würden wir nicht durchkommen.

Wie haben wir gespart!

Im Yosemite Park hatten wir eine abenteuerliche Begegnung mit einer Bärenfamilie – zwei Riesen und zwei Kleine, die in der Nacht bei unserem Schlafplatz nach Eßbarem suchten. Wir hatten uns schon schlafen gelegt, einfach auf dem Waldboden, als plötzlich von verschiedenen Seiten die Bären aus dem Wald brachen, unter unvorstellbaren Geräuschen Bäume hinabgleitend, mit ihren Krallen die Rinde aufreißend, Äste brechend. Vorsichtshalber gingen alle unter dem Wagen in Deckung und beobachteten alles atemlos. Bären, die Junge haben, sind ja bekanntlich besonders gefährlich. Zwanzig Minuten lang gaben wir keinen Mucks von uns, bis sich die Zotteltiere wieder in die Dunkelheit davontrollten.

Übernachtet haben wir fast immer unter freiem Himmel, und ich war der einzige, der nicht einmal eine Luftmatratze unter seinem Schlafsack hatte. Zu teuer!

In San Francisco übernachteten wir im Golden Gate Park auf einer Wiese neben der zwar nicht in der Nacht, wohl aber am Morgen stark frequentierten Straße. Polizeifahrzeuge kamen nachts mehrmals, leuchteten den Park nach Kriminellen und Pennern ab. Mehrmals mußten wir mit unseren Habseligkeiten flüchten und uns neue Verstecke suchen.

In Hollywood ließ uns ein mitfühlender Restaurantbesitzer auf den Tischen und Bänken seines Lokals schlafen.

Einmal lud uns ein Millionär in New Orleans ein, auf seiner Yacht zu übernachten – welche Gegensätze!

New Orleans… – Welche Stadt für mich jugendlichen Jazz-Träumer!

Angst hatten wir nicht. Warum auch? Auf unseren Ford hatten wir gepinselt: »Students from Austria«, was uns offenbar sympathisch machte und uns so manchen freundlichen Kontakt verschaffte.

Als in Las Vegas ein Mann unser bepinseltes Auto sah, schenkte er uns spontan eine Kiste voller Pfirsiche, Reichtum für unsere hungrigen Mägen.

Wir genehmigten jedem von uns einen Dollar, um auch einmal im Casino von Las Vegas zu spielen. Das war nahezu ein Tagesetat für unsere Verpflegung. Sammy Davis jr. trat im »Sands Hotel« auf. Wir verabredeten: Wer es schafft, aus dem Dollar zehn zu machen, hat sich die billigste Karte für das Konzert erspielt und würde so den Entertainer hören, von dem wir alle träumten. Der eine Dollar war wohl ein zu kleiner Einsatz, um damit auf Glück zu hoffen. Wir alle verspielten ihn am »Einarmigen Banditen«, an dem man damals, wenn ich mich recht entsinne, noch mit einem Zehn-Cents-Stück sein Glück probieren konnte. So wurde unser Traum nicht Wirklichkeit.

Was hätte ich wohl empfunden, wenn ich gewußt hätte, daß Sammy Davis jr. viele, viele Jahre später eines meiner Lieder (»If I Never Sing Another Song«) zum Schlußlied aller seiner Konzerte machen würde ...?

Kurze Zeit später wurde uns auch noch der Rest unserer Pfirsiche an der Grenze von Nevada nach Kalifornien von Beamten wortlos aus dem Auto genommen und in eine Mülltonne geworfen – die Einfuhr von Früchten nach Kalifornien war verboten.

»Jugendliche Tragödien« werden mit leichter Hand hingenommen.

In Los Angeles fuhr ich zusammen mit Herwig zu den Studios von »Capitol-Records«. Ich wollte dort vorspielen, naiv wie ich nun einmal war. Herwig wartete in brütender Hitze auf meine Rückkehr: Ohne Erfolg. Natürlich hat man mich nicht einmal an ein Klavier gelassen. »Capitol« – meine Traum-»Record-Company«. »Wenn mich diese Deppen nur mal in der ›Midway Lounge‹ in Pittsburgh gehört hätten!!!« dachte ich mir.

Am Ende der Reise: wieder New York, die Traumstadt dieses Jahrhunderts!

Den Ford konnten wir noch für dreihundert Dollar verkaufen. Jeder ging nun seiner eigenen Wege. Wir alle wollten uns in Montreal wiedertreffen, um wiederum mit einem billigen Schiff nach Hause zurückzukehren.

Die Musik – das war es, was mich damals über Wasser hielt!

In New York hatte ich einen Freund, einen Schwarzen, Junius Chambers. Ich konnte bei ihm in der Bronx wohnen. Das Telefongespräch, das er mit seiner Mutter führte, um mich anzukündigen, ist mir noch genau in Erinnerung:

Seine Mutter fragte ihn wohl, ob ich schwarz oder weiß sei. »White.«

An seinem Gesicht sah ich, daß von seiner Mutter bedenkliche Worte kamen, etwas wie: »Denk daran. Wir können ihn hier nicht beschützen.«

Und er antwortete: »I care for that. Don't worry. He's a nice guy, he's a musician and I really want to be with him.«

Und man nahm mich auf wie einen Sohn. In unserer Nachbarschaft ging es zu wie in der »Westside Story« von Leonard Bernstein, mit Banden, die einander blutige Fehden lieferten. Es war mordsgefährlich, da herumzustreunen.

Nur in Begleitung meiner schwarzen Freunde konnte ich auf die Straße. Ich habe es gut, ja bestens überlebt! Und viel, sehr viel gelernt, was mir heute als Sonderbotschafter des Hochkommissars der Vereinten Nationen für Weltflüchtlingshilfe hilft, andere Kulturen, andere Mentalitäten zu verstehen.

Ich stürzte mich in die Jazz-Szene New Yorks mit ihren unvergleichlichen »Jam-Sessions«. Und als Musiker des aktuellen Repertoires war ich ja nun wirklich versiert.

Meist jazzten wir in Kellern. Wir spielten vor Studenten und anderen jungen Leuten. Für eine Handvoll Dollar, einen Teller Instantsuppe und literweise kraftlosen Kaffee, den wir mit irgendeiner Mischung Alkohol aufpeppten.

Es war ein tolles Publikum. Es waren Schwarze und Weiße, Mulatten, Mestizen, Kreolen, Inder, kurz: Menschen vom ganzen Erdball waren versammelt.

Und die schwarzen Frauen! Sie sahen dich nicht nur an, wenn du auf der Bühne spieltest – sie himmelten dich an. So »himmeln« kann kaum eine Europäerin, das bildete ich mir damals jedenfalls ein.

Die konnten es gar nicht fassen, daß ein Europäer so spielen kann, und sie sagten ganz selbstverständlich: »Play for me.« Und die Augen ließen sie nicht von dir. Zum ersten Mal in meinem Leben spürte ich die Macht der Musik.

Ich hatte Adrienne in Pittsburgh fest versprochen, auf der Rückfahrt von Kalifornien zu ihr zu kommen. Ich war jung und das Leben schneller. Ich hatte sie nicht vergessen, aber New York, der Blues, der Jazz, das Leben holten mich ein. Ich rief sie an, sie verzieh mir nicht, daß ich New York nicht verlassen konnte. Daß ich auch das Geld für die Reise nicht hatte, verschwieg ich ihr.

In New York erlebte ich meine zweite große Liebe mit einem farbigen Mädchen: Jenny.

Sie war eine Schönheit.

Jenny lernte ich bei einem meiner Gigs in einem schummrigen Blues-Schuppen kennen. Ich saß am Klavier, meine Mit-Musikanten legten los, und wir jazzten, was das Zeug hielt. In einer Pause fiel mir dieses wunderschöne, kaffeebraune, gertenschlanke Wesen auf, das mich mit glühenden Augen betrachtete, in denen wieder mal die berühmten »Sterne« glitzerten. War ich für sie ein Wesen aus einer fremden Welt, so war sie für mich das gleiche: Ich fraß sie von meinem Klavierhocker aus geradezu auf. Es war wie bei Adrienne.

O ja, damals war jede Liebe eine große Liebe! – Wie jede junge Liebe immer eine große Liebe ist.

Nach dem Auftritt kamen wir ins Gespräch. Sie erzählte mir, daß sie auf das College gehe und um Mitternacht unbedingt zu Hause sein müsse, da ihr Vater sonst Ärger machen würde. Und das wollte sie auf keinen Fall riskieren.

Ganz junger österreichischer Gentleman, brachte ich Jenny zur Subway, der berühmt-berüchtigten New Yorker U-Bahn, wollte sie eigentlich nach Hause begleiten, naiv, wie ich wieder einmal war.

Genau das wollte sie nicht: »Too dangerous for you. You are white, I'm black. Cool it Baby, okay?!«

Verdutzt und verständnislos sah ich der U-Bahn hinterher.

Doch Jenny kam zwei Tage später wieder zu einem unserer improvisierten Auftritte und machte mir langsam klar, was Rassenschranken in Amerika bedeuten. Daß eine Schwarze sich nicht so einfach von einem Weißen nach Hause bringen lassen kann. Langsam dämmerte mir, was sich da die Menschheit für eine Idiotie hatte einfallen lassen.

Durch Jenny und Adrienne sind mir die Augen geöffnet worden dafür, daß die Welt nur als multikulturelle Gesellschaft eine Überlebenschance hat. Es ist doch immer wieder die Liebe, die vereistes

Denken leichter als alle Philosophien und Weisheiten auftauen kann.

Das Lied »Jenny«, mein erster internationaler Hit, bekam damals eigentlich durch diese Jenny seinen Titel. Und damals wußte ich: »Solltest du jemals im Leben Vater einer Tochter werden, dann soll sie Jenny heißen!«

Jugend muß an und über Grenzen schreiten, muß durch das Feuer der Gefühle gehen, muß Flügel kriegen und fliegen, fliegen, fliegen, um ihre Ideale zu erkennen. Auch wenn sie später nur noch schwer einzuholen sind.

Von den »Tollen Tanten«
bis zum »Schloß am Wörthersee«

oder

Die Kunst,
dreißig Jahre auch beim Film mitzumachen,
ohne ein Filmstar zu werden

Wie so oft, wenn ich allein zu Hause bin, liege ich auf meinem Bett, die Fernbedienung, also den schlimmsten Feind eines jeden Fernsehschaffenden, in der Hand. Seit der Erfindung dieses elektronischen Faulheitsspenders schaut man sich keine Sendung mehr in Ruhe von vorn bis hinten an.

Ich zapple mich wieder einmal durch die Fernsehprogramme und stutze. Da kündigt gerade eine freundliche junge Dame an: »Und heute abend sehen Sie den Film ›Unsere tollen Tanten in der Südsee‹. Bleiben Sie dran.«

Und schon flimmert ein Trailer, das sind die optischen Appetithappen, über die Mattscheibe, in dem mehrere dickliche Damen, die allesamt sofort als Herren zu erkennen sind, aus einem gelben Postbus taumeln. – Und auch eine unheimlich dürre Gestalt zwängt sich aus dem Bus ins Freie: Ich, vor dreißig Jahren, auf Gran Canaria, in dem Juxfilm »Unsere tollen Tanten in der Südsee«.

Und dieser Film wird heute abend zur besten Sendezeit gezeigt! Früher schämte ich mich fast ein wenig wegen dieser Filme. Ich sagte sogar mal in einem Interview: »Ich bete geradezu, daß man diese Filme nie, nie mehr findet und nie, nie mehr zeigt.«

Inzwischen sehe ich das weitaus gelassener. Ich stelle plötzlich fest, daß diese Filme heute allein schon deshalb einen gewissen Gütegrad haben, weil sie alt sind.

Aber man muß diese Tanten- und Nichtenfilme auch in die Zeit einbinden, in der sie gedreht wurden, bevor man sie kritisiert.

Nach dem Krieg waren Österreich und Deutschland am Boden. Erst in den fünfziger Jahren hat sich dann das Wirtschaftswunder abgezeichnet. Das daraus resultierende Selbstbewußtsein kam aber erst in den sechziger Jahren zum Tragen. Erst zwanzig Jahre nach dem Zweiten Weltkrieg glaubten diese beiden Länder wieder an sich.

Die Menschen begannen, ihr Leben wieder zu genießen, sie träumten, sie machten die ersten Urlaubsfahrten, die Autoindustrie boomte – doch man war ziemlich unpolitisch. Verständlich!

Den Bau der Berliner Mauer nahm man zwar unter Gezeter und Geschrei hin – aber man fühlte sich eher machtlos. Viel interessanter für viele war doch – wenn man ehrlich ist – die Gründung der Fußballbundesliga, der Tod von Marilyn Monroe, der Besuch Kennedys in Berlin und die einheitliche Mindesturlaubsregelung.

Aber das Wichtigste war, man wollte sich endlich wieder amüsieren. Und mit diesen Filmen konnte man das. Um sich neunzig Minuten zu erheitern, engagierte man sympathische junge Leute und bekannte Komiker und mixte dies zu einem lockeren Cocktail. Dazu kamen als Rezeptbeigabe noch ein paar gerade gängige Schlagerhits, um die eine eher dürftige Rahmenhandlung drapiert wurde – und fertig war wieder einer dieser Nichten- und Tantenfilme, die damals die Superkinohits waren.

Natürlich sehe ich heute vieles distanzierter als damals, als ich diese Filme brauchte, um meine Miete bezahlen zu können. Mir ist auch bewußt, daß diese unpolitische Haltung in den fünfziger und Anfang der sechziger Jahre dazu geführt hat, daß Rudi Dutschke, Daniel Cohn-Bendit und die 68er Bewegung geradezu dringend notwendig wurden. Irgend jemand mußte die Jugend aufrütteln. Plötzlich wurde über soziale Gerechtigkeit nachgedacht, über den Unterschied zwischen arm und reich, denen da unten und denen da oben.

Vor eben diesen Hintergründen muß man heute auch diese Filme, diese Schlager von damals sehen.

Wenn ich jetzt, 1994, wieder die »Tollen Tanten in der Südsee« sehe, erinnere ich mich, daß dieser Film genau vor dreißig Jahren gedreht wurde, 1964.

Ein Jahr später war ich Teilnehmer beim Wettbewerb »Eurovision de la Chanson« und komponierte »Warum nur, warum«, einen kapitalen Welterfolg. Dann kam »Sag ihr, ich laß' sie grü-

Kinderwelt – eine Welt voller Wünsche.
Foto: Udo Jürgens Archiv/bbmp ag

Worte, Bilder, Farben, Musik – »Damals wußte ich wirklich nicht, was noch
kommen würde.« Foto: J. Wiczorek/Udo Jürgens Archiv/bbmp ag

Jonny, Jenny.
Foto: Hans J. Hoffmann/Udo Jürgens Archiv/bbmp ag

Mutter Käthe, Bruder Manfred, Vater Rudolf, Panja, Udo.
Foto: J. Wiczorek/Udo Jürgens Archiv/bbmp ag

Mit Corinna Reinhold.
Foto: Manfred Bockelmann

Udo und Mutter Käthe.
Foto: Udo Jürgens Archiv/bbmp ag

Frühjahr 1993 in seiner Wohnung in Zürich: Nach einer verlorenen
Wette Udo mit Bart. Foto: Hans Friedli/Udo Jürgens Archiv/bbmp ag

Die Pferde der Fahrenden in Portimão/Algarve.
Foto: Erwin Schneider

Auf dem Fischmarkt »zu Hause« an der Algarve.
Foto: Erwin Schneider

Als Frühstückskoch ein König.
Foto: Erwin Schneider

Auf den Spuren von Heinrich dem Seefahrer: Die Festung von Lagos
an der Algarve. Foto: Erwin Schneider

Wind der Wahrheit in Portugal.
Foto: Erwin Schneider

ßen«, ein Hit in ganz Europa. 1966 folgte dann »Merci, Chérie«, wieder ein Welterfolg. Dann kam mein internationaler Durchbruch als Musiker, Komponist und Sänger.

Ich drehte diese Filme zu einer Zeit, als ich schon jahrelang im Showgeschäft war, aber keinen nennenswerten Erfolg hatte. Und ich konnte natürlich auch nicht ahnen, daß mir ein geradezu gigantischer weltweiter Erfolg unmittelbar bevorstand! Deshalb sehe ich die Filme aus meinen Anfangszeiten mit ganz besonderen Gefühlen an.

Und was mich dabei heute, dreißig Jahre später, berührt: Ich sehe heute auf dem Bildschirm meinen Sohn Jonny! Sehe ich mich, sehe ich ihn.

Jonny, verzeih mir, ich weiß, Du hörst es heute lieber, wenn man Dich »John« nennt. Aber bitte, laß mich Dich weiter »Jonny« nennen.

Und noch etwas ganz anderes berührt mich heute, wenn ich meine alten Streifen sehe: Was haben die Menschen nur mit der Natur auf den Kanarischen Inseln gemacht? Wie haben Baulöwen Maspalomas verschandelt? Diesen einstmals so herrlichen Südzipfel von Gran Canaria.

Wie hat sich die Welt in diesen dreißig Jahren zu ihrem Nachteil verändert?

Die Filmszenen, die teilweise in der Wüste und im Urwald spielten, wurden genau dort gedreht. Da gab es damals wirklich noch ein echtes Wüstengebiet. Ein kleines zwar nur, vielleicht ein wenig größer als die Fläche der Stadt Zürich, aber man konnte dort so drehen, daß der Zuschauer später den Eindruck hatte, der Film spiele in der Sahara. Am Rande dieser kleinen Wüste war ein Dschungelgebiet. Auch dort wurde gedreht, in einer damals noch fast unberührten, wunderbaren Vegetation. Dort fand man eine Kulisse wie in afrikanischen oder südamerikanischen Urwäldern.

Maspalomas auf Gran Canaria – das war zu jener Zeit eine einmalige Natur, ohne die von Menschen gesetzten Grenzen durch Betonbarrieren, Apartmenthäuser oder Ferienanlagen. Ungehindert wucherte damals das Grün, und die unzähligen Urwaldbäume, Lianen und Palmen wogten im Wind und grüßten schon von weitem den Besucher.

Wenn man heute nach Gran Canaria kommt, Maspalomas besucht, erlebt man eine Betonwüste von erlesener Scheußlichkeit. Aber das kennt man ja von vielen Urlaubsgebieten. Als wir in jenen Tagen hier landeten, um unseren Film zu drehen, war es noch »fünf Minuten vor zwölf Uhr«, wie ich später mein Lied gegen Umweltzerstörung betitelte. Heute ist es auf Gran Canaria längst »Viertel nach drei«!

Eine Reise in die Südsee wäre damals natürlich viel zu teuer gewesen – Tahiti, Samoa, Mururoa, die Insel der Rebellen, die Insel Gauguins und die magischen Atolle mit ihren wunderschönen Frauen – das sollten wir den Zuschauern des Films vorgaukeln, aber eben nicht vor Ort drehen.

Maspalomas bot eine ideale Kulisse. Was uns zu unserem Film jedoch noch fehlte, war ein »echter« Eingeborenenstamm!

Kein Problem für einen Jungfilmer wie Karl Spiehs!

Flugs wurde ein Schiff gechartert und vom afrikanischen Festland ein ganzer Stamm herbeigeholt. Daß es sich dabei um Afrikaner und nicht um Südseeinsulaner handelte, also um solche Kleinigkeiten kümmerte sich natürlich niemand. Schließlich machte man ja einen Klamaukfilm.

In einer Szene sollten wir – Gunther Philipp, Trude Herr, Gus Backus und ich – mit einem Bus durch den Urwald fahren und von den »Eingeborenen« mit Speeren, Pfeil und Bogen angegriffen werden.

Der Dolmetscher sprach wild gestikulierend mit den afrikanischen »Kriegern«, die auch alle brav mit ihren Köpfen nickten.

»Alles okay«, rief Regisseur Rolf Olsen durch sein Megaphon. Klappe. Drehen.

Wir fuhren also langsam mit unserem uralten, klapprigen Bus los. Wir beschleunigten und näherten uns dem Punkt, an dem uns die »Wilden« angreifen sollten.

Schon nach wenigen Metern durchbohrte ein Speer das linke Fenster des Busses. Wenige Meter weiter ging ein zweites Fenster zu Bruch.

Ich schaute blaß vor Schrecken Gunther an: »Du, die machen ernst!«

Und schon sauste ein Pfeil durch die Vorderscheibe und blieb im Polster stecken.

»Hört zu – das ist doch nur ein Film!« schrie ich aus dem schnell runtergekurbelten Fenster. Doch die »Krieger« hörten mich nicht, verstanden auch kein Wort Deutsch.

Da sauste ein Speer über unsere Köpfe hinweg ins Innere des Busses.

»Runter«, schrie Gus Backus, der – so glaube ich – unser Fahrer war. »Köpfe runter. Die greifen wirklich an!«

Und schon hörten wir die Meute heulend angelaufen kommen und mit allem, was sie hatten, auf unseren Bus einschlagen.

»Auf den Boden. In Deckung!« brüllten wir uns gegenseitig an. Ich hatte Angst – wie wir alle.

Endlich hörten wir den Dolmetscher, der sich schreiend ins Getümmel geworfen hatte und jetzt den »wilden Kriegern« erklärte, daß der Angriff nur gespielt werden sollte!

Als schließlich Ruhe herrschte, wagte keiner von uns, sich zu erheben. Und als wir schließlich ziemlich blaß aus dem Bus robbten, empfingen uns alle mit Freude und Lachen.

Daß der Regisseur die Aufnahmen sehr »lebensnah« fand und sie auch für den Film nahm – ich kann es verstehen.

Ich sah damals aus wie achtzehn oder höchstens zwanzig Jahre. Immerhin war ich schon dreißig. Ich war halt immer schon mindestens zehn Jahre zu alt für das, was ich gerade machte.

Das war schon immer so, inzwischen hab' ich mich daran gewöhnt.

Aber wie kam ich überhaupt zu diesen Filmen?

Da ich Ende der fünfziger Jahre viel in Wien und Österreich bei sogenannten »Bunten Abenden« aufgetreten war, kannten mich der Regisseur Franz Antel und sein damaliger Aufnahmeleiter Carl Spiehs recht gut. Ich hatte ja einiges drauf und war vor allem ein unkomplizierter Typ. Und so gab mir Karl Spiehs auch meine erste Chance beim Film. Denn »Carli« war einer der wenigen, vielleicht der einzige, der wirklich an mich glaubte.

Viele sagten zu ihm: »Was willst du denn mit dem Jürgens? Der hängt nun schon seit Jahren in Schallplattenstudios rum – aus dem wird nie was!«

Spiehs aber sagte: »Wartet nur ab! In zehn Jahren wird der Udo der Größte sein!«

Er glaubte an den jungen Udo und nahm mich auf die Tourneen mit. Er brauchte für Stars wie Peter Kraus, Gus Backus, Trude Herr, Ted Herold oder Peterli Hinnen sogenannte Programmfüller, also »Petersilie für den Tellerrand«.

Am Ende des Programms trat jeweils der Star auf, doch bis der auf die Bühne kam, mußten vorher sieben bis acht unbekannte Sänger, Musiker, Humoristen und Zauberer auftreten. Und ich war einer von denen. Das war mein Job.

Ich sollte einfach einige damals bekannte Schlager singen. Ich stellte mich also auf die Bühne, hatte irgendeine schillernde Jacke an und sang »Volare« oder »Ciao, Ciao, Bambina«.

Das ging ganz gut, solange nicht Peter Kraus oder Ted Herold die Stars des Abends waren. Denn wenn einer von den beiden da war, war das Publikum außer Rand und Band. Dann schlugen mir Rufe entgegen wie »Aufhören, aufhören!« oder »Hau ab, du Pfeife!« oder »Weg mit dem Hungerturm!!«

Manchmal bin ich für meine achtzig Mark Abendgage fast gestorben!

Ich konnte es nur mit Alkohol ertragen. Oft war mir übel, und manchmal hab' ich heimlich geheult.

Spiehs, der später einer der erfolgreichsten Filmproduzenten Österreichs wurde, sicherte mir aber immerhin so mein Überleben.

Es war ein hartes Brot.

Aber ich möchte die Jahre nicht missen.

Karl Spiehs
oder
die schiefste Nase hat den besten Riecher

Spiehs war und ist ein Original. Als Karl Spiehs am 20. Februar 1931 in Blindendorf (nomen non est omen) in Österreich geboren, kommt aus einfachen Verhältnissen und hat sich wirklich ganz allein nach oben gearbeitet.

Dabei hat er nie eine Uhr getragen – aber er weiß immer, was die Stunde geschlagen hat.

Er machte auch nie den Führerschein – doch er weiß genau, wohin die Reise im Filmgeschäft geht.

Spiehs war immer der Typ, der Filme nicht nur mit Stars besetzte, sondern auch unbekannten Künstlern eine Chance gab. Er geht nur nach dem Gefühl seiner schiefen Nase, der wohl schiefsten Nase der Filmwelt. Und – Carli ist einer der liebenswertesten, verrücktesten, originellsten Persönlichkeiten im Geschäft geblieben.

Eben einer von den wenigen Typen, die wirklich nur nach ihrem Gefühl entscheiden.

Carlis größter Wunsch war immer, einmal einen wirklich bedeutenden Kunstfilm zu drehen. Mit Elizabeth Taylor und Richard Burton versuchte er das auch. Mit geringem Erfolg. Carlis Erfolge waren immer seine leichten Unterhaltungsfilme. Das ist seine Welt, von »Unsere tollen Tanten« bis »Das Schloß am Wörthersee«.

Meine Gagenverhandlungen mit Karl Spiehs waren wohl das Unkonventionellste, was man sich vorstellen kann:

»Also Udo, i hob' wieder an Film für di!«, sagte er mir irgendwo in einer Heurigenwirtschaft in Grinzing.

»Und – was zahlst ma?«

»A Super-Rolle für di. A tolle Chance für deine Karriere.«

»Carli, aber du weißt schon: Wie steht's mit der Marie (zu Deutsch: Geld)? Du weißt, i hob a Frau, a Auto, muaß Miete zahlen. Und überhaupt hab' i...«

»...um das geht's doch gar net. Es geht um mehr. Um an Film!«

Nach einem Schluck Heurigen mutig geworden, wage ich noch einmal den Satz: »Carli, wieviel?«

Carli Spiehs reibt sich an seiner schiefen Nase. Erst einmal, dann zweimal. Dann über das ganze Gesicht.

»Udo, du verdammter Lumpenhund! An die Kunst denkst du gar net?«

Und wieder fährt er sich über seine Nase, rubbelt sie, drückt sie platt.

»Es geht ja um einen großen Film, Bua...«

»... und mein Überleben«, sage ich kleinlaut.

Er läßt erneut seine Hände übers Gesicht kreisen und fischt als Kettenraucher seine letzte Zigarette aus der fast leeren, zerknitterten Schachtel.

Dann kritzelt er eine Zahl auf eine Ecke der Zigarettenschachtel und wirft mir, mit einer Geste, als sei das sein finanzieller Ruin, die Schachtel über den ganzen Tisch zu: »Du bringst mi an den Bettelstab, Hundsbua!«

Ich ziehe die Schachtel langsam zu mir, nippe noch einen Schluck Heurigen – und sehe entgeistert: fünftausend!

Fünftausend Schilling für fünf Wochen Dreharbeiten! An irgendeinem verlassenen Ort, an dem du nicht mal Spesen bekommst!

»Nein, Carli, das nicht!« denke ich mir.

Ich zücke meinen Bleistift, nehme meinen ganzen Mut zusammen und schreibe eine Summe darauf: »Dreizehntausend Schilling!« – und werfe Karl seine Zigarettenschachtel zurück.

»Ja, bist du ganz deppert, Bua! Du woast gar net, was mi a Film kost. Da verdien i doch eh nix. Und dann kommst du daher und ruinierst mich schon vorher.«

Karl reibt sich an seiner Nase.

»Ja, dann samma eben beide ruiniert«, versuche ich lustig zu sein. Natürlich habe ich furchtbare Angst, daß ich zu hoch gepokert habe und die Rolle nicht bekomme!

So ging das Spielchen noch ein paar Mal. Jedesmal flog die Zigarettenschachtel zwischen uns hin und her. Bis Karl und ich uns einigten: zehntausend Schilling, Spesen extra, Hotel extra.

Das war 1964. In Wien. Karl Spiehs und ich bei den Verhandlungen zu dem Film »Unsere tollen Tanten in der Südsee«.

Karl Spiehs war der erste, der an mich geglaubt hat.

Das werde ich ihm nie vergessen.

Aber wann ich auch immer mit ihm zusammen bin, privat oder beruflich, trifft die alte Kärntner Weisheit zu: »A Hetz wird's sein!«

Arbeitspause

oder

Erinnerungen über den Klippen des Meeres und des Lebens

Es ist einer dieser unvergleichlichen Tage, wie ich sie nur an der Algarve erlebe. Die Sonne steht hoch über dem Meer. Ein milder Wind weht über die Klippen, und weit draußen schaukeln vereinzelt Fischerboote. Die Menschen gehen wie seit Generationen ihrer harten Arbeit nach.

Um mich vor der Sonne zu schützen, habe ich mich unter die Arkadenbogen meines Hauses zurückgezogen. Ich versuche, an nichts zu denken und die fast unwirkliche Stille auf mich wirken zu lassen.

Ich weiß nicht, wie lange ich auf meiner Liege vor mich hingedöst habe, als ich von dem tiefen Brummen eines schweren Motorrads aus meinen Träumen aufgeschreckt werde. Das Motorrad scheint unmittelbar vor meinem »Casa do Mar« zum Stehen gekommen zu sein. Ich stehe auf, gehe um das Haus herum, um zu sehen, wer mich da besuchen will.

Ich bin einigermaßen erstaunt, eine herrliche Harley Davidson auf dem kleinen Parkplatz vor meinem Haus stehen zu sehen, von der gerade ein dunkel gekleideter Mann mit einem rabenschwarzen Helm absteigt.

Während der Mann langsam seinen Helm abnimmt, läßt er mich keine Sekunde aus den Augen.

Fast eine Krimisituation.

Als der »unheimliche Besucher« schließlich den Helm abgenommen hat, erkenne ich ihn sofort: Peter Strohm, der bekannte Privatdetektiv aus der gleichnamigen Fernsehserie.

Er lacht mich mit seinem breiten, entwaffnenden Macholächeln an, das ihn in seinen Filmen berühmt gemacht hat. Und ich weiß natürlich sofort, wer sich hinter Peter Strohm verbirgt: mein Freund aus Jugendtagen, als wir beide in den Zwanzigern waren – Klaus Löwitsch!

Wir umarmen uns herzlich: »Servus, Alter! Wie geht's dir? Was machst du denn hier?«

Ich freue mich, ihn zu sehen. Und ihm scheint es ebenso zu gehen. Ich bitte ihn in meinen Garten mit dem herrlichen Blick auf den Atlantik und wundere mich, daß ich ihm, der doch auch mit etlichen Alkoholexzessen in den Klatschspalten aufzufinden war, nicht mal ein Schlückchen Vinho Verde aufschwatzen kann.

»Zur Zeit trink i nix«, sagt er. Er beherrscht die Kunst absolut perfekt, zu »wienern« und zu »berlinern«, so wie ich das noch nie erlebt habe.

Wir trinken Mineralwasser, und schnell dreht sich unser Gespräch um Erinnerungen, um alte Zeiten, um die Jahre, als wir uns kennenlernten.

Ich drehte damals einen Film im Burgenland mit dem vielsagenden Titel »Ein Spukschloß im Spessart«. Wenn man die Südsee auf Gran Canaria drehen kann, dann kann man auch den Spessart im Burgenland drehen. Meine Partnerin damals im Film war Gertraud Jesserer, achtzehn Jahre jung und eine vielversprechende Schauspielerin am Wiener Burgtheater, der man eine ganz große Karriere prophezeite. Diese Karriere ist auch eingetroffen: Gertraud Jesserer ist heute eine der großen Damen an der Wiener Burg.

Gertraud und ich hatten in dem Film einige Liebesszenen zu spielen. Und das blieb insofern nicht ohne Folgen, als wir uns wirklich heftig ineinander verliebten.

Ich konnte ja nicht wissen, daß sie zu jener Zeit einen Freund hatte, einen jungen Tänzer und Schauspieler aus Wien: Klaus Löwitsch!

Die wenigsten Menschen wissen, daß Klaus Löwitsch ein perfekt ausgebildeter Tänzer ist. Und er war einer der charmantesten und bestaussehendsten Frauenhelden von Wien.

Und dieser Klaus Löwitsch kam damals ins Burgenland in der Absicht, seine Gertraud zu besuchen, die ich ihm ohne es zu wissen ausgespannt hatte!

Sein Erscheinen auf dem Filmset führte natürlich zu Verwicklungen, Komplikationen und zu erheblicher Unruhe. Wir haben uns mit Blicken angegiftet. Er drohte mir Prügel an: Er war immer schon ein bißchen ein »wilder Hund«.

Und Gertraud hatte alle Hände voll zu tun, uns Heißsporne zu beruhigen.

An diese Geschichte erinnern wir uns jetzt hier an der Algarve, mit allen Details – und müssen von Herzen darüber lachen.

Der Schmerz, den zwei Männer erleiden, die dieselbe Frau lieben, hat etwas unerhört Verbindendes.

An dem Tag, an dem alles überstanden ist, an dem sich beide Männer von der Frau getrennt haben, kann es sehr leicht passieren, daß aus den einstigen Streithähnen unzertrennliche Freunde werden.

Klaus Löwitsch und ich haben uns zwar in all den Jahren sehr wenig gesehen, jeder aber hat die Karriere des anderen aufmerksam verfolgt. Als wir uns jetzt aber wiedertreffen, empfinden wir spontan eine bemerkenswerte Sympathie füreinander.

Ich freue mich sehr, daß Klaus hier an dieser »männlichen« Algarveküste, nicht weit von mir entfernt, ebenfalls ein Haus gekauft hat, daß er wie ich auch ein Wahlportugiese geworden ist. Und ich freue mich darauf, in Zukunft dann und wann mit ihm bei einem Glas Wein und einem guten portugiesischen Essen in einer der unzähligen kleinen Kneipen zu sitzen.

Als Klaus mich mit einem tiefen Grollen aus seiner Harley Davidson verlassen, mir über seinen schwarzen Sturzhelm noch zugewunken und ich mich wieder auf meine Terrasse zurückgezogen hatte und auf den weiten, unendlichen Atlantik blickte – da mußte ich laut lachen. Plötzlich stand die Vergangenheit wieder vor mir. Die ganze Garde der Filmleute, die damals den deutschösterreichischen Lustspielfilm ausmachte: Vivi Bach, Ann Smyrner, Annie Rosar, Gunther Philipp, Rudolf Karl, Theo Lingen, Hubert »Hubsi« von Meyering und die alles überragenden Hans Moser und Paul Hörbiger tauchten plötzlich in meiner Erinnerung auf.

Vivi war einige Male meine Partnerin. Sie war für dieses Genre Film ideal. Ich hatte in diesen Streifen meist die blödesten Rollen. Immer mußte ich den jungen Liebhaber spielen, war der unbeholfenste, tolpatschigste und langweiligste. Machten die anderen schöne Streiche, über die das ganze Publikum schallend lachte, mußte ich sagen: »Aber Kinder, das könnt ihr doch nicht machen!«

Bekamen die anderen Szenenapplaus, mußte ich hilfesuchend zum Himmel blicken und sagen: »Aber so geht das doch wirklich nicht!«

Die Szenen liefen immer nach dem uralten Muster ab. Wenn ich mich also als lieber Bub aufraffte, meinem geliebten Filmmädchen endlich zu sagen: »Ich liebe dich« – dann setzten prompt Geigen ein, und ich mußte irgendein Lied trällern wie »Prinzessin Romantica«.

Dabei mußte Vivi mich minutenlang verliebt anglotzen. Nur allzuoft platzten wir dabei vor Lachen und schmissen so die Aufnahme.

Und ich wurde dann vom Regisseur angeschnauzt, endlich mehr Ernst zu zeigen.

Also nochmals. Klappe, Film ab.

Und wieder brüllten wir los.

Und Vivi zum Regisseur in ihrem witzigen Dänisch-Deutsch: »Die Udo is so ein Swein, die lach immer.«

Zur Besetzung des Films »Und du, mein Schatz, bleibst hier« gehörte auch Hans von Borsody. Damals ein ausgesprochen »schöner Mann«, der in vielen Heimatfilmen eine Art Kultheld wurde. Er war wohl die Idealbesetzung für jeden Förster, egal, ob der aus dem Silber- oder Schwarzwald kommt.

An ihn habe ich heute nur noch wenig Erinnerungen, an seine wunderschöne Tochter hingegen weitaus mehr: Mit Cosima drehte ich 1993 »Das Schloß am Wörthersee«. Was für eine zauberhafte, wunderschöne junge Frau! Mit ihrem Aussehen kann sie es jederzeit mit Julia Roberts aufnehmen.

Ich muß zugeben, das Herzflimmern war nicht weit!

Daß ich vor über dreißig Jahren mit ihrem Vater gemeinsam vor der Kamera von Franz Antel stand – und sie damals noch nicht mal geboren war: Darüber mußten wir bei unserer Arbeit in Kärnten mehr als einmal herzlich lachen.

Wir beide hatten eine wirklich wunderbare Zeit. Cosima und ich verstanden uns super und amüsierten uns köstlich darüber, daß wir in den bunten Gazetten als »neues Traumpaar« gehandelt wurden.

Daß ich damals auch mit Hans Moser und Paul Hörbiger arbeiten durfte, empfinde ich heute als großes Glück.

Beide mochten mich sehr gerne, hatten »einen Narren an mir gefressen«. Dadurch lernte ich sie beide sehr nah kennen.

Hans Moser war mehr als nur ein brillanter Schauspieler. Er war das Original schlechthin.

Eine Zeitlang war ich, neben meiner Filmrolle, auch der Chauffeur von Hans Moser – Carli Spiehs hatte mal wieder gespart!

Hans Moser saß also oft mit seiner Frau Blanca hinten in meinem alten Borgward. Ständig drehte sich das Gespräch der beiden ums liebe Geld. Der Geiz der beiden war sprichwörtlich. Der steinreiche Hans Moser mußte jeden Pfennig mit seiner Frau abrechnen.

Moser hatte sich mal von seiner Frau fünfzig Schillinge »geborgt«.

Sie knurrte ihn an: »Aber ich hab' dir doch erst gestern dreißig gegeben! Was hast du denn damit gemacht?«

Moser, wie man ihn kennt, spielte den Zerknirschten: »I hab's mit leichtsinnigen Weibern verpraßt, Antschi – net bös sein!«

Danke, daß ich als »junger Hupfer« mit euch spielen durfte!

Jonny, Jenny, Sonja und ich

oder

Wir vier sind vielleicht sogar mehr als eine Familie

Es gibt eine Beziehung, in der wir vier die Opfer der neuen, modernen Zeit geworden sind. Ihr beide, Jonny und Jenny, meine ehelichen Kinder, genauso wie Du, Sonja, meine uneheliche Tochter.

Jetzt, wo ich soviel schreibe, fällt es mir besonders auf, wie sehr mir Briefe von Euch fehlen.

Jene Briefe, die man mit ungelenker Kinderhand, als Schüler der Volksschule schreibt, genauso wie die Briefe, die Ihr vielleicht jetzt schreiben würdet.

Umgekehrt geht's mir natürlich genauso. Ich habe Euch kaum geschrieben. Und die wenigen Briefe, die im Laufe der Jahre dann doch irgendwann mal aus der Feder flossen, habt Ihr, könnte ich mir vorstellen, inzwischen verloren oder verlegt, weil man verlernt hat, solche Briefe aufzuheben.

Das Telefon ist schuld daran, wir wissen es alle.

So lange ich denken kann, so lange es Euch gibt, so lange wir miteinander reden können, sind wir sehr viel voneinander getrennt gewesen. Jonny, Jenny und ich nicht soviel wie Sonja und ich. Das liegt in der Natur der Sache. Aber wir waren auf jeden Fall viel getrennt, und da hat man sich eben angerufen.

Das Telefon ist praktisch, schnell, man hat Kontakt zueinander, man spricht, man hat das Gefühl, den anderen beinahe neben sich zu haben.

Das Telefon ist wichtig, das wissen wir alle.

Aber wir wissen auch, daß in dem Augenblick, in dem wir den Hörer aufgelegt haben, neunzig Prozent des Gesprächs schon wieder verschwunden sind, vorbei, vergessen.

Wie anders sind da Briefe.

Selbst wenn viel weniger drinsteht, als man sich in dem Telefongespräch gesagt hat, selbst dann haben sie einen viel längeren Nachhall. Denn wann auch immer man den Brief in die Hand nimmt, wann auch immer man ihn sich Jahre später, vielleicht schon vergilbt, aus der Mappe zieht, in dem Augenblick ist mehr da als der Brief und die kleinen Informationen, die in ihm stehen.

In dem Augenblick ist die Zeit wieder da, in der er geschrieben wurde, die eigene Zeit, die man erlebt hat, und ein ganz besonderes Gefühl der Vertrautheit beschleicht einen.

Jenny, Jonny und Sonja.

Ich habe so eine alte Mappe von Euch, in der ich die wenigen Zeilen, die ich im Laufe der Jahre erhielt, aufgehoben habe. Mal eine Postkarte aus New York, mal ein paar Zeilen von Dreharbeiten aus Thailand, mal ein Brief aus Wien, und natürlich das Wichtigste aus den Internaten und Schulen, in denen Ihr gewesen seid.

Aber viel ist es nicht.

Mein Bruder Manfred arbeitet jetzt, während ich versuche, Euch diesen Brief zu schreiben, an einem Bildband über mich.

Bei der Durchsicht alter Fotos und Erinnerungsstücke unserer Familie, die er verwenden möchte, hat Manfred einen Brief gefunden, den ich meiner Mutter geschrieben habe. Da war ich etwa zehn Jahre alt.

Als ich diesen Brief sah, bekam ich eine Gänsehaut. Nein, ich will ganz ehrlich sein: Er hat mir ein paar Tränen in die Augen gedrückt.

Diesen Brief schrieb ich wohl aus irgendeinem Schülerlager an sie. Und bereits in der dritten Zeile steht: »Liebe, liebe Mami, schick mir bitte, bitte mein Akkordeon.«

Ein kleines Zeichen, wie ich scheinbar damals schon ohne mein Musikinstrument von einer gewissen Hilflosigkeit erfaßt wurde.

Den Brief habe ich übrigens mit »Jürgilein« unterschrieben. Das kam mir damals ganz natürlich vor, weil meine Eltern mich immer »Jürgilein« nannten und ich wahrscheinlich geglaubt habe, ich heiße so.

Sie nannten mich so, weil ich immer kränklich und schwächlich war, blaß, schlecht im Sport. Eigentlich immer das Gespött meiner Mitschüler.

Was würde ich dafür geben, von Euch, aus Eurer Kindheit, aus diesen Jahren der Entwicklung auch solche kleinen Dokumente zu besitzen.

Nun gut, wir haben nur wenig davon. Ihr wenig von mir, ich wenig von Euch.

Nicht oberflächlicher geworden sind dadurch die Gefühle, die ich für Euch empfinde, die Erinnerungen, die ich an Euch habe, und die Sehnsucht, die ich spüre, wenn ich an Euch denke.

Jonny – was warst Du doch für ein sonniger und unkomplizierter Bursche in Deiner Kindheit!

Als Du noch klein warst, da fiel Panja und mir auf, daß Du Dein Köpfchen immer so zur Seite geneigt hattest und uns mit Deinem unvergleichlichen Lächeln immer so treuherzig von unten ansahst.

Wir dachten natürlich am Anfang, das sei ein besonders lieber Zug an Dir, der schräggelegte Kopf sei ein Ausdruck Deiner besonderen Liebenswürdigkeit.

Als ich dann aber eines Tages bemerkte oder zu bemerken glaubte, daß sogar die Wange auf der Seite, nach der Du den Kopf hieltest, etwas größer wurde, machte ich mir doch Sorgen und besprach das mit Panja. Auch ihr schien, daß die Geschichte nun vielleicht doch nicht ganz in Ordnung sei.

Wenn wir Dir sagten: »Tu doch den Kopf mal auf die andere Seite«, dann konntest Du das ohne weiteres machen. Aber wenn Du unbeobachtet warst, hing Dein Kopf sofort wieder nach rechts.

Wir gingen also mit Dir zum Arzt, und siehe da, er stellte fest, daß Du einen sogenannten Schiefhals hattest, der behandelt werden mußte, da er sonst später zu einem erheblichen Haltungsschaden führen konnte.

Er riet uns, Dir ein Gipsbett anfertigen zu lassen, in das wir Dich jeden Abend hineinlegen und Dich darin festbinden sollten: also eigentlich eine Foltertortur. In diesem Bett warst Du gezwungen, den Kopf auf die andere Seite – also auch wieder schief – zu legen.

Ziemlich verzweifelt haben Deine Mutter und ich Dir also dieses Gipsbett anfertigen lassen und Dich abends hineingelegt. Du konntest Dich darin überhaupt nicht bewegen.

Ich werde nie vergessen, wie Du diese Prozedur über Dich hast ergehen lassen, kein Wort des Klagens, Du hast nie geweint oder gejammert. Vielleicht am Anfang ein kleines bißchen gezittert, aber das war auch alles.

Dann haben wir Dich ein Jahr lang jeden Abend in dieses Bett geschnallt, mit einem Band über der Stirn, damit Du den Kopf nicht aus der Gipsform nehmen konntest. Ich konnte es fast nicht mit ansehen!

Und jeden Morgen, wenn Panja Dich wieder aus diesem Bett herausgenommen hat, hast Du wieder gelächelt, Dich gefreut – und treuherzig Deinen Kopf wieder auf die andere Seite gelegt. Als Du nach einem Jahr immer noch mit dem schiefen Köpfchen durch die Gegend liefst, wurde uns diese ganze Sache zu dumm.

Wir wechselten den Arzt und erfuhren, daß die Behandlung vollkommen falsch gewesen war. Du hättest von Anfang an operiert werden müssen.

Und siehe da, es war ein kleiner Eingriff, überhaupt nicht kompliziert, nicht schmerzhaft, und Dein Köpfchen war gerade. Bis heute sitzt er kerzengerade auf Deinen breiten Schultern.

Wenn wir das nicht hätten beheben können, wärst Du vermutlich nicht so ein strahlender Bursche geworden, wie Du heute einer bist.

Mit Dir, Jenny, haben wir ganz andere Probleme gehabt.

Du bist zu früh auf die Welt gekommen, schon nach sieben Monaten Schwangerschaft. Das bedeutete ein Leben von mindestens einem Monat in einem Brutkasten, tägliche Angst, ob Du das überhaupt überleben würdest. Denn Du warst extrem klein und schwächlich.

Und darüber hinaus natürlich die Angst, welche Folgeschäden zurückbleiben könnten. Wir haben unendlich viel Angst um Dich gehabt.

Aber sehr schnell hat sich herausgestellt, daß Du eines der süßesten, gesündesten, klügsten und eigenwilligsten, man kann fast sagen sturköpfigsten Mädchen werden würdest, das man sich nur denken konnte.

Und daß Du eines Tages ungewöhnlich schön werden würdest, konnte man damals schon sehen.

Und so ist es dann ja auch gekommen.

Wir lebten in jener Zeit in Kitzbühel. Almwiesen und Wälder waren Euch vertraut. Der Umgang mit Menschen, die dort aufgewachsen sind, auf dem Land, auf Bauernhöfen, ist für Euch immer natürlich gewesen, genauso wie für mich. Ich habe ja das Landleben in Kärnten auf dem Hof meiner Eltern noch intensiver mitbekommen als Ihr.

Da gab es keine »Schicki-Micki-Überheblichkeit«!

Obwohl wir natürlich später das Leben in der sogenannten High Society auch voll mitbekommen haben und ich natürlich zugebe, daß gerade ich bis heute immer wieder diesen herrlichen Oberflächlichkeiten erliege. Vom Rolls-Royce bis zum Motorboot.

Ihr könnt Euch nicht vorstellen, wie glücklich ich darüber bin, daß uns diese Dinge niemals getrennt haben.

Ich bin in Kärnten aufgewachsen, aber einen Teil meiner Kindheit habe ich auch in Norddeutschland verbracht, in der Heimat meiner Mutter und meines Vaters, der ja in Moskau geboren wurde.

Ich habe als Kind daher schon ein wenig das Gefühl kennengelernt, an mehreren Orten zu Hause zu sein.

Heute bin ich dafür sehr dankbar.

Auch Euch ist es ähnlich ergangen.

Ihr, Jonny und Jenny, seid beide in München geboren, seid dann aber doch in Kitzbühel aufgewachsen, und in einer Zeit Eures Lebens, als Ihr durchaus noch Kinder wart, Jonny schon etwas größer, sind wir nach Zürich gegangen.

Später hast Du, Jenny, dann lange in Rom gelebt, Du, Jonny, in New York.

Auch Ihr habt also zu mehreren Orten ein Gefühl von Heimat.

Jenny, Du sprichst ja sogar perfekt Schwiizerdütsch – als einzige von uns!

Und das, was andere jetzt vielleicht in diesem Zusammenhang mit »nie richtig Wurzeln geschlagen« beschreiben würden, empfinde ich ganz anders: Das hat Euch, davon bin ich überzeugt, ein breiteres Standbein im Leben gegeben.

Auch Ihr habt, das weiß ich aus unseren Gesprächen, ein starkes Heimatgefühl zu unserem großen europäischen Kontinent und fühlt Euch als Weltbürger. Ich glaube, daß das etwas ganz Wunderbares ist, und ich glaube, daß Euch das jene Sicht gibt, die wir heute alle brauchen, um mit den Problemen unserer Umwelt, unserer Welt fertig zu werden.

Wenn wir nicht in der Lage sind, anderen Menschen mit Toleranz zu begegnen, dann werden wir in der Zukunft auch unsere eigenen Probleme nicht mehr bewältigen können. Sich in seinem Herrgottswinkel zu verkriechen und alles Fremde argwöhnisch zu betrachten, das war nie unsere Sache.

Jonny und Jenny, Ihr zwei habt, während Ihr aufgewachsen seid, viel auf mich verzichten müssen! Sonja sowieso.

Wir haben oft miteinander besprochen, daß es anders nur schwer gegangen wäre.

Wie auch immer, meine Karriere war mir natürlich besonders in meinen Anfangsjahren das Wichtigste. Vielleicht war das falsch, aber ich habe es damals als richtig empfunden, habe es so gemacht, und dazu stehe ich. Ich mußte es tun.

Ich stehe auch zu den Schuldgefühlen, die das mit sich gebracht hat, zu den Schuldgefühlen, die ich Euch gegenüber natürlich immer wieder empfunden habe.

Ich danke Euch für das große Verständnis und für die Nachsicht, die Ihr in dieser Frage für mich damals hattet und heute noch habt.

Trotzdem haben wir in all der Zeit immer große Nähe zueinander gehabt.

Ich habe mit Euch beiden, Jonny und Jenny, immer eine herrliche Tradition gepflegt. Immer wieder bin ich einzeln mit Euch zum Essen gegangen. Mal war Jonny dran, mal Jenny. Natürlich haben wir auch unendlich oft alle zusammen gegessen.

Aber es war Tradition, daß ich von Zeit zu Zeit mit einem von Euch zum Abendessen gegangen bin, und zwar immer in ein von Euch gewünschtes, exquisites, elegantes Lokal.

Bei diesen Abendessen saßen wir dann zu zweit schick angezogen an einem weiß gedeckten Tisch in einem gepflegten Restaurant und hatten in dieser Umgebung die wunderbare Möglichkeit, über Dinge zu sprechen, über die wir vielleicht im Alltag zu Hause nicht gesprochen haben.

An eines dieser Essen mit Jenny erinnere ich mich ganz besonders.

Jenny, Du warst damals zwölf Jahre alt, ein bildhübsches junges Mädchen, und fühltest Dich auch schon berufen, mit mir über die Liebe zu sprechen.

Du hattest ein zauberhaftes Kleid an, und ich konnte in den Augen der Kellner, als wir das Lokal betraten, so ein wenig einen Funken Unsicherheit aufblitzen sehen, ob Du denn nun eine sehr junge Freundin von mir seist, oder ob wir verwandtschaftlich miteinander verbunden seien.

Darüber haben wir uns beide köstlich amüsiert.

Der Kellner führte uns an einen wunderschönen Tisch. Ich hatte dafür gesorgt, daß Blumen auf diesem Tisch stehen und hatte auch vorher dem Geschäftsführer gesagt: »Ich komme mit meiner Tochter, und ich möchte, daß sie wie eine Dame behandelt wird.«

So geschah es dann auch.

Wir bestellten. Du wolltest ein Glas Rotwein trinken, und wir begannen unser Gespräch.

Ich merkte gleich, auf welches Thema Du hinaus wolltest: »Papa, ich muß mal was mit dir besprechen. Ich bin inzwischen auch in einem Alter, in dem so gewisse andere Dinge auf einen zukommen und einen zu interessieren beginnen.« Und Du sprachst in Deiner wunderbar temperamentvollen Art, fröhlich sprudelnd, keine Sekunde ruhig sitzend. Deine Augen funkelten und blitzten vor Lebensfreude und Lebenslust, mit einem Feuer, das Du heute noch genauso hast.

Da ahnte ich schon in etwa, was es geschlagen hatte.

Ich dachte, Du hättest einen Freund oder seist vielleicht verliebt und wolltest mit mir über diese seelischen Turbulenzen, in denen Du stecktest, reden.

Aber es sollte ganz anders kommen.

Du hast an Deinem Weinglas genippt, bist dann wieder nervös auf dem Stuhl hin und her gerutscht und hast vor Freude gelacht.

»Papa, es ist doch so, daß ich nun jetzt eigentlich schon so ein bißchen eine Frau bin.«

»Ja, natürlich Jenny, natürlich bist du das, und das ist auch ganz normal so, da verändert sich einiges im Leben«, sagte ich darauf, bemüht, ganz cool zu wirken.

Und Du darauf: »Weißt du, Papa, da fühlt man ja plötzlich ganz andere Sachen in seinem Körper und so.«

»Ja, ja«, sagte ich. »So ist das wohl.«

Ich dachte, jetzt kommt die Sache mit dem Freund. Weit gefehlt! – Du sahst mich plötzlich mit Deinen großen, dunklen Augen witzig-ernst an.

»Ist das eigentlich normal? Da gibt's manchmal so einen Tag, da habe ich das Gefühl, daß ich die Liebe erleben möchte. Aber, Du weißt schon, so richtig! – Mit allem Drum und Dran!«

In der ersten Sekunde habe ich geglaubt, ich hätte nicht richtig gehört. Ich kippte beinahe vom Stuhl, und die Spaghettigabel wäre mir fast auf die Hose gefallen. Ich bemühte mich, die Fassung nicht zu verlieren.

Doch Du sprudeltest in Deiner typischen Art weiter: »Weißt du, und dann wünscht man sich ja so, daß man in den Arm genommen wird und gestreichelt wird und daß man schmusen kann mit einem Jungen oder mit einem richtigen Mann vielleicht, den man gern hat. Ist das eigentlich normal, daß man sowas empfindet, jetzt mit zwölf Jahren? – Ich find's jedenfalls total stark!«

Inzwischen hatte ich mich wieder gefaßt. Ich nahm einen kräftigen Schluck des köstlichen Rotweins, und inzwischen mußte ich natürlich auch schmunzeln über diese herrliche, wunderbar aufrichtige Art, sich mit mir zu unterhalten.

Ein Blumenverkäufer ging gerade am Tisch vorbei und half mir, Zeit zu gewinnen. Ich kaufte einige Rosen und überreichte sie Dir mit einem Handkuß.

»Jenny, ich will dir mal was sagen. Was du da empfindest, ist etwas ganz Normales. Auch in deinem Alter – oder gerade in deinem Alter – beginnen diese Gefühle ganz stark und intensiv zu werden. Und, glaube mir, das hört so schnell nicht wieder auf. Mir jedenfalls geht's heute noch ganz genauso.«

Wir beide lachten, prosteten uns zu und genossen jede Sekunde und jede Minute dieses unvergeßlichen Abendessens.

Jenny, ich hab' Dich kürzlich auf der Theaterbühne der »Kleinen Komödie« in München gesehen. Du warst großartig. Ich war stolz darauf, Dich neben einer so wunderbaren Schauspielerin wie Christiane Hörbiger auf der Bühne bewundern zu können.

Wir haben ja auch einmal zusammen gearbeitet, haben das Duett »Liebe ohne Leiden« gesungen.

Damals warst Du siebzehn Jahre jung. Und dieses Lied erzählt unsere Geschichte, die Geschichte einer jungen Tochter, die ihr Elternhaus verläßt.

Genauso wie in dem Lied war das damals bei uns.

Ich mußte eine besondere Bestätigung ausstellen, daß Du siebzehnjährig schon allein in München leben durftest. Denn das Gesetz schreibt vor, daß man mindestens achtzehn Jahre alt sein muß, um ohne Eltern leben zu dürfen.

Ja, damals habe ich den Behörden so einen Brief schicken müssen. Das war sehr schwer für mich. Und es kamen ja dann auch für Dich keine leichten Jahre.

Vielleicht war es doch etwas zu früh.

Aus der Ferne habe ich Dich beobachtet, vollkommen verunsichert. – Wie man's macht, ist es falsch.

Du hast Dir ein paarmal ordentlich die Finger verbrannt.

Heute aber meine ich, daß alles zusammen auch seine guten Seiten gehabt hat. Es waren Erfahrungen, all das, was eine – Deine – starke Persönlichkeit ausmacht, die Du heute bist.

Jonny, das gleiche gilt für Dich.

Die drei Jahre in New York haben Dich zum Mann gemacht. Unsere gemeinsamen Zeiten in dieser verrückten, tollen Stadt zählen zu meinen schönsten Erinnerungen.

Ich kam nach New York, um Dich zu besuchen. Du hast mich am Kennedy Airport abgeholt – in einem geradezu unglaublichen Outfit: Haare bis zum Rücken, gestrickte Kappe auf dem Kopf und im New Yorker Streetlook, als wärst Du einer Mülltonne entstiegen. Den Zehntagebart brauchen wir erst gar nicht zu erwähnen.

Ich bemühte mich, mir nichts anmerken zu lassen, aber ich war entsetzt.

Ich wohnte damals im supermondänen »Plaza Hotel« am Centralpark. Gleich am ersten Abend wollten wir in dem vornehmen Restaurant »Oyster-Bar« unser Begrüßungsessen zelebrieren.

Als wir das Lokal betraten – ich ziemlich elegant, Du im Räuberlook –, stürzte sogleich der Geschäftsführer auf Dich zu und meinte: »Excuse me, Sir. We don't accept hats.«

Irgendeinen Grund mußte er ja anführen. So pickte er sich eben Deine Mütze heraus.

Trinkgeld, Überredungskünste und das Abnehmen Deiner Mütze haben uns dann wenigstens ein Eckplätzchen an der Bar ermöglicht.

Du maultest was von »zickigen Idioten«. Aber die Sache machte Eindruck auf Dich.

Wir haben uns dann jeden Tag um fünf Uhr bei mir im Hotel in meiner Suite getroffen, legten uns auf mein Bett, Arm in Arm. Du erzähltest mir von Deinem Leben in New York, der Schauspielschule, den Jobs, die Du angenommen hattest. Ich erzählte Dir von meinen Dingen zu Hause in Europa, meinen Auftritten, Fernsehshows und unserer Familie daheim.

Plötzlich sagtest Du zu mir: »Papa, wie lösen wir unser Kleidungsproblem? Ich möchte doch auch mit dir hier in New York in die Topplaces gehen.«

Wir überlegten eine Weile – dann hatte ich die Lösung.

Ich sagte: »Alter, einen Tag gehen wir in ›deine‹ Lokale Downtown, in deine Welt; wir treffen deine Freunde in den Blues- und Jazzlokalen, in denen man Bier aus der Flasche trinkt. Ich ziehe Lederjacke und Jeans an, und wir lassen es uns gutgehen. Am nächsten Tag gehen wir in ›meine‹ Lokale. Hier in Manhattan. Dir passen meine Klamotten wie angegossen – also kannst du dich an meiner Garderobe bedienen. Jeden Abend gehen wir ins Theater – bekanntlich kann man in New York in jedem Aufzug ins Theater gehen. Und anschließend machen wir Big fun.«

Und so geschah es.

Du hast Dir Deine Haare an »meinen« Abenden zum Karl-Lagerfeld-Knoten gebunden, bist in lässig-elegante Kleidung aus meinem Schrank geschlüpft – und los ging's.

Wie wir beide New York in diesen zwei Wochen erlebten, hat es glaube ich, kaum jemals jemand erlebt. An »Deinen« Abenden fuhren wir mit der berühmten, krachenden Subway, an »meinen« Abenden waren wir mit Chauffeur und der typischen New Yorker Lang-Limousine unterwegs.

New York, diese wilde Kunstmetropole, in der auch ich als Student eine Zeitlang gelebt habe, hat Dir, lieber Jonny, wie auch mir ihren Stempel aufgedrückt, wie es nur diese Stadt kann. Wir beide beherrschen den »New-York-Slang«. Galerien, Museen, Theater, Nightclubs, Streetlife, 24 hours the day. *Just you and me.* Und unsere irren und tollen schwarzen und weißen Freunde. Herrlich!! Laß uns die »Rappen bald wieder satteln!« Von Zeit zu Zeit muß das einfach sein!

Du hast mich kürzlich auf mein Lied »Vater und Sohn« angesprochen.

Es gibt darin eine Stelle, in der es heißt:

> *Ich stellte dir so viele Fragen*
> *und sah die Antwort zu oft nicht ein.*
> *Es tat mir weh, dich zu enttäuschen*
> *Doch so wie du wollt' ich nicht sein.*
> *Wenn ich dich bat, mir zuzuhören,*
> *kam ich mir vor wie vor Gericht.*
> *Ich wollte dir soviel erklären*
> *und fand so oft die Worte nicht.*

Du kamst Dir manchmal, wenn wir uns unterhalten haben, wenn es Probleme zu besprechen gab, sicher vor wie vor Gericht.

Und dabei denke ich auch an meinen Vater. Ich habe mich in manchen Gesprächen mit ihm genauso gefühlt. Das bleibt wahrscheinlich in einer Beziehung zwischen Vater und Sohn nicht aus.

Ich will hier nicht von meinen Liedern sprechen, aber bei diesem habe ich an Dich gedacht, mein Junge, und an meinen Vater.

Und Du, Sonja, Du merkst, ich habe mehr mit Jonny und Jenny geredet als mit Dir, denn leider haben wir erst später zueinander gefunden. Jonny und Jenny sind zusammen mit mir aufgewachsen. Oder besser: Jonny und Jenny sind in meinem Haus aufgewachsen, und ich bin mit ihnen gewachsen.

Du bist ein Kind des Augenblicks.

Deine Mutter habe ich nur wenige Stunden in meinem Leben gekannt. Sie war ein wunderschönes Mädchen, und ich war da-

mals ein leichtsinniger Hund, das muß ich zugeben, ein Lumpenhund.

Ich habe Deine Mutter nicht verführt, sondern wir wollten es
beide. Sie war blutjung und in den Star verliebt, oder vielleicht
muß man besser sagen, sie hat den Star angeschwärmt. Und ich
war ein leichtsinniger Typ, der die Chancen genommen hat, wie
sie sich im Leben geboten haben. Wie es damals normal war.

Wie Du weißt, habe ich Deine Mutter aus den Augen verloren,
was mir ein wenig leid tut. Meinen Einladungen, mal mit uns zu
essen oder zu einem Konzert zu kommen, hat sie nicht so recht folgen wollen. Ich kann sie vielleicht sogar verstehen.

Aber Gott sei Dank habe ich Dich, Sonja, niemals aus den Augen verloren!

Natürlich habe ich Dich nicht soviel gesehen wie Jonny und
Jenny, aber doch von Zeit zu Zeit. Wenn ich in Wien war, bist Du
mich mit Deinem Großvater, bei dem Du ja gelebt hast, immer besuchen gekommen. Zwischendurch haben wir oft telefoniert.

Wenn wir uns dann in Wien gegenübersaßen, waren wir beide
schüchtern, ich vielleicht noch schüchterner als Du. Wir mußten
unsere Anfangsscheu voreinander überwinden, die uns immer
wieder beschlichen hat, wenn wir uns getroffen haben.

Aber wenn ich heute daran zurückdenke, finde ich gerade in dieser Scheu, die wir empfunden haben, etwas sehr Liebenswertes.

Ich empfand schon damals viel Nähe zu Dir.

Heute bist Du auch eine erwachsene, hübsche junge Frau, und
Du glaubst gar nicht, wie glücklich ich darüber bin, daß Du zu
Jonny und Jenny einen so guten Kontakt hast und daß Ihr drei
Euch als wirkliche Geschwister fühlt.

Das Silvesterfest voriges Jahr, das wir in Portugal gemeinsam
erlebt haben, wird mir unvergeßlich bleiben.

Die vielen kleinen Ähnlichkeiten, die ich zwischen Dir, Jonny
und Jenny feststellen kann, die mir immer wieder deutlich vor Augen führen, daß Ihr meine Kinder seid, das alles macht mich sehr
glücklich.

Wir waren oft getrennt. Und Du hast wahrscheinlich doch das
Gespräch mit mir, Deinem Vater, vermißt.

In meiner Zuneigung zu Dir ändert dies alles jedoch gar nichts.
– Warum auch?

Heute, wo Ihr Kinder erwachsen seid, sind alle diese Barrieren der Kindheit überwunden.

Heute können wir mit viel weniger Scheu miteinander sprechen, als damals, in den Jahren, als Du herangewachsen bist. Genauso wie Jonny und Jenny mußt auch Du, Sonja, Dich jetzt selbst finden, mußt einen Weg für Deine Zukunft finden, Deine Lebens- und Partnerschaftsprobleme lösen.

Du wolltest bis heute anonym bleiben. Sei nicht böse, daß ich in diesem Buch Deinen richtigen Vornamen nenne.

Jenny, Du weißt, Künstlerlieben sind noch gefährdeter als alle anderen. Und Du, Jonny, Du wirst den Honig wohl noch aus so mancher Blüte holen, so wie Du aussiehst.

Ich wünsche Euch Glück! Aber mein Herz ist auch bei Euch, wenn Euer Glück ins Schwanken gerät.

Seinen endgültigen Weg zu finden, seinen endgültigen Partner neben sich zu haben, all diese Dinge können im Leben unglaublich lange dauern.

Laßt Euch Zeit!

Denn Zeit, Jugend und Alter sind sehr relative Begriffe. Lange leben will jeder, alt werden keiner; ein Mißverständnis menschlichen Denkens, das für eine ständige »Schräglage« der Psyche sorgt. Ich glaube, ich habe diese Frage ganz gut im Griff, aber was das Private anlangt, bin ich heute noch nicht so weit, den »Stein des Weisen« gefunden zu haben.

Und ich gebe gerne zu: Ich bin auch darin wahrlich kein perfektes Vorbild!

Natürlich wart auch Ihr auf den heißen, wilden, gefährlichen Wegen, auf denen wir alle, besonders als junge Menschen, immer wieder gerne vorwärts stürmen, unterwegs.

Wie alle Väter der Welt habe auch ich da immer Angst um Euch gehabt und gerade dann versucht, Euch unauffällig im Auge zu behalten. Aber inzwischen wissen wir vier so ein wenig, wo's langgeht.

Also keine Besserwisserei! Die Stunden mit Euch dreien gehören zu den Sternstunden meines Lebens.

Laßt uns vier bewußt und jeder so, wie er es empfindet und wie er es will, unsere vier Straßen des Lebens gehen, unsere Lebenswege abwandern, und laßt uns alle hoffen, daß diese Wege sich immer wieder mal kreuzen, so daß wir recht oft die Möglichkeit haben, beieinander zu sein, an wichtigen Tagen des Jahres uns nicht nur zu sehen, sondern miteinander zu sprechen, unsere Gedanken auszutauschen.

Ihr seid für mich ein Maßstab des Geschmacks, aber auch ein Maßstab des jugendlichen Fühlens und Denkens.

Von Euch und Eurer Generation, von allen jungen Menschen, habe ich immer am meisten in meinem Leben und für mein Leben gelernt.

Ich danke Euch dafür.

Zur Zeit arbeite ich gerade an einem neuen Lied, darin heißt es:

Meine Antwort
auf das Unrecht und die Ketten dieser Welt
wird die Freiheit meiner eigenen Kinder sein!

Wir vier haben uns zu dieser Freiheit erzogen, in den Köpfen und in den Herzen, und nur wer diese Freiheit erreicht hat, kann anderen dabei helfen, sie auch zu finden.

Die Scheidung

oder

Die Erkenntnis, getrennt glücklicher zu leben

Max Frisch schrieb in »Homo Faber«: *»Ich lebe, wie jeder wirkliche Mann, in meiner Arbeit. Ich will es nicht anders und schätze mich glücklich, allein zu wohnen, meines Erachtens der einzigmögliche Zustand für Männer, ich genieße es, allein zu erwachen, kein Wort sprechen zu müssen.*

Wo ist die Frau, die das begreift?

Max Frisch war jahrelang mein Nachbar – in der Tiefgarage.

Sein Jaguar stand neben meinem Auto. Gesprochen haben wir uns nie. Ich hatte nie den Mut, ihn anzurufen, ihn einzuladen, mit ihm zu sprechen. Wir wohnten nur wenige Schritte voneinander entfernt. Er wohnte im fünften Stock, ich wohne im fünften Stock. Die Wohnungen trennt nur eine schmale Gasse.

Lange war ich auf Tournee – sein Jaguar war plötzlich weg: Max Frisch war gestorben.

Der »weise Mann« war nicht mehr. Wie gern hätte ich ihn angerufen, mit ihm gesprochen.

Nur weil ich eine Scheidung hinter mir habe, bin ich als Anwalt des Alleinlebens nicht zu gebrauchen. Und halte kein Plädoyer gegen die Ehe!

Wäre ich gegen die Ehe, wäre ich auch gegen die Zweisamkeit. Ja – ich müßte doch einem Pärchen, das sich ineinander verliebt hat, sagen: »Trennt euch! Ihr werdet eines Tages Probleme miteinander haben!«

Das ist Zynismus!

Ich weiß natürlich um die negativen Dinge, die auch mir sofort in den Sinn kommen: Fast jede zweite Ehe geht schief, fast siebzig Prozent aller Paare leben in Streit zusammen, wie Statistiken beweisen; die meisten Scheidungen sind Schlammschlachten; und Haß ist oft der letzte Verbündete von einst Liebenden. Warum wohl? – Unsere Gesellschaft ist einfach nicht dazu bereit, anzuerkennen, daß das Gefühlsleben von Mann und Frau nun einmal verschieden ist. Wären wir fähig, sensibler auf die natürlichen Bedürfnisse von Frau und Mann einzugehen, wäre vielen Mißverständnissen vorgebeugt. –

Eine der größten Errungenschaften dieses Jahrhunderts ist zweifellos die noch lange nicht abgeschlossene Emanzipationsbewegung der Frau. – Nur ist es unendlich schade, daß Männer – und leider auch die Frauen selbst – nicht sensibler damit umgehen können und, wie mir scheint, eine langweilige, platte Gleichmacherei aus ihr machen.

Die Verunsicherung führt so weit, daß Frauen nahezu jeden blödsinnigen männlichen Unsinn nachmachen, daß sie zuweilen sogar versuchen, die Männer auch darin noch zu übertrumpfen.

Anstatt ein ihrer Weiblichkeit entsprechendes selbstbewußtes, souveränes weibliches Selbstverständnis zu entwickeln, anstatt einen eigenen neuen Weg für sich selbst und die weibliche Rolle in der Gesellschaft zu finden, versuchen viele Frauen einfach nur die »besseren Männer« abzugeben und machen es Männern damit leicht, die Emanzipation zu belächeln. – Anstatt einer starken Frau, mit der man sich auseinandersetzen müßte, tritt ihnen ein Abklatsch ihrer selbst entgegen. – Das kann ja wohl mit dem Wort Emanzipation nicht gemeint sein.

Emanzipation, die sich wider die Natur des Menschen um eine Einebnung aller Unterschiede zwischen Mann und Frau bemüht, wendet sich ins Leere und in letzter Konsequenz auch gegen die Frauen selbst, ignoriert sie doch natürliche Bedürfnisse und nimmt den Frauen damit das Recht, das Männern selbstverständlich gewährt wird: ihren eigenen Weg in der Gesellschaft zu finden. Sie leistet damit genau jener Untugend Vorschub, gegen die sie sich eigentlich wendet: Sie zwingt die Frauen dazu, sich männlichen Maßstäben zu unterwerfen. Sie zwingt die Frau in ein von Männern dominiertes Korsett, aus dem sie sich doch eigentlich einst zu befreien suchte.

Die Flucht in eine Gegenwelt ist nicht Freiheit. Die Abhängigkeit hat in ihr nur ihre Form gewechselt. Die Emanzipation bleibt allzuoft eine äußerliche.

Erschöpft sich das weibliche Selbstverständnis denn wirklich darin, an jedes zweite Wort ein »Innen« anzuhängen, Unworte wie »Kauffrau«, »Obfrau«, »Fachfrau« und dergleichen Absonderlichkeiten mehr zu kreieren? Ist dies der ernstzunehmende Versuch der Frau, einer männlich dominierten Gesellschaft etwas entgegenzusetzen?

Als Mann verkleidet, sich zwingend, wie ein Mann zu leben, zu handeln, zu denken, ja sogar zu fühlen, kann man – pardon: »frau« – schon leicht die eigene Identität verlieren und ängstlich in allgemeiner Verwirrung äußerliche Abgrenzungen suchen, die zuvor verneint und als veraltet verhöhnt wurden.

Wer derart verunsichert seinen eigenen Weg als Frau – oder auch als Mann – nicht gefunden, wer seine wahrhaftigen Stärken und Schwächen, seine Persönlichkeit und seine natürlichen Gefühle nicht erkannt hat, wird auch keinen Weg zu zweit, zu einer harmonischen, beglückenden Partnerschaft finden. Wie soll der Partner sensibel auf jene eigenen Bedürfnisse eingehen, die man selbst permanent ignoriert und in sich unterdrückt!?

Wie auch immer jeder von uns zu diesen Fragen stehen mag, eines steht wohl zweifelsfrei fest und ist traurige Tatsache: Nie zuvor in der Menschheitsgeschichte war das Verhältnis zwischen Mann und Frau so gestört, so verunsichert, so belastet wie heute in unserer eigentlich doch so aufgeklärten Zeit. Das sollte zu denken geben.

Aber auch wenn es Millionen negativer Beispiele für gescheiterte Beziehungen gibt, habe ich doch immer das positive Beispiel meiner Eltern oder anderer Paare, die ich kenne, vor Augen; Frauen und Männer, die eine Ehe führten und führen, die durchaus auch schwierig war und ist – Ehen mit Schmerzensphasen, die man gemeinsam überwunden hat. Und gerade diese Phasen bereichern das Leben.

Jeder Mensch muß seine Erfahrungen selber machen. Statistiken machen keine! Und wie ich aus der gescheiterten Ehe meiner Tochter Jenny weiß: Du kannst deine Erfahrungen, die du in deiner Ehe gemacht hast, nicht weitergeben.

Leider!

Damals, als Jenny unbedingt heiraten wollte, habe ich sanft versucht, sie davon abzubringen. Sie war zwanzig, der Mann ihrer damaligen Träume, Michael Lindner, vierundzwanzig Jahre alt. Ich habe den beiden geraten, doch zusammenzuziehen und erst mal das gemeinsame Leben, den Alltag zu zweit kennenzulernen. – Zusammenleben im Alltag bedeutet ja, fast alle Illusionen vom anderen aufzugeben. Ununterbrochene Nähe in engen Räumen zerstört nahezu alle Träume, die man sich von einem gemeinsamen Leben gemacht hat. Die Realität ist ja leider so anders als die Vorstellung von dem, was auf einen zukommen möge.

In ihrem wunderbaren Idealismus hat Jenny, aber auch Michael, der sicher von ihrer Begeisterung mitgerissen wurde, das abgelehnt. Ehe sofort, alles andere waren Argumente eines »in der Ehe gescheiterten Zynikers«.

Ohne jeden Triumph muß ich leider sagen: Ich behielt recht. Nach zwei Jahren war die »ewige Liebe« vorbei! Sicher hat auch Jennys Künstlerberuf seinen Anteil daran gehabt.

Menschenschicksal.

Es scheint die Bürde der Menschheit zu sein, daß wir Erfahrungen, welcher Art auch immer, nur sehr bedingt weitergeben können. Es ist wie die Erfahrung, die man aus Krieg und Frieden zieht. Und hofften wir nicht alle, daß die Menschen aus den schrecklichen Kriegen gelernt haben?

»Nie wieder Krieg.« – Damit bin ich aufgewachsen. Davon träume ich noch heute. Dafür kämpfe ich mit meinen Mitteln. Musikalisch, menschlich, mit meiner kleinen Macht.

Leider vergeblich!

Müssen aber nicht immer neue Generationen die immer gleichen Erfahrungen machen? Die sie als neue Erfahrung erleben?

Ehe ist kein Krieg. Gescheiterte Ehen kein Nachkriegszustand. Und doch finde ich, daß genauso wie viele politische Systeme auch das juristische System der Ehe dringend überarbeitet werden müßte. Die Ehe gehört mit all ihren juristischen Nuancen der Neuzeit angepaßt. Warum wagt man nicht eine »Ehe auf Zeit«? Die bei Nichteinspruch eines Eheteils automatisch verlängert wird?

Vor allem aber sollten juristische Wege gefunden werden, um

das sich gegenseitige Zerfleischen bei einer Scheidung unmöglich zu machen. Der Schutz des Kindes und der Schutz der Würde jedes einzelnen hat immer gewahrt zu bleiben. Versorgung des einen Partners, der den Kürzeren gezogen hat, muß sein. Aber daß Urteile gesprochen werden, die den einen zwingen, Summen zu bezahlen, die einen unter Umständen ruinieren, wie ich aus dem Freundeskreis weiß, das sind Gesetze, die überarbeitet werden müßten.

Auch muß die Frage erlaubt sein: Verdirbt der Mensch nicht eigenmächtig die Liebe durch die Ehe? Wird Liebe nicht allein schon durch die Möglichkeit einer Ehe verdorben? Der Geist der Ehe, der mit Ketten rasselt, vergiftet er nicht Liebe? Verkommt Liebe dabei nicht zu Vernunft? Und was hat schon Vernunft je mit Liebe zu tun?

Liebe muß kein Seelenzustand auf Dauer sein; Liebe kennt keine Lösung mit patentiertem Ausgang; Liebe ist ein fragiler Zustand, ist zerbrechlich wie alles, was unser Seelenheil und unsere Seelenpein ausmacht. Und gerade deshalb so verlockend, trotz oder gerade wegen der Erfahrungen, die man gemacht hat und so gerne weitergeben würde.

JUNI 1989

Bezirksgericht Zürich. 27. Juni 1989. Morgens, 10 Uhr. Vorgeladen sind Udo Jürgen Bockelmann gegen Erika Bockelmann, geborene Meier. Beide wohnhaft in Zürich. Grund: Scheidung!

Alles ist geregelt, besonders die finanzielle Frage. Unsere Anwälte haben den leider notwendigen Handel arrangiert. Kein Grund zu streiten. Kein Grund sich zu versöhnen, denn wir haben ja eigentlich keinen Streit, leben schon zwanzig Jahre von Tisch und Bett getrennt. Nach wenigen Minuten ist der Spuk vorbei. Ich bin nach dreiundzwanzig Jahren Ehe wieder Junggeselle.

Wenn unsere Liebe sich auch schon sei Jahrzehnten in gegenseitigen Respekt und freundschaftliche Achtung verwandelt hatte: Eine Scheidung ist immer der letzte Trennungsstrich unter eine vergangene Zeit.

Das Ende eines Paars ist immer ein trauriges Schauspiel.

Trotzdem: Meine gescheiterte Ehe mit Panja sehe ich heute in keiner Weise negativ. Hat mich die Ehe mit Panja nicht vielleicht vor mehreren großen Irrtümern bewahrt? Und verdanke ich es nicht dieser Ehe, daß ich gerade die Frauen, die ich nicht heiraten konnte, nicht verletzt und bis heute als Freunde nicht verloren habe?

Ich wäre doch mindestens vier Mal verheiratet gewesen: Susanne Hsiao hätte ich garantiert mit Karin Holzapfel betrogen. Dann hätte ich Karin mit Nina Viereck betrogen. Dann hätte ich Nina mit Corinna betrogen, wie es ja auch der Fall war. Und wer weiß, ob ich inzwischen nicht schon wieder, hätte ich sie geheiratet, von Corinna geschieden wäre? Wieder wegen einer anderen Frau?

München in den späten fünfziger Jahren

Nicht einmal vierundzwanzig Jahre jung war ich, als ich die fünf Jahre jüngere Erika Meier, genannt »Panja«, in München kennenlernte.

Panja war ein Mädchen, das in der Münchner Szene bewundert und bestaunt wurde, weil sie den Existentialismus mit all seinen Facetten geradezu verkörperte. Soweit man in München überhaupt von »Existentialismus« reden konnte. Auf jeden Fall war die bayerische Ausgabe davon sicherlich etwas biederer.

Panja lief barfuß in Lokalen herum, war schwarz gekleidet, stark geschminkt, hatte dieses sehr schöne, geheimnisvoll-weibliche Juliette-Gréco-Image. Dieses Schwarz-in-Schwarz, die bewußte Gleichgültigkeit allen weltlichen Dingen, allen allgegenwärtigen Barrieren gegenüber – das strömte für mich den Hauch des Verruchten, des Geheimnisvollen aus.

Ich war verrückt nach ihrem dunklen Haar, ihren saphirgrünen Augen, ihren vollen Lippen, ihrem harmonischen Körper, ihrem Sex, ihrer Leidenschaft – aber genügt das alles für ein Leben »in Treue und Ehrfurcht, bis daß der Tod uns scheidet«?

Panja war umgeben von der Aura der Tristesse. Sie war ein sinnlicher Mensch, aber sie war nie das fröhliche Mädchen von nebenan. Immer mit leichtem Weltschmerz behaftet, eben das war unheimlich reizvoll und hatte eine immense erotische Ausstrahlung.

Nicht nur für mich.

Alle waren hinter ihr her. Alle haben sich um ihre Gunst bemüht.

Ich war von ihrer Art hingerissen. Diese Morbidität des Denkens und Fühlens zog mich, den jungen Musiker und Komponisten, an. Als Panja und ich uns ineinander verliebten, war dies sofort eine Amour fou, eine auf Erotik und Leidenschaft gebaute – stets brüchige – Verbindung. Wir fielen buchstäblich übereinander her und später buchstäblich auseinander.

Und Panja und ich waren das beste Tanzpaar, das man in den Münchner In-Lokalen bestaunen konnte. Wenn wir tanzten, bildete sich ein Kreis um uns, und alle feuerten uns begeistert an.

Wir waren jung, verrückt, ein bißchen anarchisch.

Und unter diesen Vorzeichen zogen wir zusammen, was für uns beide eine schwierige Veränderung bedeutete. Unsere erste Wohnung bestand aus einem winzigen Zimmer, in das Küche und Dusche integriert waren – und natürlich kein Platz für ein Klavier.

Das Glück einer Beziehung hat auch mit Architektur zu tun, das weiß ich seit damals.

Aber Architekten pflegen ja nicht in diesen grauenvollen »Zigarettenschachteln« zu wohnen, die sie den späteren Mietern zumuten. Das »Wohnklo«, das sie für den Alleinstehenden oder das junge Paar erfunden haben, ist weitgehend mitschuldig an der fatalen Beziehungsmisere des großstädtischen Neuzeitmenschen.

Unsere zweite Wohnung hatte wenigstens ein Schlafzimmer und ein Wohnzimmer; da konnte man sich schon mal zurückziehen, aber es war auch hier alles zu eng. Das Ergebnis: Unser Zusammenleben wurde schnell problematisch. Wir spürten deutliche Spannungen, konnten aber auch nicht voneinander lassen.

Als wir 1964 heirateten, weil Panja schwanger war, war mir eigentlich klar: Diese Ehe wird nicht halten.

Trotz Hochzeit änderte sich nichts: Ich ging weiterhin auf Tournee, jagte dem Erfolg nach, legte riesige Entfernungen zurück – und wußte ganz genau, daß keine Ehe solche Situationen verkraften kann.

Panja und ich waren da kein Einzelfall, uns erging es wie vielen.

Unsere Körper liebten sich, unsere Seelen stritten.

Ich glaubte nur an meine Arbeit. Ich betrog sie. Sie rächte sich, zahlte es mir mit gleicher Münze heim.

Ich litt. Sie litt. Wir quälten uns.

Und körperliche Treue ist ohnehin ein Kapitel für sich: Es ist sehr leicht, treu zu sein, wenn man nicht begehrt ist. Und die mausgrauen Eckensteher und Mauerblümchen sind sich einig darin, immer neue kirchlich sanktionierte »Gesetze« zu verabschieden, die ihnen ihr eigenes Schattendasein erträglicher machen.

Und immer eine Kluft, immer neue Entfernungen. Panja in München. Ich in Wien. Sie mit den Kindern in Kitzbühel, ich trete in Berlin auf. Sie kehrt zurück nach München, ich fahre nach Hamburg zu TV-Aufnahmen. Sie fährt unseren Sohn Jonny im Kinderwagen durch den Englischen Garten, ich bin auf Tournee, habe Konzerte in Frankfurt, Köln, Wien oder sonstwo auf dieser Welt.

Lange versuche ich, alles unter einen Hut zu bringen: meinen Beruf und meine Familie.

Es gelingt mir, ein Haus bei München zu mieten – in dem ich bald ein Fremder bin, da ich von Termin zu Termin hetze, die Nächte mit Freunden und Freundinnen oder mutterseelenallein an irgendeinem Klavier verbringe.

Ich selbst kenne die Anklagen längst auswendig. Wer kennt sie nicht? Welcher Musiker? Welcher Künstler? Welcher Mann?

Ich kann, will und darf Panja keine Vorwürfe machen!

Es steht mir nicht zu. Ich war besessen von meiner Musik, dem Rausch, den ich erlebte, wenn sich der Vorhang irgendwo öffnete und ich vor ein Publikum treten konnte, das mir zujubelte.

Sicher: Meine Ehe mit Panja war schwierig. Doch unsere gemeinsam erlebte Zeit war auch sehr schön. Panja ist eine starke Persönlichkeit und hat ihre Wirkung nie durch den Einsatz eiskalten Intellekts erzeugt, sondern durch die Kraft ihrer Persönlichkeit. Wer sie einmal gesehen hat, vergißt sie nicht.

Viel haben meine Familie und ich Panja zu verdanken: Sie hat die Familie zusammengehalten. Sie hielt Briefkontakt mit meinen vielen Onkels und Tanten in Norddeutschland und anderswo. Panja war der Familienmensch.

Ja, und dann unsere beiden wunderbaren Kinder Jonny und Jenny. Allein, daß diese beiden herrlichen Menschen leben, rechtfertigt jede Ehe, ob gescheitert oder nicht.

Dafür liebe ich sie, solange ich lebe!

Ehe als Krieg – niemals!

Etwa zwei Jahre nach der Scheidung normalisierten sich unsere Gefühle wieder.

Ich erinnere mich an Szenen, wie Panja und ich zusammen mit unseren Kindern in Zürich Abendessen gingen. Gemütlich spazierten wir durch die Altstadt. Ich legte den Arm um Panja – und niemand hätte gedacht, hätte er uns gesehen, daß wir seit Jahren ein geschiedenes Ehepaar sind. Panja ist durch die Trennung von mir gewachsen. So war die Scheidung, glaube ich, für sie viel wichtiger als für mich.

Heute ist mir vieles klarer. Jeder, der in seinem Beruf mehr als Mittelmaß erreichen will, wird in die Zwickmühle zwischen Familie und Karriere geraten. Das war damals so und wird auch in Zukunft so sein, und das ist auch richtig so. Wenn ein Mann also die Wahl hat, mein Rennwagen oder meine Frau, mein Klavier oder meine Frau, mein Motorrad oder meine Frau, mein Tennisschläger oder meine Frau – dann entscheidet sich der, der wirklich Karriere machen will, immer zuerst für sein Gerät. Für Frauen, die Karriere machen, gilt dies natürlich genauso.

Das ist eine bittere Wahrheit für jeden, egal ob Frau oder Mann. Wer sich nicht dafür entscheidet, hat keine Chance, groß zu werden. Die Ausnahmen bestätigen die Regel.

Ich war nie im Zweifel, für mich war das Klavier immer die Nummer eins. Das wußte auch Panja. Nur, es zu wissen und es dann zu leben, das sind noch mal zwei verschiedene Dinge.

Erfahrungen müssen sein. Nur mit ihnen können wir Menschen werden, was wir sind.

Voll Dankbarkeit schaue ich auf meine Jahre mit Panja zurück. Ich bereue nichts.

Der Skandal

oder

Viel Lärm um nichts

ANFANG OKTOBER 1993

Vor ein paar Tagen erschien meine neue CD »Café Größenwahn«. Natürlich stehen mir massenweise Interviews bevor, das ist »Part of the job«.

Alle im Showbusineß stehen im Mediengeschirr, müssen klappern und laufen, um ihre Produkte zum Marschieren zu bringen.

Heier »Locken«-Lämmler, mein Pressemann, organisierte diesmal auch ein Interview mit dem »stern«. Die alten Macher des bis heute sehr gut gemachten Blattes kannte ich recht gut. Mit Henri Nannen, jahrzehntelang Chefredakteur, verbindet mich eine herzliche Freundschaft. Seine Emdener Kunsthalle habe ich musikalisch miteröffnet.

Gerne gebe ich dem Hamburger Magazin ein Interview. Ein Verriß im »stern« oder im »Spiegel« ist mir immer noch lieber als eine zuckersüße Lobhudelei in »Frau im Schmerz«, wobei es mich wundert, daß es dieses Blatt noch nicht gibt!

Sie kamen am späten Nachmittag zu dritt in mein »Casa do Mar« nach Portugal, Sven Michaelsen und Fotograf Oliver Herrmann mit einem Assistenten.

Schnell fanden wir den gemeinsamen Ton, das Gespräch, die Linie. Das Interview war sehr gut.

Natürlich sprachen wir auch über Liebe und Sex. Von insgesamt fünf Stunden höchsten fünfzehn bis zwanzig Minuten. Und genau diese Passagen des Gesprächs waren nachher im Blatt, sonst kaum etwas.

Mein Manager Freddy, meine Schallplattenfirma, alle möglichen Leute, auch meine Kinder, riefen mich an: »Sag mal, dein ›stern‹-Interview ist ja toll! Aber warum redest du in der Presse über nichts anderes als über Sex!«

Sven Michaelsen fragte mich unter anderem: »Das ›stern‹-Archiv verzeichnet 1342 Artikel über Sie. Was war Ihr infamstes Presseerlebnis?«

»Natürlich eine Sexgeschichte.« Und ich erzählte ihm kurz die Skandalstory der »BILD am Sonntag« vor vier Jahren.

Hier in diesem Buch möchte ich diesen brutalen Vorfall genau wiedergeben. Er zeigt, daß die unschuldigen Opfer so einer erlogenen Kampagne an den Rand des Abgrunds gedrängt werden können.

PFINGSTEN 1990

»17 Jahr', blondes Haar« – Man erinnert sich, ein Titel eines meiner Lieder, das zur generösen Metapher für die Beurteilung meines Privatlebens wurde. Gezeichnet und gebrandmarkt zum ewig potenten Lolita-Jäger, zum wilden Hengst, der hinter jungen Fohlen herjagt. Aber das kann man ja durchaus auch als schmeichelhaft empfinden.

Nun, ich gebe es ja immer auch bereitwillig zu, daß ich von jungen Damen durchaus angetan bin. Und da ist ja auch nichts dabei. Andere geben's nur nicht zu!

Warum es in Deutschland ein Blatt gibt, das »Wiener« heißt – diesen tieferen Sinn werde ich nie begreifen! Übrigens sind viele österreichische »Wiener«-Journalisten, die ich kenne, entsetzt über den gleichnamigen deutschen Ableger, betonen fast schon verzweifelt, daß sie mit dem nichts zu tun haben.

In der Juni-Ausgabe 1990 des deutschen »Wiener« stand ein Bericht, der so unglaublich primitiv war, daß man ihn eigentlich hätte übergehen können, wenn nicht ein einziger Redakteur der »BILD am Sonntag« das große Geschäft in dieser Geschichte vermutet und sich entschlossen hätte, den »Wiener«-Beitrag über mich ab- und umzuschreiben und zu einem Skandal aufzublasen.

Aber der Reihe nach!

Zuerst das »Original«.

Unter dem Titel »Groupies aus Deutschland« beginnt der »Wiener«-Artikel:

> *»Ihre Opfer sind Musiker, ihre Welt ist die Stargarderobe, ihr Leben besteht aus Sex: Der WIENER testete Deutschlands letzte Groupies – und fand Mädchen, die zu allem bereit sind. Für einen Backstage-Paß vernaschen sie eine ganze Heavy-Metal-Band, für eine Nacht mit Thomas Anders (Modern Talking) fahren sie bis nach Leningrad! Und sie halten ihren Stars ganz schön die Stange...«*

Dann ein Rückgriff in die fünfziger Jahre, in denen angeblich *»pomadige Muttersöhnchen Fickbewegungen auf der Bühne imitierten«*. Quatsch. Ich muß es ja wohl wissen. Kollege Peter Kraus & Co. machten höchstens ein paar mehr oder weniger gekonnte Hüftschwünge!

Und wie *»Petticoats kreischen«* können – ist mir unklar! Auch an die beschriebenen *»multiplen Orgasmen«*, die angeblich an der Tagesordnung waren, kann ich mich nicht erinnern. Ich kenne auch keinen Kollegen, der – wie beschrieben – an *»Pille, Beat und Miniröcken bis zum Hals in Titten und Ärschen ertrank«*.

Wenn das die Sprache in den Boulevardblättern der Zukunft ist, na dann servus!

Als absolute Krönung *»des aufgeplusterten Gummipimmels«* (auch das Zitat deutscher »Wiener«) läßt die Zeitschrift eine gewisse Melanie Spandau, Beruf Bauzeichnerin, in Sprechblasen hauchen: *»Langhaarige Musiker sehen einfach besser aus und kommen schneller zur Sache als halbsteife 08/15-Ficker.«*

Über *»religiöse Verehrung«* des Sängers Thomas Anders vom Duo »Modern Talking« landet das »Wiener«-Duett schließlich auf Seite 42 bei mir. Aber immerhin ohne meinen Namen zu nennen.

Hier der deutsche »Wiener«:

> *»Der bekannte deutsche Schlagersänger österreichischer Herkunft steht auf rote Haare und kleine Mädchen. Iris Steiner ist beides.*

Den Star dürfen wir nicht nennen, sonst ist dieser Bericht ein Fall für den Staatsanwalt: Denn der Star läßt Iris im Alter von dreizehn Jahren von einem Roadie in die Garderobe des damals Fünfzigjährigen bringen. Iris Steiner bleibt sechs Jahre lang, und der Star sagt »Merci, Chérie«.

Der Star ist siebenunddreißig Jahre älter als Iris Steiner und weiß, wie man Schulmädchen bei der Stange hält.

Aus der siebten Klasse des Landgymnasiums wird Steiner jäh in die heuchlerische Jacketkronen-Welt des trällernden Saubermanns gerissen...

Die zukünftige Kapellmeisterstudentin muß sich nicht von jedem Roadie aufs Kreuz legen lassen, denn der Star lotst sie auf direktem Weg Backstage, aber nur, wenn er Lust hat. Er ist sprunghaft, launisch und als Partner unzuverlässig wie Teamlibero Klaus Augenthaler, wenn er schlecht drauf ist.

Wie alle Groupies ist Iris auf Gedeih und Verderb den Launen des Stars ausgesetzt. Schließlich war sie mal »Siebzehn Jahr', blondes Haar, so stand sie vor mir«, aber inzwischen ist Iris Steiner neunzehn Jahre alt und muß immer öfter ansehen, wie der Star sie hintergeht. »Ich weiß, der braucht seine Freiheit«, glaubt sie.

Vor dem Premierenkonzert seiner letzten Tournee in Baden-Baden bestellt der Star Iris telefonisch von ihrem südbayerischen Heimatort zu sich. Der Star schickt ein Taxi. Steiner springt in den Wagen, verfährt dreihundert Mark und steht zwei Stunden später mit Zahnbürste als Gepäck im Hotelzimmer des Stars.

Der wirft sie hinaus, als hätte er einen billigen Fan und nicht sein Lieblingsgroupie vor sich.

Von ihrem letzten Taschengeld löhnt Iris den aufgebrachten Taxifahrer.

Ein Musiker der deutschen Begleitband des Stars kümmert sich um die frühreife Rothaarige.

Irgendwann ist Iris so verbraucht wie ihr Taschengeld. »Man kann mit diesem Mann nicht ewig zusammensein. Da wird man verrückt.«

Am Tag, an dem dieses Heft erscheint, wird Iris Steiner »ihren« Star verlassen.

Der kann sich damit trösten bei griechischem Wein, denn so-
was wie Iris bekommt er sobald nicht wieder...«

Da niemand in der deutschen Presse auf dieses dilettantische
Pamphlet reagierte – es war zu offensichtlich alles falsch an der
Geschichte – hätte auch ich die Sache mit ein paar Telefonaten auf
sich beruhen lassen.
Aber da war ja noch der Mann in Hamburg!

FREITAG, 1. JUNI 1990

Auf meinem Anrufbeantworter werde ich aufgefordert, einen
Herrn H. in der Redaktion von »BILD am Sonntag« in Hamburg
anzurufen.
Ich wähle die angegebene Nummer, und ein Chefreporter der
im allmächtigen Springer-Verlag erscheinenden Zeitung »BILD
am Sonntag« meldet sich.
Herr H. fragt mich: »Kennen Sie Iris Steiner?«
Ich erinnere mich an dieses nette Mädchen.
Sie hatte mir über Jahre viele Briefe geschrieben, wollte Musik
studieren und war einige Male in Konzerten von mir gewesen.
Dann und wann haben wir miteinander geredet.
Einmal war sie kurz mit ihrem Vater hinter der Bühne. Alles
verstreut über einige Jahre. Das erzählte ich.
Herr H. sagt, er hätte Kenntnis davon, daß die Staatsanwaltschaft Ermittlungen gegen mich eingeleitet hätte: Im Fall Iris Stei-
ner wegen Kindesmißbrauchs. Scheinheilig bietet er mir Hilfe an.
Später haben wir erfahren, daß Herr H. selbst die Anzeige er-
stattet hat, nur um den Satz schreiben zu können: »Die Staatsanwaltschaft ermittelt.«
Für uns Nichtjuristen: Die Staatsanwaltschaft ist verpflichtet,
über jede Anzeige eine Akte anzulegen, selbst dann, wenn sich jemand einen Jux macht.
Beunruhigt rufe ich meinen Manager Freddy Burger zu Hause
an. Freddy will meinen Anwalt Dr. Meierhans informieren.
»Bleib cool, Junge, wir sind in dreißig Minuten da«, sagt Freddy
scheinbar locker, doch ich ahne seine Wut.

Kurz darauf renne ich zum Telefon und rufe die Auskunft an, ich bekomme die Telefonnummer von Iris Steiner. Ich rufe an.

Iris ist nicht zu Hause. Ihr Vater ist empört, genauso überrascht wie ich.

Ich will wissen, ob der genannte Journalist Gabriel bekannt sei.

»Ja, Herr Gabriel ist ein ehemaliger Schulkollege von Iris«, sagt Herr Steiner.

Später haben wir erfahren, daß Gabriel – eigentlich ein ganz naiver junger Bursche – sich mit solchen journalistischen Nebenjobs einen Porsche verdient hatte.

Ich konnte mir schon ausmalen, was mir die Folgen dieser Geschichte einbringen würden. Diese Nacht würde ich schlecht schlafen können, da war ich mir sicher. Ich versuchte, ruhig zu bleiben: Eine Zeitschrift wie »BILD am Sonntag« kann es sich doch wohl nicht leisten, irgendeine erfundene Horrorgeschichte von einem Schmuddelblatt abzuschreiben!

Außerdem habe ich etliche recht gute Freunde in der Redaktion. Immer haben wir gut miteinander gearbeitet; an etlichen »BILD«-Hilfs- und Wohltätigkeitsaktionen hatte ich mich beteiligt.

Warum also sollte man mir das Messer in den Rücken stoßen? Da aber sollte ich mich gewaltig täuschen!

SAMSTAG, 2. JUNI 1990

Endlich erreiche ich Iris und ihren Vater.

Sie war verstört und geschockt und stammelte nur: »Wie ist denn so was möglich, es war ja nie was!«

Ihr Vater, ein sehr sympathischer, gebildeter Mann, sagt: »Ich war damals vor fünf Jahren in der Garderobe dabei. Es kann ja gar nichts gewesen sein. Und daß Iris Jahre bei Ihnen gelebt hat, ist ja nun absoluter Schwachsinn, denn sie lebte und lebt ja immer zu Hause.«

Als erstes versuchen wir, den angedrohten Artikel in der »BILD am Sonntag« zu verhindern, in dem die unwahren Behauptungen aus dem deutschen »Wiener« aufgegriffen und ausgewalzt werden sollen.

Wieder telefoniere ich mit Herrn H. bei »BILD am Sonntag«. Ich weise ihn nochmals auf die Unwahrheit der »Wiener« Geschichte hin und bitte ihn, doch Iris Steiner und ihren Vater anzurufen, um die Wahrheit zu erfahren.

Aber seine Geschichte wollte sich Herr H. nicht mehr nehmen lassen, das weiß ich heute!

Das Fatale daran ist, daß eine Falschmeldung dieser Art in Deutschland nur mit vierzigtausend Mark geahndet werden kann! Eine tolle Skandalüberschrift ist da natürlich das Vielfache wert.

In den USA zum Beispiel könnte man bei so einer Sachlage viele Millionen Dollar einklagen. Und das ist auch richtig so!

Schließlich formulierte Dr. Meierhans ein Abmahnschreiben an »BILD am Sonntag«, das sofort per Fax der Redaktion und dem Verlag zugestellt wurde.

Was würde der Morgen bringen?

PFINGSTSONNTAG, 3. JUNI 1990

Meine schlimmsten Befürchtungen waren bereits Tatsache.

Allen Bemühungen zum Trotz – »BILD am Sonntag« hatte zu den größten Lettern, die zur Verfügung standen, gegriffen.

Der Titel füllte die erste Seite:

»Dreizehnjährige verführt?
Sexskandal um Udo Jürgens«

Garniert wurde dieser Aufmacher mit einem Farbbild aus meinem »Blauen Album«.

»Schlagerstar Udo Jürgens (55, Foto rechts) ist in einen schlimmen Sexskandal verwickelt, der ihn um seine Karriere – und im ungünstigsten Falle – vor Gericht bringen kann. Es geht um die angebliche Verführung eines 13jährigen Mädchens. Udo Jürgens wehrt sich vehement gegen die »ungeheuerlichen« Vorwürfe – doch ein Staatsanwalt in München hat bereits Vorermittlungen (AZ: AR6) aufgenommen.«

Zur Erinnerung: Die Anzeige bei der Staatsanwaltschaft stammte vom Autor dieses Artikels selbst!

Ein völlig harmloses Urlaubsbild vom Wörthersee, das mich mit circa zehn Kindern am Rand eines Swimmingpools zeigt, würzte die Geschichte. Den Kindern hatte man schwarze Balken über die Augen gemacht, damit bekam alles einen ungeheuer kriminellen Anstrich!

Was denken sich meine Kinder, wenn sie ahnungslos am Kiosk vorbeigehen und das sehen? Was meine Freunde und Bekannten? Was meine Fans? In nahezu jedem Land der Welt liegt diese Zeitung groß aus. Selbst die Urlauber in Spanien, Portugal und sonstwo am Strand mit dieser Geschichte vor dem Gesicht! Furchtbar!

Aber irgendwie fühle ich auch eine Kampfbereitschaft in mir aufsteigen, ähnlich wie sie mich vor Konzerten befällt.

Ich spaziere den Limmatquai hinunter, Richtung Bellevue. Mit jedem Schritt fühle ich stärkeren Trotz in mir. »Diesen Schweinen werde ich es zeigen.«

Aber gleichzeitig erschrecke ich auch: So leicht ist das also, eine Behauptung genügt; man stelle sich nur vor, ich könnte die Wahrheit nicht beweisen!

Die Faust in der Jackentasche geballt, erreiche ich das Corso-Haus, in dem ich wohne.

Ich blicke hinauf zu den fast majestätischen Bogenfenstern meiner Wohnung im fünften Stock. Die steinerne Schönheit der Jugendstilfassade starrt mich kalt an. Die gezierte Haltung der Engel an den Seiten meiner Fenster fällt mir seltsam auf. Wie Schutzengel sehen sie nicht gerade aus.

Im Kinoeingang, der auch zum Lift zu meiner Wohnung führt, treffe ich Andrea Keller. Sie tippt meine Liedertexte in den Computer und hilft mir bei vielem mehr.

Andrea, fünfundzwanzig Jahre jung, wir kennen uns schon seit Jahren. Wir sind Freunde. Das soll es ja zwischen Frauen und Männern kaum geben – aber wir sind's.

Sie hilft mir da und dort, bei der Autogrammpost und Korrespondenz oder bei Besorgungen. Sie arbeitet bei der Stadtverwaltung Zürich, und wenn sie lächelt, ist die Welt freundlicher. Sie ist 1,60 Meter klein, worunter sie immer ein bißchen leidet, bildhübsch, sieht um Jahre jünger aus, als sie ist. Schwarze, kurze Haare im widerspenstigen Stachellook. Sympathische Teddybär-Augen blicken frech und selbstbewußt.

Andrea ist genau der Typ, der Spitznamen auf sich zieht. Im Laufe der Jahre hatte ich einige für sie. Zur Zeit ist sie der »Schusterbub«, da sie öfter eine Ballonmütze mit Schirm trägt und dann wie ein Schusterjunge aussieht.

Der »Schusterbub« kommt wie gerufen, ihr unbeschwertes Lächeln ist Balsam für meine Seele.

Schweigend fahren wir mit dem Lift nach oben. In meiner Wohnung setzen wir uns vor den Kamin mit Blick auf den See. Von Andrea geht eine heitere, fühlbare Ruhe und Zuversicht aus, die mir unendlich guttut.

Um mich herum hatte während der letzten Stunden eine furchtbare Hektik geherrscht.

Und ich bemerke – nicht ohne Schrecken –, daß es gar nicht mehr darauf ankommt, was wirklich vorgefallen ist!

»Schusterbub, ich gehe die nächsten Tage nicht vor die Tür und gehe auch nicht ans Telefon. Sei so gut und kaufe was ein, damit ich hier essen kann. Wenn du Zeit und Lust hast, bist du natürlich eingeladen.«

Sie antwortet nicht, geht an die Bar und macht uns zwei Wodka Tonic.

»Du und dich verstecken?« sagt sie bestimmt und prostet mir zu.

Sie ergreift meine Hand. Ihre Augen funkeln unternehmungslustig. »Heute gehen wir in die ›Kronenhalle‹, wir werden herrlich essen, reden, lachen, und du wirst deinen Blick dorthin richten, wo du immer hinschaust: Nach vorne!«

Ihre Art, diese Sache leichtzunehmen, tat mir unendlich gut, und ich wußte, daß sie recht hatte.

Freddys rechte Hand, Mucki Stammler, schickte an zweiundfünfzig Agenturen und Redaktionen per Fax die Eidesstattliche Erklärung von Iris Steiner.

Mein Telefonanrufbeantworter hat fast nur deutsche Journalisten aufgezeichnet, die von mir wissen wollen, ob ich bereits vom Staatsanwalt in München vorgeladen sei, ob ich mich in der Schweiz versteckt halte und wie ich mir meine Zukunft vorstelle.

Mit dem Wahrheitsgehalt der Storys im »Wiener« und in der »BILD am Sonntag« beschäftigen sie sich überhaupt nicht.

Du wirst einfach von den Medien schuldig gesprochen.

Ohne Wenn und Aber!

Ohne Möglichkeit, gehört zu werden.

Ohne den Grundsatz »in dubio pro reo«!

Der Unschuldige muß seine Unschuld beweisen – muß nachweisen, was er vor sechs Jahren *nicht* getan hat!

Mit Hilfe meines Managers, meiner Anwälte und mit Hilfe von seriösen Journalisten wehre ich mich. Sie drucken das Interview ab, das Iris Steiner, ihr Vater und ich zusammen gegeben haben.

Hier nur ein kurzer Auszug:

Frau Steiner, haben Sie Ihrem Bekannten, dem Hobbyjournalisten Manfred Gabriel, erzählt, Udo Jürgens habe Sie als 13jährige verführt?

Iris Steiner: Nein. Nie. Das habe ich nie gesagt. Ganz im Gegenteil: Ich habe innerhalb eines Interviews zum Thema »Fan« ihm lediglich erklärt, daß ich ein Fan von Udo Jürgens und Konstantin Wecker, aber auch von anderen bin, seit 15 Jahren selbst Klavier spiele, Kapellmeisterin werden will und als 13jährige mein erstes Konzert von Udo Jürgens besucht habe, da ich ein Fan seiner Musik und seiner Texte bin.

Josef Steiner: Und nebenbei bemerkt war ich zusammen mit meiner Frau und Iris bei diesem Konzert. Die Behauptung, Herr Jürgens habe unsere Tochter damals verführt, entbehrt also jeder Grundlage.

Herr Steiner, Sie leben in einem kleinen süddeutschen Ort. Wie werden Sie als Vater damit fertig, wenn Ihre Tochter als »Edel-Groupie« bezeichnet wird?

*Josef Steiner: Ich werde mit allen rechtlichen Mitteln konse-
quent vorgehen. Was ich mit gewissen Journalisten erlebt
habe, ist schon unglaublich: So drohte mir einer, ich würde
schon noch reden, wenn erst mal fünf Mann vor meinem
Haus stehen würden.*

Wie erleben Sie diese Geschichte psychisch?

Iris Steiner: Es ist furchtbar, schrecklich, abscheulich.

*Udo Jürgens: Wider besseres Wissen eine solche Geschichte
zu publizieren, das finde ich kriminell.*

6. JUNI 1990

Pfingsten 1990 war vorbei.

Die Juristen an Limmat, Isar und Spree wieder an der Arbeit.
Auch die Journalisten. Sie brachten das Bild von Iris, ihrem Vater
und mir von der Pressekonferenz.

Und was Mut macht: Meine wahren Freunde haben mir beige-
standen.

Freddy Burger hat gezeigt, daß er weit mehr ist als ein guter Manager. Nicht nur, daß er wie ein Löwe für mich kämpfte, er stand
mir auch in mitfühlenden Gesprächen zur Seite.

Es war für mich deutlich zu spüren, daß die Menschen die Artikel zwar gelesen hatten, aber offensichtlich hat man sie nicht geglaubt.

Immerhin ein Trost.

Gegen den »Springer«-Verlag (»BILD am Sonntag«) mußten
wir genauso prozessieren wie gegen den »Bauer«-Verlag (deutscher »Wiener«).

Das Ergebnis: Ich bekam recht, siegte auf der ganzen Linie.

Obwohl die Zeitungen mit der Geschichte voll waren, kaum jemand sprach mich darauf an. Alles war wie immer.

Offensichtlich hat's keiner geglaubt.

Ein kleiner Trost.

Nachgedanken

oder

Medienfreiheit um jeden Preis?

Medien haben mich fast vierzig Jahre hindurch begleitet. Man hat mich auf meinem Weg kritisch, begeistert, ablehnend, lobend und anbiedernd beschrieben. Mal rauf aufs Denkmal, dann wieder runter. Mal »Gewissen der Nation«, dann wieder »Volksverblöder«.

Die Beurteilung von jeglicher Arbeit, die sich an die große Öffentlichkeit richtet, darf niemals »Hofberichterstattung« sein. Konträre Meinungen sind gut und wichtig! So gesehen verdanke ich der Presse viel. Unterm Strich gerechnet sehr viel!

Für die allgemein gängige »Journalistenbeschimpfung« bin ich als Zeuge nicht zu verwenden.

Ich habe auch kein Verständnis für die Wehleidigkeit vieler meiner Kollegen, die sich von der Presse »ach so schlecht« behandelt fühlen: Wer in der Öffentlichkeit steht und es genießt, das Licht auf sich zu ziehen (auch dank der Presse), der muß auch bereit sein, den Schatten zu akzeptieren, den Licht nun einmal wirft.

Und doch maße ich mir nach Tausenden von Interviews, nach Hunderten von großen Porträts, nach Tausenden von TV-Sendungen und nach mehr als siebentausend Konzerten in meinem Leben an zu schreiben, wie es auf der anderen Seite des Tisches ist. Wie man sich als Befragter ganz plötzlich als Gejagter, als Beute fühlen kann. Und wie aus einem Interview eine Jagd werden kann. Wie aus einem Gespräch ein Verhör wird. Und wie Dinge und Peinlichkeiten in die Welt hinausposaunt werden, die mit dem Menschen, der Auskunft über sich gab, nichts, aber auch gar nichts zu tun haben.

Information hat natürlich immer auch einen erheblichen Unterhaltungswert, darf aber, glaube ich, nicht zum reißerischen Nervenkitzel verkommen. Die Tatsache, daß bekannte Namen einen größeren Unterhaltungswert haben, darf deren Träger nicht zu Freiwild machen.

Ich hasse es, daß Massaker zur Massenunterhaltung geworden sind.

Ich finde das Wetteifern darin, den Berufsmörder, den Geiselnehmer, den Serienmörder zum Medienstar zu machen, pervers.

Und ich finde es hochgradig ekelhaft, wenn private Telefonate abgehört werden, Teleobjektive mit riesigen Brennweiten das Privatleben brutal an die Öffentlichkeit zerren, Wanzen oder ähnliche Mittel eingesetzt werden, wie bei Prinzessin Diana und Prinz Charles.

Auch Prominente sollten ein Recht auf Privates haben. Eigentlich eine Selbstverständlichkeit, sollte man meinen.

Mit dem gnadenlosen Mediengeschäft in Sachen Tod und Horror muß man sich ja wohl abfinden. Die Sehnsucht nach Grauen und Schrecken wird heute offen ausgelebt, gedruckt, zur Schau gestellt. Wenn Täter zu Vorbildern werden, dann muß es allerdings allen grauen.

Abbildung und Wirklichkeit: ein Unterschied!

Täter und Opfer: eine heute leicht vernachlässigte Unterscheidung.

Mensch und Medien: vielleicht die Unfähigkeit, zwischen Realität und Film zu unterscheiden?

Nachgedanken.

Aber Sex in Zusammenhang mit bekannten Gesichtern ist wohl immer noch das beste Geschäft!

Vor einiger Zeit gab der Chefredakteur des ZDF, Klaus Bresser, ein Symposium im Ringier-Verlag in Zürich. Als einziger Nichtjournalist war ich dazu eingeladen. Es ging um die Zukunftsperspektiven des Journalismus in der heutigen Zeit der Medien-Überpräsenz.

Am Ende des Vortrags von Klaus Bresser meldete ich mich zu Wort und stellte die Frage, ob es denn denkbar wäre, daß auch Journalisten sich einer »freiwilligen Selbstkontrolle« unterstellen könnten, ähnlich wie es beim Film erfolgreich praktiziert wird.

Besonders, da ja nun Praktiken bekanntgeworden seien, die absolut untragbar sind.

Zum Beispiel haben randalierende Gruppen vor Ausländerheimen ihre Attacken mit der Regie von privaten TV-Stationen abgestimmt und haben »Gage« bekommen. Viele andere ähnliche Geschichten sind bekannt und werden auch nicht geleugnet.

Ich spürte deutlich, daß meine Frage im Grunde auf sehr viel Zustimmung stieß. Trotzdem: Klaus Bresser empfand meinen Vorschlag als eine untragbare Einengung der Pressefreiheit.

Auch ich weiß natürlich: Die Presse- und Meinungsfreiheit ist eines der höchsten Güter der Demokratie. Da jedoch die Nachricht eine Ware ist, die einen Preis hat, je sensationeller, desto höher, ist die Objektivität, die Wahrheit in Gefahr. Daher müßte, wie ich finde, eine Kontrolle geschaffen werden, und da ist die freiwillige Selbstkontrolle noch die beste.

In dieser Richtung muß meiner Meinung nach etwas geschehen. Menschenvernichtungen wie zum Beispiel im Fall Michael Jackson, der von den Medien längst verurteilt worden war, ohne daß je eine juristische Schuld nachgewiesen wurde, sind im Grunde genommen nichts anderes als Verbrechen an einem Menschen.

Die Macht der Medien hat auch im politischen Bereich aus unserer Demokratie längst eine »Telekratie« gemacht. Das ist auf die Dauer ein absolut unerträglicher Zustand, der die Demokratie auf das schwerste gefährden könnte.

Wie auch immer die Entwicklung verlaufen wird: Ich für meinen Teil verdanke der Presse über die Jahre hinweg sehr viel. Und auf meine Freundschaften mit vielen klugen Köpfen unter den Journalisten will ich nicht verzichten.

Nun gut, sehen wir es doch mal von der heiteren Seite: Meine Damen und Herren Journalisten, wenn Ihr mich wieder mal reinlegen wollt, dann macht es doch bitte so wie die Holländer das vor einigen Jahren gemacht haben! Dann habe ich nämlich auch was davon.

Sie setzten gegen Gage ein bildhübsches Fotomodell auf mich an. Zwanzig Jahre alt und ein Traum à la Claudia Schiffer.

Im Konzert in Amsterdam saß sie in der ersten Reihe. Sie fiel mir natürlich sofort auf, wie sie mich anschmachtete. Beim Autogrammegeben am Schluß fragte sie mich, wo ich noch essen gehe. Ich lud sie ein.

Sie hieß Angelique, war unglaublich sympathisch, und ich war Feuer und Flamme. Sie spielte die Rolle der Verliebten hervorragend und fand gar nichts dabei, daß wir ständig fotografiert wurden.

Ich dachte nicht viel nach, folgte meinem Impuls, meinem verdammten Bruder Leichtsinn. Was hätte ein anderer gemacht?

Wir gingen zu mir ins »American Hotel«. Wir erlebten eine schöne Nacht.

Zwei Wochen später: ein Anruf aus Holland. Man informierte mich über eine fünfseitige Story in einer großen holländischen Illustrierten: »Angelique: Meine Traumnacht mit Udo Jürgens« – Jedes Geflüster auf dem Kopfkissen im Detail!

Ich fiel natürlich aus allen Wolken, fand auch diese Geschichte nicht fair, genaugenommen sogar eine Schweinerei. Aber ich hatte ja auch selber erhebliche Mitschuld!

Und das Erlebte empfand ich dann doch als ein akzeptables Schmerzensgeld!

Unterm Smoking – Gänsehaut

oder

*Wenn die Seele Geschichte
erlebt*

BERLIN, 9. UND 10. NOVEMBER 1989

Ich will vorausschicken, daß das, was ich am 9. und 10. November 1989 in Berlin erlebte, eine Explosion war. Wer dabei war, wird mir das bestätigen.

Den Fall der Berliner Mauer an diesen beiden Novembertagen 1989 habe ich mit eigenen Augen miterleben dürfen. Und es ist eine Geschichte, die ich nicht im Vorbeieilen erzählen kann.

Ich folge meinem Bedürfnis, eine gewisse Ordnung in mein vergangenes Leben zu bringen, so etwas wie eine Gesamtübersicht, weil ich nicht nur das Alter der – wenigstens versuchten – Reife erreicht habe, sondern auch den Mut des Alters. Daher will, ja muß ich es berichten.

Was in der Geschichte der Welt abläuft, wofür man sie gewöhnlich hält und womit man sich und andere mit Vorliebe identifiziert, hat immer ein zweites Gesicht, eine dahinter liegende Wahrheit, eine andere Wirklichkeit.

Und so erfuhren und erfahren auch meine Ansichten Veränderungen. Jedoch nicht, indem sich meine Ansichten völlig neu entwickelten. Im Gegenteil: Das Wenige, das ich seit jeher weiß, wird einheitlicher und klarer, mein Bewußtsein erfaßt Einzelheiten deutlicher und erhellt das Gesamte.

Einige schließen daraus, daß ich plötzlich eine politische Person, ein sozialkritischer Sänger und Komponist geworden sei. Unsinn. Ich habe mich immer um analytisches Denken bemüht. Mit einem starken Gefühl für jedwede soziale Ungerechtigkeit. Meine

Freunde wissen, daß ich, bei aller Lebensfreude und Geselligkeit, mich immer engagiert habe und engagieren werde!

Natürlich habe ich nicht immer mit meiner Zeit und der jeweils gültigen Ordnung übereingestimmt. Und vielleicht ist es genau das, daß ich stets zufällig an Orten war, an denen Unfaßbares, Unvorhergesehenes, ja Unglaubliches geschah. Und ich Zeuge dieser Momente werden durfte.

War es Zufall oder Laune des Schicksals, daß ich wenige Tage vor der Okkupation in Prag ein Konzert gab, als noch kaum jemand ahnte, wie der Prager Frühling von russischen Panzern zu Tode gerollt werden sollte?

Das war 1967.

War es Zufall oder Laune des Schicksals, daß ich in Peking ein Konzert gab, nicht allzu lange, bevor überalterte, senile Feudalherren mit gnadenloser Härte das leicht keimende Pflänzchen Demokratie mit staatlicher Brutalität ausradierten?

Das war 1987.

War es Zufall oder Laune des Schicksals, daß ich ausgerechnet in jenem November in Berlin ein Konzert gab, als die Mauer fiel?

Ja, und das war 1989.

Und jetzt bin ich in Südafrika. Es ist März 1994. Ich sitze in meinem Zimmer im Hotel »Peninsula« in Kapstadt und schreibe diese Zeilen. Das kristallklare, afrikanische Licht flimmert über das sonnenüberflutete Meer. Gewaltige Wogen finden nach einer unendlich langen Reise an den steinigen Felsen ihre Ruhe. Wird auch dieses Land irgendwann so etwas wie Ruhe finden?

Doch zurück nach Deutschland, nach Berlin, ins Jahr 1989.

Wir, Pepe Lienhard, sein Orchester, unsere Technikcrew und ich, sind seit dem 26. Oktober 1989 mit meinem Programm »Ohne Maske« auf Tournee. Unser Konzert in Westberlin steht auf dem Programm. Und diesen historischen Tag, als in Deutschland erstmals eine friedliche Revolution siegte und Bürger aus Ost und West die Beton- und Sperranlagen überrannten, will ich aus meiner ganz persönlichen Sicht beschreiben.

Pepe und das Orchester fahren mit dem Bus nach Berlin. Ich fliege hinterher. Als ich in Berlin-Tegel einschwebe, weiß ich nicht, daß die kommende Nacht ein Meilenstein in der Geschichte Europas, ja der Welt, werden soll.

Nichts, das auf das Kommende hindeutet, ein absolut gewöhnlicher Flug. Ich schleppe einige Zeitungen mit, alle voll von den Ereignissen in einem sich auflösenden Staat namens DDR.

Irgendwie hatte man sich ja inzwischen an die Mauer gewöhnt. Besonders, wenn man oft in Berlin war. Aber nie an diese Worte: Schutzwall, Kontakt- und Signalzaun, Erdbunker, Beobachtungsturm, Kettenhund, Selbstschußanlage.

Ich war und bin viel in Berlin. Denn mein wichtigster Mann bei der Entstehung meiner Musikproduktionen, Peter Wagner, wohnt an der Spree. Im »Hansa-Studio« feilen wir an meinen Liedern. Einer meiner Arrangeure, Franz Bartzsch, lebt hier, und auch andere Musiker, mit denen ich immer wieder zusammen spiele, stammen aus dieser Stadt – zum Beispiel der Saxophonist Frank Lüdecke oder die junge Hard-Rock-Gruppe »The Gardeners«, mit denen ich für mein Album »Café Größenwahn« zusammenarbeitete. Oder Peter Schirmann, einer der verrücktesten Querköpfe der Branche. Keiner schreibt Streicherpartituren wie er. Seit vielen Jahren ist er dabei, wenn bei mir »gegeigt« wird!

Ich liebe diese Stadt, ihre Kneipen, ihre »Schuppen«, ihre Plätze und ihre Weite und ihre breiten Boulevards, ganz besonders ihren unglaublichen Mutterwitz. Die Szene ist schön, schrill und schräg. Immer war Berlin anders, oft anderen Städten einen Tick voraus, in seiner Unruhe, seinem Drang, Grenzen zu brechen, fremde Ufer anzusteuern.

Berlin, das heißt für mich bis heute: Hier Hochglanzkultur und daneben die Extraklasse in den Hinterhöfen! Kein Sound tönt hier wie anderswo! Für Paradiesvögel an der Spree muß der Fun-Faktor jederzeit glimmen – und stimmen.

Dichte Nebelfahnen hängen schwer über der Stadt. Die Straßen erstarrt in Novemberkälte. Die Lichter flimmern, spiegeln sich in tautrüben Straßen wider, als ich in meinem Hotel einchecke.

Und doch fühle ich hautnah: Die Stadt brodelt.

Am Regierenden Bürgermeister Walter Momper, der heute zu meinem Konzert kommen will, damit ich mich hinter der Bühne vor geladenen Gästen ins »Goldene Buch« der Stadt eintragen darf, kann das ja wohl kaum liegen.

Mein Konzert findet in der Deutschlandhalle statt. Dieses Gebäude am Messedamm wurde seinerzeit von Hitlers Kohorten anläßlich der Olympischen Sommerspiele 1935 gebaut, später, im Jahr 1973, renoviert – doch was kann Beton für seine Geschichte? Eine nervöse, ja diffuse Stimmung klebt an Berlin, als ich vom Flughafen ins Hotel gefahren werde.

Früher als geplant kommt mein guter Geist Hans-Peter Escher, von uns allen »H. P.« genannt, in mein Hotel und ruft mir schon von der Hoteltür aus zu: »Udo, die ganze Stadt ist auf den Beinen. Wir müssen los. Ich habe keine Ahnung, wie wir zur Halle kommen bei diesem riesigen Chaos, bei diesem Getümmel. Die ganze Stadt ist ein Irrenhaus!«

Ich schnappe mir meine Utensilien und verlasse hektisch mit H. P. und Mucki Stammler das Hotel, stürze mich in den bereitstehenden Wagen.

Die Straßen sind voll. Verstopft von Menschen und Autos. Wie wir das doch noch schafften, durch dieses immense Tohuwabohu von gestautem Blech hindurchzukommen, wird mir wohl immer ein Rätsel bleiben. Unser Fahrer kennt sich glücklicherweise mit den Seitenstraßen aus. Jedenfalls verdanken wir seinen Fahrkünsten unser pünktliches Erscheinen zum Soundcheck.

Zu meiner Erleichterung sind Pepe Lienhard und sein Orchester schon da. Keiner fehlt. Keiner ist in der Masse steckengeblieben. Wir atmen auf.

Doch was in aller Welt ist bloß los?

Ich fürchte, nicht alle Zuschauer werden zur rechten Zeit in die Halle kommen: »Wir beginnen das Konzert eine halbe Stunde später, wenn wirklich alle da sind«, beschließe ich.

20.30 Uhr. Ich linse durch das Guckloch im Vorhang. Noch immer ein riesiges Gewusel, noch immer kommen Leute zur Tür herein und suchen nach ihren Plätzen.

»Wir beginnen erst um 20.45 Uhr«, entscheide ich.

Und langsam steigt in mir und allen Musikern eine seltsame Nervosität auf, die sich keiner von uns erklären kann.

Natürlich wissen wir, daß zu diesem Zeitpunkt schon viele Ostdeutsche im Westteil der Stadt sind. Sie waren über Prag, über die Tschechei, über Budapest, über Ungarn, über die deutschen Botschaften durchgekommen. Viele von ihnen waren bei uns im Saal. Sie wurden ohne Eintrittskarte eingelassen.

Als ich wieder durch mein kleines Guckloch in den Saal schaue, erahne ich, daß etwas Unheimliches in der Luft liegt. Mit wachsender Spannung frage ich mich: Was kommt da auf uns zu?!

Es geht los. Auch das Publikum ist elektrisiert: Schon nach den ersten Tönen. Bei jeder Nummer, die Gefühle anspricht, die Hoffnung, Angst und Glauben an die Zukunft zum Inhalt hat, liegt eine besondere Erregung in der Luft. Da liegen Wunden offen.

Als ich meine Liedzeile singe »Atlantis sind wir: Der Riß durch Berlin. Der lautlose Schrei in die Welt hinaus«, springen viele von ihren Sitzen und hören sich den Song stehend an.

Was für Szenen! Was für Emotionen!

Unterm Smoking – Gänsehaut!

Wir Musiker sehen uns auf der Bühne fragend an: Was erleben wir hier und heute überhaupt? Alles ist vollkommen unwirklich. Es herrscht eine wahnwitzige Aufbruchsstimmung – doch diese Spannung kennt keinerlei Aggression!

Das Konzert geht um halb zwölf zu Ende. Doch die Menschen strömen an die Bühnenrampe, freuen sich, jubeln mir zu, sind in einer fast unheimlichen Ekstase.

Endlich, schweißgebadet, in die Garderobe.

Hinter der Bühne geht es weiter: Walter Momper, der Regierende Bürgermeister der noch geteilten Stadt, reicht mir das »Goldene Buch« der Stadt Berlin. Keiner hätte gedacht, daß diese kleine Feier wirklich stattfinden würde. Denn an diesem Tag gab es ja nun wirklich wichtigere Dinge.

Feierlich schreibe ich meinen Namen in das Buch. Und heute noch kann ich es nicht fassen, daß meine Unterschrift im Goldenen Buch der Stadt Berlin steht, am Tag des Falls der Berliner Mauer!

Von Ruhe ist nach dem Konzert noch lange keine Rede.

Mühsam suche ich einen Weg nach draußen, in die frische, novemberkalte Berliner Luft, die von Gesinge und Gejohle durchtränkt ist. Und alle, die mir entgegenkommen, sagen: »Heute passiert etwas«... »Schon eine Million Menschen sollen sich an der Mauer aufhalten«... »Dort soll die Hölle los sein«...

Als ich zur Deutschlandhalle gefahren wurde, waren die Straßen schon vollgestopft. Aber jetzt, gibt es dafür Worte? Kein Zentimeter Asphalt war mehr sichtbar. Mir schien, die Hauswände wollten vor so viel menschlicher Unruhe fliehen. Ich stand einen Augenblick gebannt da. Konnte es sein, daß ich träumte?

Unfähig, dieses Schauspiel zu fassen, fahren wir auf vielen Umwegen in das Lokal von Heini Holl in der Damaschkestraße.

In der Tür des Lokals begegne ich Hans-Dietrich Genscher. Er ist gerade im Begriff zu gehen. Im Laufe der Jahre haben wir uns immer wieder mal getroffen. Zufällig oder nach einer Verabredung. Dabei habe ich so manche Lehrstunde in außenpolitischer Diplomatie erhalten.

Wir begrüßen uns herzlich. Wie fühlt sich dieser Mann in jener Stunde, in der sich sein gewaltiges Lebenswerk erfüllt? Ich frage ihn nicht, wohin er heute nacht noch geht. Was mag wohl jetzt in ihm vorgehen?

Heini Holl, ein alter Freund von mir, der sich gerade von Genscher verabschiedet, nimmt mich überschwenglich in Empfang: »Mensch Udo – du hier!«

Heini, ein Berliner Original. Auffallend klein geraten. Auf die Frage: »Heini, wie groß bist du eigentlich«, kommt die Antwort: »Wat heest hier jroß? Ick bin eens vierundfuffzisch kleen, Mensch! Aber oho, verstehste! Allet an seim Platz. Allet funktioniert noch bestens! Ick bin siebenundsiebzig Jahre alt. Aber det ist doch keen Alter für 'ne Ruine – wa.«

Das ist O-Ton Heini Holl. Wie er leibt und lebt.

Wann immer ich eine neue Platte produziert habe, gehe ich mit einer der ersten Kassetten, lange vor der Veröffentlichung, zu ihm. Nachts hören wir uns dann gemeinsam einige Songs an. Lieder mit Gefühl liebt er besonders. Dann laufen ihm schon mal ein paar Tränen über die Backen.

Immer, wenn ich in sein Restaurant komme, fragt er mich: »Mensch, Udo, haste nich mal wieder 'ne neue Kassette da? Dann könn' wa doch mal wieder so richtig schön abweenen.« (Für Nichtberliner: abweinen.)

Ja, mein Freund Heini Holl. Mag er auch ein Zwerg sein, so ist er doch ein Riese an Herz und Charakter.

Von den Berlinern wird er liebevoll »der laufende Meter« genannt – und so wieselt er auch durch sein Lokal.

Nachdem wir einen Platz gefunden haben, kommt Heini sofort

an meinen Tisch und fragt mich: »Mensch, Udo, haste det denn mitjekriegt?«

Ich zucke mit den Schultern; natürlich habe ich was mitbekommen. – Nur was? Ich komme doch geradewegs vom Konzert. Ich bin verwirrt.

Gibt es einen Bürgerkrieg? Eine Revolte? Oder – fällt die Mauer? In dieser Nacht?

»Die Mauer fällt – sie fällt wirklich!« ruft einer.

»Det kann doch nicht wahr sein«, sagt die Stimme neben mir. »Die Vopos lassen die von drüben nie durch. Die schießen uff allet, was sich an de Mauer zu schaffen macht.«

»Auch auf ihre eigenen Schatten«, mischt sich ein anderer ein.

»Ruhe«, befiehlt ein anderer Gast, der ein kleines Transistorradio an sein Ohr gepreßt hält. »An den Grenzübergängen stehen schon riesige Menschentrauben. Vor den Übergängen Heinrich-Heine-Straße, Bornholmer Straße und Invalidenstraße warten schon kilometerlange Trabbi-Schlangen.«

Plötzlich Stille. Ich schaue Heini an, der uns allen laut mitteilt, was er soeben von einem Bekannten per Telefon gehört hat: »Ab sofort können DDR-Bürger weg. Direkt über alle Grenzstellen raus!«

Es ist zwei Uhr nachts. Und ich bin hellwach wie alle. Da rennt plötzlich ein junger Mann in das Lokal und schreit: »Mensch, die kommen durch die Mauer – die kommen durch die Mauer!«

Die Mauer soll offen sein?

Zusammen mit meinen Freunden und vielen anderen Begeisterten dränge ich zur Tür.

Heini verabschiedet sich von uns: »Jeht mal ruhig los, Jungs, und reißt noch wat uff. Am Brandenburger Tor sind bestimmt schon die heißesten Bräute aus Ostberlin!« ruft er uns nach – und grinst: »Dat einzige, was ick heute noch aufreiße, ist meine Tür zu Hause!«

Wir rennen zu den Autos, springen hinein, ab zum Brandenburger Tor. Doch schon nach wenigen Kilometern stehen wir im Stau. Gegen jede Verkehrsregel zwängen wir uns mühsam durch, fahren teils über Bürgersteige – doch bald lassen wir das Auto irgendwo stehen. Ist ja auch egal.

Zu Fuß geht's weiter. Wir drängeln uns durch Tausende von

Menschen. Alle »Wessis« scheinen unterwegs zu sein, um den »Ossis« die Hand zu reichen.

Wie in Trance lasse ich mich treiben. Es ist kalt, trotzdem friere ich nicht, ich fühle diese unsägliche Wärme, Freude und eine nie erfahrene Solidarität.

An irgendeiner Wurstbude, an der wir vorbeikommen, sehen wir zufällig Walter Momper stehen. Inmitten einer Menschenmenge. Die Currywurst scheint ihm zu schmecken. Die Sauce tropft von seinen Fingern. Wir winken uns zu.

Wo man mich erkennt, werde ich stürmisch umarmt. Man schüttelt mir die Hände, klopft mir auf die Schulter.

Endlich, nach einer Stunde – das Zeitgefühl habe ich längst verloren –, stehe ich vor dem Loch in der Mauer, da, wo die ersten Menschen aus dem Osten in den Westen gelangen.

Ich weiß nicht, soll ich weinen oder lachen. Wahrscheinlich habe ich damals beides getan.

Ich breche einen faustgroßen Stein aus der zerborstenen Maueröffnung. In den nächsten Konzerten werde ich diesen Stein dem Publikum zeigen – als Stein der Freiheit!

Die Westberliner Polizisten, die noch vor wenigen Stunden sich schützend vor dieses Baustellenloch gestellt hatten, waren von den Massen weggefegt worden. Und die jungen Volksarmisten, die ihre Kalaschnikows weggeworfen hatten, um ihren Westberliner Kollegen zu Hilfe zu eilen, stehen jetzt auch nur mehr wie ganz gewöhnliche Bürger herum – und freuen sich an Rufen wie »Und heute: Frühstück am Ku'damm«.

Menschen aus dem Osten strömen in die Freiheit, sind gekommen »Mal Ku'damm-kucken«. Mir schien, als würde ich inmitten eines ungeheuerlichen Sogs stehen.

Sektkorken knallen. In Häusern, auf den Straßen. Leuchtraketen und Böller gehen am Nachthimmel hoch. Würstchenbuden stehen da, wo vorher keine waren. Mitten auf der Straße werden gratis Getränke angeboten, in wenigen Stunden ist aus Berlin ein riesiger Jahrmarkt geworden. Ein junger Mann kommt auf mich zu, in der Hand eine Flasche Krimsekt, und schenkt uns einen Pappbecher ein. Und oben auf der Mauer tanzen Menschen und singen bierselig: »Sooo ein Tag, so wunderschöön wie heute...«

Überall hatten sich Gruppen gebildet. Und alle singen miteinander, musizieren auf mitgebrachten Instrumenten. Es gibt sogar Bands, die mit ihren Verstärkern zur Mauer gefahren sind.

Unkontrolliert, von keinem Schlagbaum, keiner Mauer, keinem Visazwang mehr gehindert, ergießt sich an den bis dahin verbarrikadierten Übergängen ein Strom von Ostberlinern in den Westteil ihrer Stadt. Am Kontrollpunkt Oberbaumbrücke, sagt mir ein junges Mädchen, sollen Westler zur Begrüßung ihrer seltenen Gäste sogar einen roten Teppich ausgerollt haben.

Wie schön wäre es doch, wenn heute noch wenigstens ein kleines Restchen dieser Gefühle vorhanden wäre.

Achtundzwanzig Jahre und knapp drei Monate war Berlin durch diese Mauer geteilt, Deutschland vierzig Jahre lang, und ich stand da, in dieser geschichtsschwangeren Nacht, und ließ mich von meinen Gedanken forttragen.

Spinne ich? Träume ich?

Mich berührten diese Ereignisse besonders, denn ich war gewissermaßen der erste Westkünstler der Unterhaltungsmusik, der im Osten aufgetreten ist. Schon in den fünfziger Jahren, genau 1957, blutjung und voller Ideale, war ich, lange vor meiner großen Karriere, in Rußland auf Tournee. Mit dem Orchester Max Greger. In den sechziger und den frühen siebziger Jahren gab ich schon in der damaligen DDR, der Tschechoslowakei, Ungarn, Rumänien, Bulgarien und Polen Konzerte. Mit den Vorgängen im Osten war ich immer sehr vertraut und mit vielen Menschen verbunden. Und Berlin war immer das Symbol für diese Spannung zwischen Ost und West.

Ich bin zwar kein Berliner, aber in diesem Moment war ich einer.

»Mein« Berlin, das ist und war und wird immer der Tatort deutscher Geschichte bleiben. Hier gab es die bewegten Jahre, die großen Zeitungen und Verlage, das neugierige Publikum. Hier herrschte nicht erst in den legendären zwanziger Jahren der Jahrmarkt der Sensationen.

Hier entdeckte ich meine persönliche Nostalgie, diese Sehnsucht nach den »Goldenen Jahren«, von denen mir meine Eltern so viel in unserem kleinen Dorf im fernen Kärnten vorgeschwärmt haben.

Sie erzählten immer wieder vom »Wintergarten«, vom »Kabarett der Komiker« und vom legendären »Romanischen Café«, das übrigens im Volksmund genau so genannt wurde, wie ich Jahrzehnte später meine LP nannte: »Café Größenwahn«!

In diesem »Café Größenwahn« trafen sich Barde und Satiriker, Bürgerschreck und Träumer, Selbstdarsteller und wahres Genie. Hier scherzte, alberte, blödelte man, hier parodierte der eine den anderen – in diesem feingesponnenen Gemisch aus Stuck und Gobelin, Charakterköpfen und Hungerleidern, Reformkleidern, Bubiköpfen, Malern und Musikern.

Dieses »Romanische Café«, von dem meine Eltern mir erzählten, war das Künstlereldorado Berlins. Hier trafen sich die Meister der Feder, der Palette, des Schminktopfs und der Noten.

Und wie in meinem »Café Größenwahn« Jahrzehnte später, war die Szene auch in den zwanziger Jahren schon durchsetzt mit Schnorrern und Spekulanten, Kiebitzen, Nachtvögeln, Angebern, Dampfplauderern und Schwätzern.

Sogar verwandtschaftlich bin ich mit dem »Romanischen Café« verbunden: Zusammen mit den damaligen Bühnenstars Lil Dagover, Willy Fritsch, Lilian Harvey, Conrad Veit, Emil Jannings und Werner Krauss und arbeitslosen Journalisten wie den Wienern Billy Wilder und Fred Zinnemann, die später die berühmtesten Hollywood-Regisseure werden sollten – sie alle knabberten wie mein Verwandter, der dadaistische Maler Hans Arp, hier, im »Café Größenwahn«, die kostenlos servierten Brötchen.

Hans, auch Jean Arp genannt, war ein Onkel meiner Mutter. Er starb betagt 1966. Heute wird er als Maler, Bildhauer, aber auch als Dichter kulthaft verehrt. Leider habe ich kein Bild, kein Gedicht, keinen Text von ihm – nur eine Fotografie. Aber vielleicht hat ja mein Bruder Manfred, der Maler, die Begabung von ihm geerbt. Und ich meine Liebe zur deutschen Sprache.

Die zwanziger Jahre, ihre Musik, ihre grandiosen Textdichter wie Friedrich Hollaender, entdeckte ich in Berlin, als ich schon längst meine zwanziger Jahre überschritten hatte.

Friedrich Hollaender lernte ich in den frühen siebziger Jahren persönlich kennen. Im Tessin. Gemeinsam wollten wir Lieder schreiben. Aber das Schicksal ließ dem wunderbaren Satiriker und Lyriker die Zeit dazu nicht mehr. Er starb 1976.

Doch die Literatur und die Musik der Jahre zwischen Kaiserreich und Hitlers Tausendjährigem Reich beeinflußte meine Entwicklung – besonders natürlich die Musik: Als Kind hörte ich im Radio den honigsüßen English-Waltz, schwermütigen Blues, eleganten Tango, temperamentvollen Swing von Teddy Stauffer und die unvergleichbaren Comedian Harmonists. Ganz besonders aber hörte ich Geschichten von dem Mann, von dem meine Mutter schwärmte: von Barnabas von Gezy. Zu seinen Klängen hat sie oft mit meinem Vater auf den legendären »Fünf-Uhr-Tees« im »Wintergarten« getanzt.

Friedrich Hollaender und auch Erich Kästner verkörpern für mich bis heute den musikalisch-literarischen Teil der zwanziger Jahre. Wo bleiben heute die Textdichter, die so einfache Köstlichkeiten schreiben können wie Kästner in seinem Gedicht »Chor der Girls«?

Von unseren sechzig Beinen
sind dreißig immer in der Luft!

Klar: Berlin war und ist für mich natürlich auch das ewig junge Babel: Bars, Tanzdielen und Schnapsbuden waren es einst. Heute sind es die Kaffeehäuser, die Lofts, die Discos, die verschwiegenen »In«-Schuppen und die Musikszene, der ich mehr verbunden bin, als viele ahnen.

So streife ich bis heute mit Freunden durch die Szene. Aber durch keinen habe ich so viel vom Berliner Milieu erfahren wie durch »Lord Knut«, den ehemaligen Bassisten der deutschen Rockgruppe »The Lords«. Knut hat mir unglaubliche Lokale in allen Teilen der Stadt gezeigt.

Mit ihm und anderen Freunden war ich im »Loft«, einem Stockwerk des »Metropol« am Nollendorfplatz. Da tummelten sich amerikanische und englische Independent-Bands und gaben sich die Türklinke in die Hände. Oder im »Blue Note«, in dem Pop-Diva Sade war. Oder in anderen Schuppen, von denen mir erzählt wurde, daß sich in ihnen David Bowie richtig heimisch fühlte, als er in Berlin wohnte.

Noch eine Prise Berlin mehr. Rolf Eden beispielsweise, den stadtbekannten Playboy, kenne ich natürlich schon jahrzehntelang. Immerhin lernte ich in einem seiner Schuppen eine wunderbare Blondine kennen, die perfekt tanzte und eine echte Berliner Göre war: Ingrid Steeger. Damals süße achtzehn Jahre alt.

Ich lernte sie kennen als feines, sehr scheues, sehr verletzbares Wesen, das so gar nicht zu ihrem Image paßt, das ihr später als »Himmlische Tochter« oder als »Klimbim«-Nackedei verpaßt wurde. Aber köstlich war sie in diesen Rollen allemal!

In Berlin lernte ich auch die wunderschöne Susanne Hsiao kennen und lieben. Uns verband damals mehr als nur Zuneigung: Die schönste Eurasierin, die ich in meinem Leben je sah!

Susanne, in Berlin geboren, ein typisch multikulturelles Kind gutbürgerlicher Eltern. Ihre Mutter war Ostpreußin, ihr Vater ein chinesischer Gastronom vom Ku'damm, ein Doktor der Philosophie. Susanne war die Mandeläugige mit dem bezaubernden Charme der Unberührbaren. Vom Berliner CCC-Film-Mogul Arthur »Atze« Brauner war sie als wunderschöne Dekoration für den Filmschinken »Dschingis-Khan« entdeckt worden, später war sie eine Saison lang im sehr berühmten satirischen Kabarett »Die Stachelschweine«, bevor Harald Juhnke sie bei Heini Holl nach einer Premiere erstmals traf.

Susanne verließ mich, weil ich, verheiratet wie ich damals nun mal war, ihr keine Zukunft bieten konnte – oder wollte.

Als Harald sich umdrehte und Susanne zum ersten Mal sah, blieb ihm die Luft weg. »Ja, da kriegst'e halt ne Kreislaufstörung der wunderschönsten Art«, wie Harald das mit seinem typischen Berliner Charme ausdrückte.

Harald und ich drehten in den Pioniertagen des Fernsehens in Baden-Baden ein Musical zusammen. Er war schon ziemlich bekannt, ich ein Niemand. Aus dieser Zeit stammt unsere Freundschaft.

Kurze Zeit später war ich in einer der ersten großen Samstag-Abend-Musiksendungen engagiert. Natürlich schwarzweiß. Harald war der Moderator; alle großen deutschen Stars waren im Programm, allen voran Gerhard Wendlandt, Bully Buhlan, Rita Paul, Helmut Zacharias usw. Es spielte das RIAS-Tanzorchester unter der Leitung von Werner Müller. Ich als unbedeutende Anfangsnummer.

Bei der Schlußabsage im Finale leistete sich Harald ein Ding, das nur ihm einfallen konnte: Alle Mitwirkenden kamen auf die Bühne, zuerst die Unbekannten, am Schluß die Stars. Als erstes oder zweites hätte er mich herausrufen sollen. Er tat es nicht. Ich dachte natürlich, er hätte mich vergessen.

Er rief jeden Namen, und als der letzte große Starname gesagt war und der sich im Jubel verbeugte, rief Harald ins Mikrophon, als würde er Frank Sinatra ansagen: »Meine Damen und Herren« – es wurde mucksmäuschenstill im Saal, und er schrie mit sich fast überschlagender Stimme: »UUUDOOO JÜRGENS!!!!«

Natürlich gab es Ärger. Die Stars beklagten sich, Harald wurde zur Programmleitung zitiert: »Regt euch nicht uff, Jungs, 'n Spaß muß sein. Und außerdem bin ick nur der Zeit voraus; in een paar Jahren is der Udo sowieso die Nummer eens. Ist doch klar, wa!«

So war Harald Juhnke schon immer: unangepaßter, freier und ehrlicher als andere. Und an Susanne hat er sich natürlich nicht hinter meinem Rücken herangemacht. Als Susanne und ich uns endgültig getrennt hatten, sagte er mir bei einem Glas Wein plötzlich: »Udo, alter Freund, ich liebe diese Frau. – Geht das okay mit dir?«

Susanne ist eine wunderbare Frau. Und Harald, dieser verrückte, herrliche und so hochtalentierte Mensch, hat mit ihr das große Los gezogen.

Ich liebe beide. Noch heute. Und werde es immer tun.

Ich schweife ab wie immer, wenn ich ins Erzählen komme. Aber ich will »mein« Berlin nicht verlassen. Ich kannte ja vor dem Fall der Mauer hauptsächlich den Westteil.

Berlin. Meine Klanginsel. Mein bunter Boulevard. Meine Spieldose. Mein Kultur-Las-Vegas.

Berlin. Das war und ist für mich heute immer noch »mittenmang und jotwedee«. Dieser brodelnde Tiegel aus sensationeller Sprunghaftigkeit, rasanter Reaktion.

Laßt mich wieder landen. An dem Ort mit dem geschichtsschwangeren Loch in der Mauer.

Gemeinsam mit Pepe, Mucki, H. P. und einigen Musikern und Freunden durfte ich diesen gewaltigen Moment erleben, gemeinsam konnten wir unsere Überraschung miteinander teilen, konnten darüber sprechen, und diesen Augenblick gemeinsamen Erfahrens werden wir alle unser Leben lang nie vergessen.

Irgendwie war es halb fünf in der Früh geworden, müde und immer noch aufgeputscht, gingen wir Richtung Hotel. An Schlaf war nicht zu denken. Obwohl müde, setzte ich mich noch an die Hotelbar, kippte einen Wodka Tonic und hing meinen Gedanken nach.

Es war Morgen geworden, die Dämmerung hatte schon eingesetzt, und ich fühlte mich solidarisch mit allen Menschen, denen ich heute nacht begegnet war.

Wir hatten uns fast alle in der kalten Novembernacht erkältet.

Doch was ist schon ein Schnupfen gegen das Aufatmen der Welt!

Nachlese

oder

Deutschland überm Zürichsee

Die Tournee »Ohne Maske« hatte ich mehr als erfolgreich hinter mich gebracht: Sie war ein Festival meiner Lieder geworden, ein Erlebnis vor und mit fast fünfhunderttausend Zuhörern.

Jetzt sitze ich mit ein paar Freunden zusammen. In Zürich. Peter Wagner und Franz Bartzsch aus Berlin und dessen aus Magdeburg stammende Freundin sind da – Kathrin, das Mädchen mit der aufregendsten Figur des wiedervereinten Deutschland.

Wir alle sitzen gemütlich bei mir zu Hause. Im Corso-Haus. Unter uns spiegeln sich die Lichter der Stadt und tanzen über die leichten Wellen des Sees.

Es war ein anstrengender Tag. Wir hatten im »Powerplay-Studio« im nahegelegenen Maur Musikaufnahmen für zwei neue Folgen der TV-Serie »Traumschiff« gemacht, in der auch ich mitspielte und für die ich vor allem die Filmmusik komponierte.

Wir waren alle müde und hatten uns einen gemütlichen Abend verdient. Unter uns lag still der Zürichsee, auf dem viele Segelschiffe, die hier auch im Winter vor Anker liegen, vor sich hindümpelten.

Der Fernseher war eingeschaltet, einige flammende Reden irgendwelcher Politiker wurden zum Jahrestag des Falls der Berliner Mauer gesendet, auf allen Kanälen. Nur hier in der Schweiz nahm man von diesem Ereignis kaum Notiz.

Aber ich war von der allgemeinen Euphorie, die aus dem Fernseher zu uns ins Zimmer schwappte, angesteckt. Zu nah waren die Erinnerungen, die Emotionen. In unsere Gespräche hinein läutete die Türglocke: Draußen stand Helmut-Maria Glogger, ein wirklich guter Freund von mir. Spontan kam er nach Redaktionsschluß bei mir vorbei, um mich an den Tag vor einem Jahr zu erinnern, als ich die Mauer fallen gesehen und es ihm tags darauf am Telefon leidenschaftlich erzählt hatte. Als überzeugter Bayer hatte auch er das Bedürfnis, dieses Fest irgendwie zu feiern.

Wir alle hatten schon etwas getrunken und waren plötzlich der Meinung: eine Fahne muß her! Und zwar eine schwarz-rot-goldene.

Nur: hier in Zürich würde sich wohl keine deutsche Fahne auftreiben lassen. Kurz nach Mitternacht! Wir mußten uns also etwas einfallen lassen.

Kurzentschlossen ging ich in mein Schlafzimmer, öffnete meinen Kleiderschrank und entdeckte, was ich brauchte: Ich fand ein knallgelbes Hemd. Dann nahm ich einige rote Einstecktücher, von denen ich ja bekanntlich eine große Menge habe und auf meinen Tourneen verbrauche.

Was jetzt noch fehlte, war die Farbe schwarz.

Was tun?

Da kam mir die Idee: Mensch, schwarz sind doch deine Smokinghosen!

Ohne mit der Wimper zu zucken, packte ich eine von der letzten Tournee, sauste in die Küche, fand dort eine Schere und ritsch, ratsch – schon schnitt ich mit der Schere das rechte Hosenbein ab.

Als alter Perfektionist fuhrwerkte ich so lange mit der Schere an der Hose herum, bis ich eine schöne, schwarze Fläche hatte. Und mit Nadel, Faden und Tesafilm fummelten wir diese Stoffetzen zu einer deutschen Fahne zusammen. Eine Fahnenstange fand sich in der Abstellkammer. Ein Besenstiel war genau das richtige. Schon war der Besen abgeschraubt und die Fahne an der Stange befestigt.

»Und jetzt hängen wir die Fahne als Zeichen unserer Solidarität aus dem Fenster.«

Ich öffnete das große Fenster hinter meinem durchsichtigen Flügel und hängte die Fahne hinaus. Mitten über dem Bellevueplatz, schräg gegenüber dem Zürcher Opernhaus, direkt gegenüber der »Sechseläuten-Wiese«, auf der der Zirkus Knie jedes Frühjahr gastiert und auf der die Zürcher im Zweiten Weltkrieg Kartoffeln anbauten, um im Krieg unabhängig zu bleiben – über diesen geschichtsträchtigen Häusern und Wiesen wehte also die deutsche Flagge.

Die Schweizer mögen's mir verzeihen.

»Eine kaputte Hose ist doch wohl der kleinste Beitrag, den ich einem Land leisten kann, das mir in meinem Leben soviel geschenkt hat«, erklärte ich meinen Freunden.

Doch ich sollte erst zwei Jahre später realisieren, daß der geflickte Zustand der Fahne eine gewaltige symbolische Aussagekraft hatte.

Denn heute zeigt sich ja das ganze wiedervereinigte deutsche Land aus der Fassung geraten wie meine Fahne.

Inzwischen sind es schon wieder fünf Jahre, seit Deutschland über seinen Schatten sprang und die freudigste Revolution der Geschichte an der Spree, aber auch anderswo auf der Welt, gefeiert wurde. Die Gefühle, die damals in Deutschland zurecht aufgebrochen sind, sind sie heute schon vergessen?

Haben wir wirklich vergessen, wie wir uns alle in der Nacht, als die Mauer fiel, in den Armen lagen? Lachten, weinten, hofften und große Visionen hatten?

Nach einem Auftritt vor wenigen Wochen in Berlin suchte ich nachts die Stelle, an der ich in jenen denkwürdigen Tagen im November 1989 den ersten Durchbruch der Mauer sah.

Ich habe sie nicht mehr gefunden.

Keine Spur mehr. Überall um den Platz hektische Bautätigkeit. Kräne. Menschen, die nachts im Scheinwerferlicht buddelten und bauten.

Doch ich bin heute mehr denn je überzeugt, daß das Gefühl der Zusammengehörigkeit der ganzen Nation wieder geweckt werden müßte.

Eine Vision.

Eine Vision gegen die vielzitierte Politikverdrossenheit?

Was ist ein Mensch, eine Familie, ein Land, ohne Vision, ohne Perspektive?

Träume sind wichtig, denn sie nähren die Hoffnung.

Visionen sind wichtiger, denn sie sind die Zukunft.

Corinna

oder

Liebe und Lust, Leid und Loriot

»Es sei gestattet, es sei erlaubt und verstummet. Jetzt. Denn ihr hört meine eigene Geschichte. Die wahre.«

So beginnt ein Prolog von Ödön von Horváth, einem köstlichen ungarischen Wortkünstler. Horváth wurde in Paris bei Blitz und Donner von einem herabfallenden Ast erschlagen – ich lebe und wurde zwar nie von einem Ast bedroht, aber von unglaublich vielen Artikeln, die alle nur ein Thema hatten und haben: Udo und Corinna.

»Udo verläßt Corinna«, »Corinna hat Udo betrogen«, »Udo Jürgens: Ich kämpfe um Corinna«, »Corinna: Udo will mich heiraten«, »Udo Jürgens: Ich will nicht heiraten!«, »Ich liebe Udo nicht mehr, gesteht Corinna«, »Ich gebe Udo frei« oder »Udo und Corinna verraten ihre intimsten Geheimnisse« – so oder zumindest in dieser Sprache wurde über Corinna und mich berichtet.

Ich muß zugeben, an dieser Verwirrung sind Corinna und ich selbst schuld. Um Corinna in schweren Situationen ihres Lebens zu schützen, sahen wir uns gezwungen, entweder zu schweigen oder auch falsche Fährten zu legen.

Unsere einzigartige »Beziehungskiste« soll nicht im Mittelpunkt dieses Buches stehen. Seit vielen Jahren kennen wir uns, sind wir befreundet, lieben uns, ohne nervenaufreibende Kämpfe, ohne die persönliche Selbstbestimmung aufgegeben zu haben. Beide sind wir unverbesserliche Idealisten, wobei Corinna eher dazu neigt, der Emanzipation kritisch gegenüberzustehen. Gegen meinen schärfsten Protest sagt sie immer wieder schmunzelnd: »Du bist die Rose, ich bin das Blatt.«

Liebe hat sich bei uns mit einer tiefen Toleranz gepaart. Und so erleben wir seit Jahren eine »amour fou«, eine »verrückte Liebe«, ein Kapitel in unserem Leben, das sich so mancher Schriftsteller nicht besser hätte erträumen können.

Corinna und ich – eine komplizierte Beziehung, vom ersten Tag an. Nicht, weil wir beide so kompliziert wären, sondern weil das Schicksal uns so manchen Stein in den Weg gelegt hat.

Als ich Corinna kennenlernte, war ich verheiratet und konnte mir keine Zukunft mit einer neuen Frau vorstellen. Meine Ehe existierte ja nur auf dem Papier, ich hatte damals verschiedene Liebschaften. All das war verständlicherweise sehr schwierig für Corinna. Und die Verlockungen meines Berufs taten das ihre.

Corinna und ich – das ist eine Liebe ohne Ende, ein Verstehen, ein Leben mal mit Nostalgie ohne verklärte Vergangenheit, immer Gegenwart, immer ungewisse Zukunft. Täglich aktuell. Sich gebunden fühlen – und doch frei. Von Stunde zu Stunde, immer fordernd, immer gebend, immer schenkend, immer liebend, Herz zu Herz, Kopf zu Kopf. Alle Stürme überdauernd.

Einmal habe ich mich von ihr getrennt, es ging nicht. Zweimal trennte sie sich von mir, versuchte es mit anderen Partnern, es ging genausowenig. Aber trotz aller Schwierigkeiten, es war niemals quälend, niemals sich aufreibend, immer verständnisvoll mit der »Leichtigkeit des Seins«. Für andere unverständlich, aber nicht für uns.

Irgendwie sind wir eben wirklich anders.

WINTER 1978

Ich bin auf Tournee, um in Deutschland, Belgien und Holland meine neuesten Lieder vorzustellen.

»Meine Lieder II« hieß damals meine aktuelle LP. Mit Liedern wie: »Aber bitte mit Sahne«, »Vier Stunden in der Woche« und »Tante Emma«.

Nach den langen Verhandlungen über die Trennung von meinem Manager Hans R. Beierlein, nach den langen Nächten mit meinem neuen jungen Schweizer Manager Freddy Burger und der

Entscheidung, im Alter von vierundvierzig Jahren nochmals ein neues Zelt aufzuschlagen, diesmal in Zürich, lebe ich in einer neuen Phase der Eingewöhnung: die Schweiz, das Haus am Zürichberg in der Aurorastraße, die neue Umgebung, die neuen Mitarbeiter, die neuen Freunde, alles neu für Panja, meine Kinder Jonny und Jenny und mich.

In eben dieser Lebensphase sollte ich noch einmal eine Begegnung haben, die sich ganz langsam von einer sympathischen Bekanntschaft mit einer klugen Schülerin aus gutem Hause zu einer ziemlich stürmischen, leidenschaftlichen Lovestory, zu einer ernsten, tiefen Liebe entwickeln sollte.

Aber ich war ja noch verheiratet! Wenn auch getrennt von Tisch und Bett.

Du lieber Himmel, ich kam ganz schön in Teufels Küche. So typisch für mich. Ich merke es immer erst, wenn mir die Turbulenzen über den Kopf wachsen.

In diesem Punkt: totale Unreife!

Ich bin in Aachen, der alten Kaiserstadt. Abends soll ich hier auftreten, nachmittags habe ich daher genügend Zeit, mir die Beine zu vertreten. Also schlendere ich zum Dom.

Nachdem ich die Kühle der alten Mauern genossen habe und in Gedanken gerade dabei bin, mir vorzustellen, wieviel Tausende von Menschen diese gewaltigen Steine aufeinandergetürmt haben – an die heute kein Mensch mehr denkt –, weckt mich auf dem Pflaster der Altstadt die glockenhelle Stimme eines jungen Mädchens: »Wissen Sie, wie wir zum Busbahnhof kommen...«, dann stockt sie und sieht mir offen ins Gesicht. »Entschuldigen Sie... Sie sind doch der Udo Jürgens...«

»Ja. Ich bin der Udo.«

»Aber wie...«, sie beginnt zu stottern und zieht jetzt auch ihre drei Freundinnen ins Gespräch, »was machen Sie denn in Aachen?«

»Ich bin auf Tournee. Heute abend spielen wir hier, im Saaltheater Geulen.«

Da schaltet sich ein bezauberndes, blondes Geschöpf, schlank, groß, mit einem Teint wie Pfirsichhaut und einem frechen Grübchen in der rechten Wange in unser Gespräch ein: »Dann dürfen wir uns aber auch vorstellen. Also, die, die Sie gefragt hat, ist meine Freundin Sabine, das hier sind meine Freundinnen Bettina und Jutta – und ich heiße Corinna.«

Ich muß zugeben, Corinna hat etwas an sich, das mich seltsam berührt.

»Und was haben Sie gemacht – hier in Aachen?« frage ich höflich und zurückhaltend, denn ich bin meistens sehr abwartend, bevor ich das vertrauliche »Du« verwende.

»Wir sind aus Mönchengladbach, gehen dort ins Gymnasium und haben heute einen Schulausflug nach Aachen gemacht. Und jetzt suchen wir nach dem Bahnhof, um mit dem Bus zurückzufahren. Geben Sie uns ein Autogramm? Ins Lateinheft?«

Ich gebe die Autogramme und sage: »Wenn ihr vielleicht heute abend ins Konzert wollt und Karten braucht, dann ruft mich doch im »Quellenhof« an. Also dann… tschüß… und alles Gute!«

Wieder im Hotel hatte ich die kleine Episode fast vergessen, als plötzlich das Telefon klingelte: Es war Corinna.

Sofort fiel mir ihre unglaublich sympathische Stimme auf; noch heute bin ich davon begeistert.

»Wir fahren jetzt zurück nach Hause, ins Konzert können wir leider nicht kommen. Darf ich Ihnen mal schreiben?«

»Na klar, warum nicht?«

»Ich freue mich!«

Ich gab ihr meine private Adresse in Zürich.

Und tatsächlich. Nur wenige Tage später kam ein Brief von Corinna Reinhold aus Mönchengladbach. Ihre Zeilen bestachen mich durch ihre Intelligenz, ihre Zurückhaltung und die durchscheinende Persönlichkeit – auch wenn sie damals erst sechzehn Jahre jung war.

Ob ich fühlte, daß dieses Mädchen so ganz anders war, als all die Mädchen, die ich bisher in meinem Leben kennengelernt hatte? Ob ich gerade deshalb selbst so zurückhaltend war? Ich weiß es nicht. Ich weiß nur, daß irgend etwas sehr langsam und unendlich behutsam begann.

Sie schrieb mir lange Briefe, ich rief immer zurück. Ich wollte diese heitere Stimme wieder hören.

Sie berichtete mir von der Schule, von Prüfungen, von ihren Eltern, von zu Hause. Ich erzählte ihr von meinem Leben, den Vorbereitungen zu neuen Projekten, einer neuen Tournee, spielte ihr ab und zu sogar am Telefon ein paar Liedanfänge vor.

Unsere Gespräche wurden immer länger. Ihre Briefe immer zärtlicher, meine Telefonate auch. Und wenn Corinna mal nicht anrief oder nicht schrieb, dann fehlte mir etwas.

Jahre später erzählte sie mir, daß sie in der ersten Sekunde unserer ersten Begegnung in Aachen sofort wußte: »Dieser Mann ist die große Liebe meines Lebens.«

Frauengefühle! Dagegen werden wir Männer ewig Stümper bleiben! Trotz ihrer Jugend hatte sie mir viel zu sagen und ich ihr sicher auch. Ich glaube überhaupt, daß nichts so wichtig ist wie das Gespräch über Altersgrenzen hinweg.

Ich lerne immer, wenn ich mit jungen Menschen spreche. Sie sehen die Welt naturgemäß durch eine rosarote Brille, und dadurch habe auch ich noch ein wenig rosa in meiner Brille.

Herren in meinem Alter pflegen das Leben meistens durch eine schwarze Brille zu betrachten. Am schwersten tue ich mich deshalb mit meiner eigenen Generation. Da spüre ich zu häufig Verbitterung, trotz Wohlstandes, selten Idealismus, und das Geld scheint mir allzuoft das Maß aller Dinge zu sein. Und – ich fasse es nicht – das Gespräch dreht sich einfach zu oft um die Enkel und die eigenen Gebrechen.

Corinnas und meine Gespräche waren immer herrlich unkonventionell, voll gegenseitiger Anteilnahme und voller Humor und Heiterkeit. Ich war jünger, wenn ich den Hörer wieder auflegte.

Corinna kommt nicht aus der schillernden Welt der Mode, der Musik, des Films, der Show- oder der Theaterwelt. Geboren im Jahr 1961, kurz bevor die Beatles mit »I Wanna Hold Your Hand« ihren ersten großen Hit in Deutschland hatten und ich meine Platte »Tausend Träume« aufnahm und mit Hans R. Beierlein den ersten Vertrag abschloß.

Sie ist das wohlbehütete Einzelkind, tolerant und weltoffen erzogen, die großartigen Eltern glücklich verheiratet, der Vater Verleger. Schönes Haus im Grünen, Hund Micky, freundliche Nachbarn, Bürgertum im guten Sinn.

Bin ich eine waschechte Waage mit dem Vorteil, sich ungern zu streiten, und dem Nachteil, zu oft Kompromisse einzugehen, ist Corinna ein waschechter Schütze wie mein Vater, mit einem starken Charakter, einem klaren Willen und dem steten Verlangen nach Ehrlichkeit.

Zusammen machten wir großartige Reisen. New York, Los Angeles, Las Vegas, Mexiko, Thailand, Karibik und vieles mehr. Gemeinsam besuchten wir Teddy Stauffer, den legendären Bandleader aus den dreißiger Jahren, zu dessen Klängen meine Eltern schon getanzt haben. Als er nach Acapulco gekommen war, standen da nur ein paar Häuser. Aus dem verschlafenen mexikanischen Badeort machte er mit seinen Hollywood-Kumpanen Errol Flynn, Frank Sinatra, John Wayne und anderen eine Luxusoase.

Als Corinna und ich ihn besuchten, weil ich den Mann einmal kennenlernen wollte, dessen Swing wir als junge Burschen im Radio gehört hatten, war er schon ein alter Mann, der alles, was er verdiente, wieder verloren hatte. Aber er sah noch sehr gut aus. Schlank und elegant. Doch die einstigen Millionen waren weg. Ein tragisches Schicksal. Er war eben immer mehr Künstler als Geschäftsmann gewesen.

Als wir an seinem kleinen Häuschen ankamen, eilten uns gleich zwei hübsche Mädchen entgegen. Und Teddy hatte in seinen Augen immer noch den Schalk des Schwerenöters.

»Ich lebe in einem guten Klima. Schaue auf das Meer, die Stadt, die ich kreiert habe«, erzählte er ohne jede Verbitterung. »Worauf es ankommt im Leben? Ein Glas Wein, Gesundheit und dann und wann eine hübsche Frau, die sich ein wenig um mich kümmert. Ich war nie treu, und die Frauen wußten das, aber ich hab' sie immer verstanden. Ich hab' ihnen immer zugehört und war zärtlich zu ihnen. Und vielleicht bekomme ich deshalb heute noch etwas von der Liebe zurück, die ich früher etwas zu leichtsinnig verschleudert habe.« Er freute sich über unseren Besuch.

Damals waren Corinna und ich Gäste des mexikanischen Präsidenten Miguel Aleman und dessen Frau Karin, die eine Tirolerin ist. In einer Prachtvilla unter Palmen, direkt am Strand gelegen, von märchenhafter Schönheit.

Eines Tages rief mich dort der deutsche Botschafter in Mexiko, Hans Wolfram, an und lud uns zu einem ungewöhnlichen Dinner ein.

Eine der schillerndsten Figuren, die ich jemals im Leben kennengelernt habe, ist der Spion, den man immer den »lebenden James Bond« genannt hat – und der auch tatsächlich das Vorbild für die Romanfigur des »Geheimagenten 007« des Romanschriftstellers Ian Flemming war: Brandy Brandstetter, der legendenumwobene Spion des Zweiten Weltkriegs deutsch-jüdischer Abstammung.

Er hatte den deutschen Botschafter gebeten, mich zu einem großen Abendessen einzuladen, das er in seinem Haus für einige Freunde geben wollte.

Wir werden pünktlich von einer Limousine abgeholt, eine Anhöhe hinaufgefahren und bleiben in einer schmalen, unauffälligen Gasse vor einer gewaltigen Stahltür stehen. Wir läuten, und langsam öffnet sich die Tür. Ein Sicherheitsmann erwartet uns mit einem Zettel in der Hand, kontrolliert uns. Dann führt er uns durch einen in den Felsen geschlagenen Gang zu einer weiteren Stahltür.

Dort empfängt uns ein weiterer Sicherheitsmann, der uns von oben bis unten taxiert und begutachtet und nochmals unsere Namen prüft. Erst dann führt er uns in einen sonnenüberfluteten Innenhof, in dem ein riesiger Stein liegt, ein Findling, mindestens drei Meter hoch, über den Wasser plätschert und der die Sicht auf das, was dahinter liegt, vollständig versperrt.

Wir werden höflich aufgefordert, um den Stein herum zu gehen – was für ein Anblick, der sich uns offenbart! Auf den herrlichen Park vor der palastartigen Villa mit einem wunderbaren, blau schillernden Swimmingpool in olympischen Ausmaßen, umgeben von tropischen Pflanzen, von Arkaden, Gängen, kleinen Marmorlauben und Häuschen, die sich um den Rand herumziehen – und von überall der unglaubliche Blick auf die Bucht von Acapulco.

Ein eleganter Mann im weißen Anzug, nicht sehr groß, mit auffällig stahlblauen Augen, begrüßt uns herzlich und stellt sich vor: Brandy Brandstetter.

Ich wußte, daß dieser Mann der »Spion der Spione« des Zweiten Weltkriegs war. Der größte Coup von Brandy war die Entschlüsselung eines Codes, der kriegsentscheidende Bedeutung hatte, der den Sieg der US-Navy über die Japaner erst möglich machte.

Überall in seinem Haus hängen Fotos, die ihn mit mehreren amerikanischen Präsidenten, Staatsoberhäuptern anderer Länder, Hollywoodstars und zwei Päpsten zeigen. An dem Abendessen sollten die Oberbefehlshaber der US-Pazifikflotte, alles Fünf-Sterne-Generäle teilnehmen.

Hans Wolfram hatte mir vorher erzählt, daß Brandy ein leidenschaftlicher Backgammonspieler war und viele Turniere auf der ganzen Welt gespielt hatte, gegen die besten Spieler der Welt. Überall auf diesem herrlichen Parkgelände in fast jeder Nische stand ein Backgammonspielbrett, manche in Marmor eingelassen. Egal, wo man ging oder stand, immer konnte man sich unter den Palmen oder Arkaden an einen Tisch setzen und zu spielen beginnen.

Als Brandy merkte, daß ich mich für diesen Tisch interessierte, wollte er mit mir sofort eine Runde spielen.

Nun bin ich ein ganz guter Spieler, aber niemals Turnierklasse. Theoretisch weiß ich über die Taktiken und Tricks des Spiels einiges. Aber mit einem so ausgebufften Spieler wie Brandy Brandstetter wollte ich eigentlich nicht spielen. Daher sagte ich ihm etwas für mich eher Untypisches: »Ach wissen Sie, ich spiele nicht so gerne. Ich gewinne immer, niemand schlägt mich, daher langweilt mich dieses Spiel.«

Das hätte ich nicht sagen sollen! Das weckte Brandys Neugier noch mehr! Jetzt war er Feuer und Flamme, nicht mehr zu halten: Unbedingt wollte er eine Partie mit mir spielen.

Während uns seine Diener exotische Drinks brachten, nahmen wir an einem der Tische Platz, unter uns die phantastische Kulisse von Acapulco. Lässig, eher mit der linken Hand, würfelte und setzte ich. Ich bewunderte mehr das Haus, den Garten, den Pool, den Ausblick – um das Spiel kümmerte ich mich nur nebenher. Und so dauerte es nicht lange, da hatte Brandy mich ganz schön in der Zwickmühle.

Backgammonspieler wissen, wie das geht: Brandy hatte ein perfektes Homeboard, ich stand mit zwei Steinen hinten, und ich sah so aus wie der sichere Verlierer.

»Na, heute geht Ihre Glückssträhne wohl zu Ende«, strahlte er mich an. Er hatte nur noch Augen für das Spiel.

Ich fragte ihn ganz nebenbei nach dem Namen des Strandes,

den man tief unten sehen konnte, warf nur einen kurzen Blick auf die Spielsteine und sagte: »Das täuscht! In wenigen Minuten haben Sie verloren!«

Fassungslos starrte er aufs Brett, das so gut für ihn stand.

Aber jeder Backgammonspieler weiß: Plötzlich, mit einem einzigen guten Wurf, kann sich das Blatt schlagartig wenden.

Und genauso kam es: Nur eine 5 und eine 3 – man würfelt ja mit zwei Würfeln gleichzeitig – konnten aus meiner ausweglosen Lage übergangslos eine Siegsituation machen. Eine winzige Chance, aussichtslos.

Den herrlichen Ausblick bewundernd würfelte ich, sah nur nebenbei hin.

5 und 3.

Wie selbstverständlich setzte ich meine Steine, ohne eine Regung zu zeigen. Genauso lässig wie am Anfang spielte ich nun weiter und rieb ihn, den großen Spieler, immer mehr auf, vernichtete ihn buchstäblich. Am Schluß hatte er fünf Steine hinten, während ich mein Homeboard zugemacht hatte. Und er verlor das Spiel doppelt und dreifach.

Als ich ihn geschlagen hatte und wir beide aufstanden, war Brandy völlig von mir hingerissen – und sah in mir einen Wundermann am Brett, einen Weltklassespieler.

Inzwischen waren die zahlreichen Gäste des Abendessens eingetroffen, die Generäle mit ihren Ehefrauen, und alle warteten auf den Beginn des Abendessens. So konnte ich mich erfolgreich um eine Revanche drücken, die er natürlich unbedingt haben wollte und die ich sicher mit Pauken und Trompeten verloren hätte – und konnte ganz cool und frech fallen lassen: »Brandy, es hat sowieso keinen Sinn, mit mir zu spielen – ich schlage jeden!«

Er überschlug sich fast vor Begeisterung.

Das Abendessen war so wunderbar wie das Haus und die Aussicht. Ganz besonders spannend aber waren die Gespräche zwischen Brandy und den Generälen. Die Erinnerungen, die sie über den einzigartigen Coup austauschten. Natürlich auch all das, was er aus seinem Agentenleben erzählte. Er reiste grundsätzlich mit falschen Papieren, die ihm das Pentagon ausstellte, da auch Jahre nach dem Krieg Gefahr für sein Leben bestand.

Gegen die Wirklichkeit sind die Bond-Filme Kindermärchen.

Corinna und ich erlebten damals immer wieder köstliche Splitter des Glücks. Sie Studentin, ich eine Art Glücksritter der Lieder, konnten wir, wenn es sich zeitlich einrichten ließ, herrliche Reisen zusammen machen.

Scheinbar ein Leben in ewigem Spaß und endloser Leichtigkeit.

Es mag sich oberflächlich anhören, ein bißchen nach Jet-set-Vergnügungen, aber diese Zeit war unendlich wichtig, wie ich heute weiß.

Denn später sollte es knüppeldick kommen.

Ob wir in Las Vegas waren und dort die großen Shows im »Caesar's Palace« sahen oder die Illusionskünstler Siegfried & Roy besuchten, die mich als Ehrengast in die erste Reihe setzten und in der Show begrüßten – wir genossen es.

Oder ob wir uns in Los Angeles im »Beverly Wilshire Hotel« verwöhnen ließen, das später durch den Film »Pretty Woman« weltberühmt wurde. Dort traf Corinna ihren großen Schwarm: Omar Sharif. Wir genossen jede Minute.

Oder ob wir im »Sardi's« in New York vor einem Musicalbesuch eine »Bloody Mary« schlürften, wie das dort Eingeweihte tun – es war herrlich.

Als dann einige jüngere Männer Corinna bis auf die Toilette verfolgten, stand sie Todesängste aus. Sie wollten aber nur wissen, ob das der Udo Jürgens sei, mit dem sie da an der Bar sitze. Es waren deutsche Banker!

Splitter des Glücks!

Oder unsere Karibikkreuzfahrt auf dem größten Passagierschiff der Welt. Ursprünglich hieß es »Queen Elizabeth«, dann war es die »France« – zu jener Zeit hatte die Frau des französischen Präsidenten Charles de Gaulle die Präsidentensuite persönlich eingerichtet. Heute heißt dieses Schiff »Norway« und fährt unter norwegischer Flagge.

Man hieß uns als Ehrengäste an Bord herzlich willkommen und fragte, ob es uns denn recht sei, wenn man uns die »Charles-de-Gaulle-Suite« zur Verfügung stellen würde. Welche Frage! Denn diese Suite war das schönste und luxuriöseste Apartment, das man sich vorstellen kann: ein großer Salon, ein eleganter, riesiger Schlafraum, mit erlesenen Möbeln und einem eigenen Eingang fürs Personal.

Bereits am ersten Tag war Corinna Tischdame des Kapitäns beim »Captain's Dinner«.

Aber dann lernten wir norwegischen Humor kennen. Man verpaßte mir eine echte, perfekt sitzende Kapitänsuniform!

Als ich nun in meiner Uniform auf diesem Schiff herumstolzierte, mußte jeder aus der Mannschaft, der an mir vorüberging, salutieren und grüßen. Und alle dachten, es sei ein neuer Kapitän an Bord! Ein Riesenspaß!

Ob wir im Boot über den Wörthersee oder den Zürichsee glitten, ob wir an den Ufern des Lago Maggiore im Sonnenuntergang Hand in Hand spazierengingen oder ob wir uns auf der Terrasse des Hauses über den Klippen, das sie mit mir ausgesucht hat, uns mit einem Portwein zuprosteten – ungetrübte Freude.

Oder Corinna als strahlender Fixstern mit mir auf dem Wiener Opernball; oder wir beide bei langen, heiteren und besinnlichen Gesprächen auf dem Balkon unseres Hotels in Monte Carlo.

Splitter des Glücks.

Was wir auch immer gemeinsam unternommen haben – wir haben es immer mit Freude erlebt. Und Freude ist das einzige, was sich verdoppelt, wenn man es teilt.

Aber so sonnig sollte es nicht mehr lange weitergehen.

Heute denke ich manchmal darüber nach, ob ich mich nicht zu spät total für Corinna entschieden habe. Ob ich sie nicht aus dem Gleichgewicht gerissen und in ein Leben gezerrt habe, das sie eigentlich nicht wollte. Sie hatte viel Spaß mit mir, aber eigentlich wollte sie etwas anderes.

Irgendwie ist unsere Situation ja auch eine menschliche Komödie der Irrungen und Wirrungen.

A propos menschliche Komödie. Oft entdecke ich in den Augen meines Managers Freddy Burger eine gewisse Hoffnung, mich auch bald im Hafen der Ehe zu sehen. Damit gibt er mir unbewußt zu verstehen, daß er doch auch den Quantensprung der Liebe geschafft hat: Nach einer ersten, eher mühsam verlaufenen Ehe mit Krampf und Kampf hat er mit seiner fast zwanzig Jahre jüngeren Frau Christine, einer Juristin, ein zweites, neues Glück gefunden. Mit zwei kleinen Supersöhnen, meinen speziellen Freunden Oliver und Stephan.

Fast alle meine Freunde sind in den letzten Jahren diesen Weg gegangen, und manchmal wünsche ich ihn mir auch. Gleichzeitig beschleicht mich aber auch ein mulmiges Gefühl. Ist so eine geballte Zufriedenheit nicht auch irgendwie lähmend?

Es war und ist mir nicht so wichtig, meinem ganz persönlichen Glück, was immer das sein mag, hinterherzujagen. Ist es nicht das Erreichen eines Ziels, vor dem ich mich immer ein wenig fürchte? In gewisser Weise fürchte ich, in diesem Augenblick eine Art Ende zu erreichen. Den Anfang vermag ich darin nicht so stark zu sehen. Ich weiß heute, wenn ich diesen Weg gehen sollte, wird mein ganzes Bemühen sein, diese Veränderung in meinem Leben zu einem neuen Anfang zu machen. Da ich zu Beginn unserer Beziehung ja noch verheiratet war, fiel mir damals mein Zögern natürlich nicht allzu schwer.

Als es für uns nach meiner Scheidung endlich so aussah, als würde sich alles normalisieren, wir einen behutsamen Weg aufeinander zugehen, da wurde plötzlich Corinnas Mutter schwer krank, fast wäre sie gestorben. Und Corinna, das einzige Kind im Haus, betreute ihre Mutter vier Jahre lang, wich nicht mehr von ihrer Seite. Wir sahen uns kaum noch. Da war es unvermeidlich, daß wir wieder in eine Krise schlitterten.

Als Corinnas Mutter wie durch ein Wunder nach einer großen Operation wieder gesund wurde und sich das Glück uns wieder zuzuwenden schien, genau in diesem Moment erkrankte Corinna.

Corinna mußte durch die Medienmühle wie vor ihr noch keine Frau in meinem Leben!

Weil wir uns weigerten, unsere private Sphäre jedermann zugänglich zu machen, wurden Vermutungen gedruckt: Corinna als Geliebte von Friedrich Karl Flick und anderes mehr.

Corinna hat psychisch und physisch immens darunter gelitten, ständig mit solchem Klatsch in Verbindung gebracht zu werden. Heute ahnen wir, daß diese unwürdigen Geschichten ihre Krankheit, die auf leisen Sohlen, aber mit Macht auf einmal in ihr Leben trat, mitverursacht haben!

So gab es immer wieder Momente, in denen sie sich von mir trennen wollte, um endlich ihre Ruhe zu haben. Ich konnte es gut verstehen, in der Lage, in der sie war.

Sie wurde operiert. Nicht einmal, mehrmals.

Ihre Krankheit, mein Beruf, die ständige Trennung, die Bedrohung durch die Presse, denkbar schlechte Vorzeichen für uns beide. Viele Telefonate, wenige Begegnungen. Nie, nie wollte mir Corinna zur Last fallen. Sie meinte gar, ich solle mich von ihr trennen.

Ich erinnere mich an eine der wenigen Begegnungen in dieser Zeit. Sie lag in meinem Arm, und wir sprachen über unsere komplizierte Situation.

Heute sagt sie mir, es wäre ein Satz gewesen, an dem sie sich festhielt. Ein Satz, den ich ihr damals sagte: »Es ist nicht das wichtigste, ob wir zusammen sind oder getrennt, ob wir verheiratet sind oder nicht. Was auch geschieht, ich bin deine Vergangenheit, deine Gegenwart und deine Zukunft.«

Sicher kann man sich von einem Menschen trennen, wenn die Umstände es erfordern. Aber mich von ihr trennen, weil sie krank war? Undenkbar!

Als Corinna dann auch noch an Krücken ging, wollte sie sich partout nicht in der Öffentlichkeit sehen lassen. Sie konnte damit zwar wenigstens reisen und mich besuchen, aber sie weigerte sich, meine Wohnung in Zürich zu verlassen. So ein Unsinn! Ich wollte ganz selbstverständlich mit ihr in die »Kronenhalle« zum Essen gehen. Sie sollte wieder unter Menschen. Aber nur mit Mühe bekam ich sie vor die Tür. Sie hatte panische Angst, fotografiert zu werden und diese Bilder dann in der Zeitung zu sehen.

»Mensch, ich finde dich riesig mit deinen Krücken«, lachte ich sie an und schmunzelte hinzu: »Besonders scharf finde ich die mit den roten Rücklichtern.«

Nein, das war kein gespieltes Theater. Ihre Krücken haben mich keine Sekunde gestört – warum auch? Selbst wenn sie im Rollstuhl gesessen hätte, hätte ich keinen Grund gesehen, mich nicht mit ihr zu zeigen.

Damit all das möglichst nie in der Zeitung steht, haben wir alles Menschenmögliche getan. Selbst ihre Mutter kam unter falschem Namen ins Krankenhaus. Auch Corinna lag immer unter einem fremden Namen im Spital, um zu vermeiden, daß irgendein findiger Reporter sich in ihr Zimmer schlich. Wir verkündeten sogar über Jahre in der Öffentlichkeit, daß wir getrennt seien, nur um Corinna eventuellen Pressewirbel zu ersparen.

Corinna und ich – wie viele Märchen wurden über uns verbreitet. Vielleicht klingen manche meiner Worte etwas wehleidig. Dabei habe ich nie in meinem Leben einen positiveren Menschen getroffen als sie. Mit keiner Frau konnte ich mehr lachen als mit ihr.

Ihr Humor, ihr strahlendes Lachen, auch in schweren Situationen, ist einzigartig.

Corinna ist viel, sehr viel und hart geprüft worden. Und nun, als sie fast alles überstanden hatte, es mit ihr aufwärtsging und sie nach Jahren erstmals wieder richtig durchatmen konnte und sich schon auf ein neues Leben freute – jetzt ist ihre Mutter wieder auf der Intensivstation. Und Corinna ist wieder die Helfende, die einzige Tochter, die der Mutter und dem Vater – natürlich – von neuem zur Seite steht.

Wie schwer können eigentlich die Prüfungen sein, die sich das Schicksal für manche Menschen ausdenkt?

Wie es mit uns weitergeht?

Niemals mehr werden wir den Fehler machen, auch alles Private zu planen. Planen kann man Berufliches, aber auch da entscheidet letztlich das Schicksal, ob der Plan aufgeht oder nicht. Privat sollte man sich höchstens etwas »vornehmen«.

In den endlosen Weiten des Universums rollen die Würfel, die uns auf die vielen Straßen des Lebens schicken. Mal sind es die sonnigen Wege mit den Blumen am Rand, mal die dunklen, steinigen Pfade.

In den dunkelsten Stunden ihres Lebens in den zurückliegenden Jahren hat Corinna niemals ihre Kraft, ihren Mut, ihren Humor verloren. Immer wieder zitierte sie den von uns beiden verehrten und geliebten Loriot. Wortgetreu wie das Original, so witzig, daß wir uns vor Lachen krümmten. Wie können wir nur diesem genialen Künstler danken?

Die Ärzte haben sicher Großes geleistet, aber Loriot hat ihnen, ohne es zu wissen, in jeder Phase zur Seite gestanden.

Unendliches Wunder Kunst!

Manager

oder

Die Kunst, den Champagner aus den Hirnschalen anderer zu trinken

Künstler und Manager – zwei Partner, die sich brauchen.

Manager und Künstler – zwei Typen, die aber auch soviel Kontrastpotential haben, daß sie von Natur aus eigentlich gar nicht miteinander auskommen können, ja sogar in feindlichen Lagern stehen.

Es gibt auf der ganzen Welt keinen Künstler – jedenfalls kenne ich keinen –, der nicht der Meinung ist, daß er seinem Manager zu viele Prozente abgibt.

Ich kenne aber auch keinen einzigen Manager, der der Meinung ist, daß er genug bekommt.

Die meisten Manager glauben, ja sind zutiefst überzeugt, daß der Künstler nichts ohne sie wäre. Wobei sie mit dieser Behauptung oft auch recht haben. Umgekehrt ist es allerdings genauso.

Künstler und Manager, Manager und Künstler – eine merkwürdige Mischung, doch man weiß, daß man sich gegenseitig auf Gedeih und Verderb ausgeliefert ist. Für keinen geht's ohne den anderen.

Trotz der Tumulte, über die in den Zeitungen oft und gerne und besonders gerne laut berichtet wurde, hatte ich persönlich unerhörtes Glück: In dreißig Jahren war ich nur mit zwei Managern zusammen. Und wie ich heute weiß: mit den beiden besten Managern, die es im deutschen Showbusineß überhaupt gibt.

Der eine clever, erfolgreich, »Gefühle sind hinderlich«.

Der andere clever, erfolgreich, »Gefühle sind das wichtigste«.

Der erste war Hans R. Beierlein.

Der zweite ist Freddy Burger.

Beierlein, fünfeinhalb Jahre älter als ich, stammt aus Nürnberg, Vater Angestellter, Mutter Hausfrau, biedere Kindheit, Einzelkind. In Musik war er, wie er mir einmal gestand, »der schlechteste Schüler, den es damals in Mitteleuropa gegeben hat, ich war sogar vom Musikunterricht befreit, weil die Gefahr bestand, daß mein Gesang die Mitschüler beeinträchtigen könnte«.

Ein launig formulierter Satz – der so wohl nicht ganz stimmt! Typisch Beierlein!

Die Schule mußte er verlassen, weil man nach damaliger Schulordnung nicht öfter als dreimal eine Klasse wiederholen durfte. So wurde er Journalist, leitete bereits als Zwanzigjähriger die Nürnberger Redaktion der »Münchner Abendzeitung«. Spezialisiert schon damals auf Musik- und Theaterkritik.

1960 gab Beierlein den Journalistenberuf auf – da die Chance, eines Tages Chefredakteur von »Newsweek« oder »Times« zu werden, sehr gering war. Er arbeitete als freier Reporter, schrieb für »stern«, »Quick«, den »Spiegel« und erfand das »Beierlein-System«: Er ließ Drehbücher rund um Schlager schreiben. So entstanden Filmerfolge wie »Marina«, »Wir wollen niemals auseinandergeh'n«, »Banjo Boy«, »O sole mio«, »Adieu, Leb wohl, Good Bye«, »Drei weiße Birken«.

Nebenbei produzierte er den abendfüllenden Dokumentarfilm »Der Nürnberger Prozeß«, für den er den Bundesfilmpreis und das Prädikat »Besonders wertvoll« bekam.

1963 nahm mich Beierlein unter seine Fittiche. Er arbeitete damals mit den unkonventionellen Methoden, die aus Amerika stammten, so zum Beispiel die Befragung durch Meinungsforschungsinstitute wie Allensbach oder Infratest. Er krempelte das Musikmanagement mit modernsten Ideen um. Als erster im Lande.

Bis dahin hatte in Deutschland kein Mensch Notiz von einem Manager genommen. Er wurde als erster ein »Manager-Star« mit dem Slogan »Der Mann, der Udo Jürgens machte«.

Nach fünfzehn Jahren gemeinsamer und phantastisch erfolgreicher Arbeit war unsere gemeinsame Uhr abgelaufen. Und das ist auch normal. Das ist bei Künstlern nicht anders als bei Fußballspielern oder Tennisstars, die sich von ihren Managern trennen. Irgendwann hat sich eine Partnerschaft erschöpft.

Es ist heute gar nicht wichtig, wer damals bei unserer Trennung schuldig oder unschuldig war. Wichtig ist für mich, daß ich bei diesem Mann in hochprofessionellen Händen war. Beierlein hat an mein Talent geglaubt. Er verstand viel von Texten. Er strich genau dieselben Stellen an wie ich, wenn wir getrennt Texte durchgegangen sind. Er hatte wie ich ein gutes Empfinden, wo eine Textpassage stark ist oder wo sie durchhängt. Wir haben stets dieselben Stellen herausgefischt.

Texte, so meine ich – und auch da waren wir auf einer Ebene –, müssen Emotionen und durchaus lyrisches Gefühl haben.

Zu intellektuell und kompliziert – ist melodiefeindlich.

Hölderlin ist hinderlich.

Meine Karriere wurde in den ersten fünfzehn Jahren auf eine einzigartige Basis gestellt.

Ich bin mir dessen voll bewußt, daß ich heute nicht da stehen würde, wo ich bin, wenn ich nicht in den Jahren des Beginns in den Händen dieses gewieften Managers gewesen wäre.

Hans R. Beierlein sagte mir in der Anfangszeit immer: »Udo, hüte dich vor Managern, die selber gern in der Zeitung stehen!«

Das war einer seiner Kernsätze.

Anfangs hat sich Beierlein auch immer daran gehalten: Tauchten Fotografen auf, schummelte er sich sofort aus dem Bild und rief: »Kommt, fotografiert meinen Künstler – ich bin unwichtig.«

Da er aber wie ich der holden Weiblichkeit recht zugetan war, bemerkte er natürlich sehr schnell, daß derjenige, der in der Zeitung steht und von dem Bilder in Magazinen abgedruckt werden, sich in diesem Punkt etwas leichter tut.

Vielleicht war das einer der Gründe dafür, daß er von seinen Prinzipien, als Manager nicht in der Zeitung zu stehen, abgerückt ist.

Immer öfter konnte ich große Reportagen von ihm in Zeitungen und Illustrierten lesen. Immer gewagter, ausholender und – zugegeben – immer brillant formuliert waren seine Interviews. Er schreckte nicht davor zurück, sich zum Beispiel mit ein oder zwei nackten Mädchen, die sich auf seinem Schreibtisch räkelten, für Magazine ablichten zu lassen.

Das sind natürlich Bilder, die jede Zeitschrift mit Kußhand nimmt! In seinem Pool in seinem Haus am Schliersee tummelten sich auch bald »Oben-ohne-Damen«, die sich dann in bunten Zeitschriften wiederfinden konnten. Ich muß zugeben: Einerseits hat mir das imponiert, andererseits verfolgte ich all das mit einer gewissen Besorgnis. Und ich konnte immer mehr kleine versteckte Botschaften in den Interviews lesen, die er wohl an mich absandte.

Ganz hellhörig wurde ich, als er mal in einem Interview sagte: »Bei mir, Hans R. Beierlein, wird es keinen fünfundvierzigjährigen Sänger geben, der auf einer Bühne steht oder vor Kameras herumhüpft.«

Immer öfter umgab er sich auch mit anderen Künstlern, immer weniger mit mir.

Rainer Schöne war beispielsweise einer von denen, bei dem er sich sicher war, daß er ihn zum Superstar aufbauen könnte. Es mißlang.

André Heller war auch einer seiner Lieblinge. Heller hat in seiner Anfangszeit ja sehr ähnliche Lieder gesungen, wie ich sie gemacht habe. Und mit Heller war mein Manager bald auch ständig zusammen.

Damit wollte er sicher mich, der ich ihm einerseits ein bißchen zu groß geworden war und andererseits auch meinen eigenen Willen immer stärker zum Ausdruck brachte, ein wenig in die Schranken weisen.

Als ich aber dann wieder in einem Interview von ihm offiziell zu lesen bekam: »Bei mir, Hans R. Beierlein, wird es keinen vierzigjährigen Sänger geben« – er hatte noch mal fünf Jahre heruntergenommen –, »der auf einer Bühne steht oder vor Kameras herumhüpft«, da war mir klar, daß er damit nur mich meinen konnte!

Zu dieser Zeit war ich Ende Dreißig, steuerte auf meinen vierzigsten Geburtstag zu, wurde also außerordentlich hellhörig und wußte: Bevor du kaltgestellt wirst, mußt du den Mut finden, dich auf deine eigenen Beine zu stellen, und die Situation unendlich sorgfältig beobachten. Das habe ich getan.

Und da verschiedene andere Probleme, natürlich auch finanzielle, plötzlich zwischen ihm und mir standen, kam es schlußendlich zum Bruch.

Bruch hin oder her. Für mich war es genau das Richtige! Dennoch bin ich heute noch für jedes Jahr dankbar, das ich mit Beierlein erlebt habe. Besonders seinen staubtrockenen, britisch-beißenden Humor werde ich nie vergessen. Sinnenmensch wie ich, lachten wir beide unglaublich viel. Und diese Art von Humor machte auch einen Großteil seiner Faszination aus.

Ich habe unendlich viel in dieser Zeit gelernt. Von ihm habe ich auch die professionelle Einstellung zu meinem Beruf bekommen. Und die Früchte, die ich heute ernte, haben sehr viel mit den fünfzehn Jahren mit Hans R. Beierlein zu tun.

Seit jener Trennung haben wir kein Wort mehr miteinander gewechselt. Mit versteinerter Miene geht er an mir vorbei, wenn wir uns irgendwo begegnen, was branchenbedingt manchmal unvermeidbar ist. Wir Männer sind halt oft auch Kindsköpfe!

Jetzt, zu meinem sechzigsten Geburtstag, wäre es eigentlich an der Zeit, sich an die guten Jahre zu erinnern und sich die Hand zu reichen. Zuviel haben wir gemeinsam bewegt, um ewig zu schmollen. So denke jedenfalls ich!

Zur Zeit hoffe ich auf eine zarte »Götterdämmerung«. Hans R. Beierlein hat mich zu seinem fünfundsechzigsten Geburtstag eingeladen.

Dann begegnete mir ein ganz anderer Manager-Typ, ein junger Mann, Freddy Burger.

Ich sprach ihn auf einem Flug von Frankfurt nach Zürich an, wo ich ihn zufällig sah. Ich kannte ihn von etlichen Konzerten, die er für mich in der Schweiz ausgerichtet hatte. Und bei denen mir immer aufgefallen war, daß niemals, egal, wo ich aufgetreten war, die Konzerte so perfekt, so gut vorbereitet und organisiert waren wie die in der Schweiz. Ich fragte ihn spontan, ob er sich eine Zusammenarbeit mit mir vorstellen könnte.

Freddy Burger hatte noch nicht viel Praxis als Manager, doch die Erfahrungen, die er hatte, waren gut.

Auf meinen Vater hörte ich zu jener Zeit wie auf niemanden sonst.

Freddy hatte sich Bedenkzeit ausgebeten. Das sprach für ihn.

»Freddy«, sagte ich ihm, »wenn mein Vater dich gut findet, dann müssen wir zusammengehen.«

Mein Vater sah in Freddy einen vierten Sohn. Er liebte die Schweizer ohnehin, und er bat Freddy, sich um mich und meine Angelegenheiten zu kümmern.

»Der Udo ist eine goldene Kuh«, sagte mein Vater zu Freddy. »Aber du mußt ihn führen. Udo ist ein bißchen verrückt. Alles Geschäftliche interessiert ihn überhaupt nicht. Paß auf ihn auf, sonst wird er nur beschissen!«

Mein Vater und Freddy. Wenn wir in Kärnten waren, machten sie Waldspaziergänge. Und mein Vater gab ihm wohl Tips, wie er mit mir umgehen sollte.

Die beiden waren ein Herz und eine Seele, sicher mit ein Grund, warum Freddy und ich so eine große Vertrauensbasis aufbauen konnten.

Kein Mensch weiß, weshalb einer ein guter oder schlechter Manager wird. Aber ich habe da meine eigene Theorie: Ein Manager ist immer irgendwo auch ein Spieler. Was er auch tut, er setzt immer auf etwas, auf einen Sänger, einen Maler. Wie ein Spieler setzt er auf Zahl oder Farbe. Und immer liebt er eine Farbe ganz besonders – die des Geldes!

Ja – ein Manager ist letztlich einer, der aus den Hirnschalen der anderen Champagner trinkt und nicht nur nippt! Und wäre ein Manager nicht so, könnte kein Künstler mit ihm groß werden.

Ich war nie ein Spieler, deshalb wäre ich wahrscheinlich auch ein schlechter Manager. Mir fehlt diese Mentalität. Aber ich halte mich gerne in Casinos auf. Ich liebe die Atmosphäre. In meinem Freundeskreis gibt es professionelle Spieler, manche, die viel verspielt haben, manche, die viel damit verdienten.

Ich persönlich glaube: Der Spieler, der zum ersten Mal das Casino betritt, spielt und mit zehntausend oder fünfzigtausend Mark nach Hause geht – der verspielt später Kopf und Kragen!

Der Spieler, der gleich zu Anfang eine ordentliche Ohrfeige bekommt und satt verliert, der besinnt sich und geht hin und sagt sich: »So geht es jedenfalls nicht!« Diese Spieler setzen sich fortan Limite, spielen vorsichtig – und können gewinnen!

Freddy ist der Typ des gebrannten Spielers und vielleicht gerade deshalb so erfolgreich!

Freddy Burger, ein am 29. Dezember 1945 geborener Steinbock mit Aszendent Jungfrau, stammt aus bürgerlichen Verhältnissen. Nach der Primarschule drei Jahre Realschule, dann Lehre als Hochbauzeichner. Während dieser Lehre war er nebenbei Vizepräsident beim Jugendtanzclub Zürich. Der Club hatte zwei-

tausend Mitglieder und war wahrscheinlich der größte Jugend-
club in der damaligen Zeit in Zürich, vielleicht sogar der größte
der Schweiz. An den Wochenenden organisierte Freddy Tanzver-
anstaltungen. Er tanzte mit, bis zum Umfallen.

Ein Orchester, das dort für ihn spielte, nannte sich »Die More-
neos«. Und die hatten die Hits des damals sehr bekannten britischen Rockidols Cliff Richard drauf wie »Rote Lippen soll man
küssen«.

Freddy, damals noch blutjung, hatte keinen Führerschein, folg-
lich auch kein Auto. Doch das Managen lag ihm im Blut, schon als
Teenager. So half er mit, Konzerte der »Kinks« in Zürich auf die
Beine zu stellen. Und dann kam sein erstes großes Konzert: mit
Cliff Richard und den »Shadows«. Im Zürcher Hallenstadion!

Freddy brauchte damals fünfzigtausend Franken als Garantie,
da Cliff Richard genau fünfzigtausend Franken Gage nahm!

Wie aber das Geld bekommen? Freddy setzte sich mit einem
Freund zusammen. Der hatte eine Großmutter. Und gemeinsam
überzeugten sie sie, eine Bankgarantie zu übernehmen!

Freddy war damals erst neunzehn Jahre alt! Er begann also drei
Monate vor dem Cliff-Richard-Konzert, Plakate zu kleben. Das
kostete ihn drei Paar Schuhe. Um wirklich alles zu organisieren,
machte Freddy den Führerschein, lieh sich von einem Freund dessen uralten VW – und hatte prompt einen Unfall.

Freddy und seine kleinen Mißgeschicke!

Mit den paar wenigen Franken, die Freddy zusätzlich verdiente, ließ er das Auto wieder reparieren – und klebte weiter Plakate für sein erstes Konzert als Veranstalter.

Dann endlich der große Auftritt von Cliff Richard und den »Shadows«. Alles hatte er berechnet. Minutiös, detailbesessen, bis aufs
letzte Komma. In der Mitte des Hallenstadions ließ er einen Box-
ring aufbauen, wie beim Zürcher Konzert von Louis Armstrong.
Sechstausend Zuschauer sollten ins Hallenstadion kommen, dann
wäre er aus dem Schneider. Nur: Es kamen nur viertausend!

Voll Stolz überreichte Freddy am Ende des Konzerts Cliff einen
großen Blumenstrauß – doch da hatte er schon zwanzigtausend
Franken verloren! Zwanzigtausend Franken, die er gar nicht
hatte! Das war damals unheimlich viel Geld, sicher mehr als hunderttausend Franken heute. Was tun?

Freddy wollte seinem Freund das Geld unbedingt zurückzahlen. Obwohl er damals minderjährig war – in der Schweiz wurde man damals erst mit einundzwanzig Jahren volljährig – und er nicht mal haftbar für den Schaden gewesen wäre.

Mühsam stotterte Freddy den Betrag ab. Er mußte sich das Geld von seinem Vater leihen – und zahlte auch ihm alles auf Rappen und Franken zurück! Sein Vater war kein reicher Mann, aber er half seinem Sohn aus der Patsche.

Freddy also hatte als Manager bei seinem »ersten Spiel« verloren. Und wie er mir erzählte, traf er den Mann, der ihm seinen ersten Verlust »eingebrockt« hatte, wieder: Ausgerechnet bei seiner Hochzeitsreise nach Portugal lag Cliff Richard neben ihm am Strand. Doch Freddy hatte nicht den Mut, ihm zu sagen, wer er sei und was sie beide verband.

Wegen dieses negativen Erlebnisses ist Freddy nie ein Hasardeur geworden. Er hat seine Künstler nicht in Abenteuer getrieben, die eine Nummer zu groß für sie waren.

Viele Manager sind ja so. »Ich hab' den Künstler, und den schick' ich jetzt ins Hallenstadion«, tönen sie, nicht bedenkend, daß diejenige oder derjenige vielleicht noch gar nicht so weit ist. Oder Manager schicken Künstler, die sich gerade erst entwickeln, zur Eurovision. Und dann wundern sich alle, daß es nicht klappt. Unter Umständen ist so ein neuer Name dann für alle Zeiten erledigt!

Freddy hat da ein sehr feines Gespür, wann der richtige Mann für die richtige Aufgabe reif ist. Er hat sich immer im Sinne der Künstler, aber auch im Sinne seines Erfolgs für den vorsichtigeren Weg entschieden.

Später managte er nicht nur die Schweizer »Beatles«, die »Les Sauterelles«, mit denen er seinen ersten finanziellen Erfolg hatte.

Langsam wurde Freddy immer erfolgreicher. Als Hochbauzeichner verdiente er siebenhundert Franken im Monat, aber mit den »Sauterelles« bekam er zum ersten Mal drei Monatsverdienste auf einmal. Da stand für Freddy fest, daß sein Lebensweg nicht am Zeichenbrett enden, sondern ihn hinter die Bühne führen würde, zu den Künstlern.

Dieser Freddy Burger aus Zürich schien mir genau der richtige zu sein, mein Management nach der Trennung von Hans R. Beierlein zu übernehmen: jung, außerordentlich sympathisch, hart in der Sache, aber immer absolut fair.

Freddy ist, bei allen modernen Methoden, die er anwendet, ein Manager der alten Schule. Manchmal bin ich geneigt, ihn einen »Impresario« zu nennen: Er glaubt hundertprozentig an mich, ist von meiner Musik begeistert, liebt die Art, wie ich komponiere, wie ich auftrete, wie ich singe – man könnte fast sagen, er ist ein Fan meiner Arbeit.

Er ist ein Manager, der sich um die Seele seines Künstlers kümmert. Auch um Privates, wenn er fühlt, daß Hilfe not tut. Er weiß um die Sensibilität eines kreativen Menschen. Wenn man von einem Künstler Leistungen erhalten will, muß man dafür sorgen, daß die Psyche im Lot ist. Wenn die Quelle der Ideen versiegt, müssen die Batterien aufgeladen werden.

Ich zum Beispiel brauche viel Zuwendung. Das macht Freddy besser als alle, die ich kenne. Über das hinaus ist er ein Freund. Er hält mir den Rücken frei für meine wichtigste Arbeit: die endlosen Stunden am Klavier, das Komponieren. So viel Zeit, wie ich will, kann ich mir dafür nehmen.

In den langen, schwierigen Beziehungsproblemen, die hinter Corinna und mir liegen, bei meiner Scheidung von Panja – immer hat er mir als beratender Freund zur Seite gestanden. Wobei er darauf Wert gelegt hat – und das will ich betonen –, daß man dieselbe Fairneß auch dem Gegenüber entgegenbringen muß.

Da hat er mir oft ins Gewissen geredet und hat mir gewissermaßen seelisch und geistig die Hand gehalten.

Mit ihm hat meine Karriere wie auch meine Art zu leben und meine Art zu denken eine ganz neue Wende genommen: professionell in der Arbeit, sehr menschlich im privaten Umgang. Dadurch fühle ich mich in jeder Phase meiner Arbeit geborgen. Immer sicher, nicht gegen andere ausgespielt zu werden.

Ich liebe ihn als Menschen. Ich liebe seine Familie. Er hat herrliche Kinder, mit denen mich eine Freundschaft verbindet, soweit das mit Drei- und Fünfjährigen möglich ist.

Aber in manchen Beziehungen ist Freddy noch mehr Künstler und zerstreuter Professor als ich – da müßte mein Manager einen eigenen Manager oder zumindest einen Privatsekretär haben. Einen, der ständig hinter ihm herreist, ihm seinen Paß zum Flughafen bringt oder sein Ticket. In diesen Dingen herrscht bei ihm ein ständiges Chaos.

Überhaupt ist Freddy ein Unikum: Flugzeuge erreicht er grundsätzlich in letzter Sekunde, und grundsätzlich wirft er sich schweißgebadet in den Sitz. Oder er ist zufällig mal pünktlich, dann fällt sicher der Flug aus – oder hat zwei Stunden Verspätung. Minimum.

Auch wenn er in New York das Empire State Building oder bei Kapstadt den Tafelberg gerne betrachtet und sich auch in Rio de Janeiro, Tokio, Peking oder in Los Angeles wohl fühlt und die Reisen genießt – der schönste Anblick ist für ihn wohl weltweit das Schweizer Kreuz auf dem Leitwerk eines Swissair-Flugzeugs.

Mit Freddy zu reisen, das bringt immer Aufregung. Anfang der achtziger Jahre erhielt ich den »Country Music Award USA« für das Lied »Buenos Días, Argentina«. Das war in Amerika, in englisch gesungen von Marty Robbins, ein Nummer-1-Hit.

Die Verleihung fand im Hollywood Palladium statt, verbunden mit einem einstündigen Auftritt von mir.

Anschließend machten wir einen kurzen Abstecher nach Las Vegas, was ich immer mache, wenn ich in den USA bin. Denn hier siehst du die besten Entertainer und Shows der Welt, das perfekteste Licht, die solidesten Musiker.

Diesmal wohnten wir nicht im »Caesar's Palace«, sondern im »MGM« und genossen die Tage, besonders die Nächte. Nach drei Tagen flogen wir abends nach Acapulco, um eine kurze Ferienwoche einzulegen. Als wir frühmorgens in dem mexikanischen Badeort ankommen, unser Hotel am Strand beziehen, sehen wir die großen Schlagzeilen der Zeitungen: »Hotelbrand in Las Vegas«.

Anfangs beschäftigte mich das nicht sehr, bis ich plötzlich las, daß dies der größte Hotelbrand aller Zeiten sei, mit fünfundachtzig Toten – im »MGM«, genau dem Hotel, das wir vor wenigen Stunden verlassen hatten. Direkt nach unserem Auschecken in der Nacht brach der Brand aus!

Grausame Bilder des Schreckens wurden im Fernsehen übertragen. Menschen, die aus dem zwanzigsten Stock sprangen, sich an Bettüchern abseilten – bis der Stoff riß. Und wir, Freddy und ich, hatten im zwanzigsten Stock gewohnt!

Das war eine Katastrophe, an der wir glücklich vorbeigeschlittert sind.

Wenn Freddy irgendwohin auf der Welt Reisen unternimmt – dann ist immer was los. Dann kann man davon ausgehen, daß ihm zumindest ein kleines Mißgeschick passiert. Das wenigste ist, daß er sich beim ersten Abendessen in einem feinen Restaurant eine gewaltige Darmverstimmung holt.

Wenn von den zigtausend Muscheln, die an einem Tag in Portimão gegessen werden, auch nur eine einzige verdorben ist – sie landet mit Sicherheit auf Freddys Teller. Auch verliert er gerne irgendwelche wichtigen Dokumente und muß dann umständlich wieder ausgelöst werden.

Und wenn er Ferien in der wettersichersten Region der Welt macht, kann man sicher sein, er ist genau in der Woche dort – wenn es regnet.

Freddy und seine kleinen Mißgeschicke – ein Kapitel für sich.

Bleibt einer um Mitternacht in einem einsamen kanadischen Wald fernab der Zivilisation mit seinem Geländewagen liegen: Es ist Freddy Burger! Fährt er mit seiner Frau, seiner Schwiegermutter und seinen Kindern in seinem wunderbaren alten Mercedes-Oldtimer zum Sonntagspicknick – rutscht er mit den rechten Hinterreifen in einen Schlammgraben, ein Wolkenbruch donnert hernieder, die Kinder schreien. Der Ausflug fällt ins Wasser.

Und wenn er mit seiner Familie in einem nigelnagelneuen Mercedes von Zürich in seine Ferienwohnung in den Bergen von Graubünden fährt, dann hat nur einer eine Reifenpanne: mein Freund Freddy!

Wer schenkt seinem Sohn eine Safari in Afrika – und wird auf dem Zivilflughafen wegen einer Revolution im Lande zehn Stunden in der Maschine festgehalten? Dann unbeabsichtigter Weiterflug nach Südafrika? Drei Tage unfreiwilliger Aufenthalt dort, um sich dann – natürlich unfreiwillig – auf dem Heimflug wiederzufinden? Natürlich mein Manager: Freddy Burger!

Wer geht am ersten Urlaubstag auf den geliebten Golfplatz, macht seinen ersten Abschlag – und verreißt sich dabei den Rücken derartig, daß er eine Woche im Bett verbringen muß? Natürlich mein Freund Freddy!

Freddy, so hart er als Manager ist, so weich ist er, geht es um sein Land, seine über alles geliebte Schweiz. Er ist ein Eidgenosse, wie er im Buche steht. Wobei er durchaus in der Lage ist, Mißstände in der Schweiz zu erkennen.

Auch wenn mir Freddy nie in künstlerische Dinge hineinredet, lege ich immer großen Wert auf sein Urteil. Wenn ich ihm ein neues Lied vorspiele, kann er sehr wohl sagen, ob etwas drinsteckt oder nicht. Wenn ich merke, seine Gesichtsfarbe wird etwas weißer, dann weiß ich, daß es ein gutes Lied ist. Er reagiert sehr emotional. Seltsamerweise hat er in diesem Punkt Ähnlichkeit mit Beierlein.

Die Größe eines Managers zeigt sich aber auch an der Qualität der Partner, die man braucht, um die verschiedensten Projekte abzuwickeln. Freddy sucht immer nur die Besten.

Seit wir zusammen sind, mache ich meine Tourneen mit Fritz Rau. Die wohl größte Persönlichkeit in der Welt der Manager in Europa. Als bedeutender Veranstalter hat er immer zuerst das Wohl des Künstlers im Auge. Mit seinem Bart und seiner Brille hat er etwas Väterliches. Ein Philosoph der Pop- und Rockmusik, ist er für viele der größten Musiker der Welt ein unentbehrlicher Freund geworden. Mit ihm bereitet Freddy meine Tourneen vor.

Wenn Fritz mich vor einem Konzert an seine breite Brust drückt, habe ich das Gefühl, es kann gar nichts mehr schiefgehen.

Fritz Rau hat mit Jazz begonnen, wie ich. Das verbindet.

Fritz, Freddy und Marcel Avram – die drei bereiten mir ein Konzert so vor wie eine »liebende Gattin das Bett«.

Von Anfang an war für Freddy und mich klar: Musik ich, Wirtschaft du. Das war und ist sicher ein entscheidender Punkt unseres Erfolgs.

Mucki Stammler ist die rechte Hand von Freddy, und trotz mancher – auch harter – Differenzen, hält auch diese »Ehe« seit zwanzig Jahren. Mucki ist Weltmeister im Sparen auf Tourneen, daher sein Spitzname »Der blonde Rotstift aus Zürich«.

Mucki ist Anfang Fünfzig, sieht aus wie fünfunddreißig, Sunnyboy, sportlich, ist ein Typ, hinter dem die Frauen her sind und der hart die Zügel hält, wenn auf Tourneen mal wieder Chaos herrscht. »Moneten-Mucki« weiß immer einen Ausweg und paßt wie kein anderer aufs Geld auf.

Was ihn natürlich nicht immer beliebt macht.

Natürlich gibt es auch in den besten »Ehen« Beziehungsprobleme.

Und die haben Freddy und ich immer nur, wenn mal wieder irgendwo ein Interview erscheint, in dessen Mittelpunkt die Reporter die Sexgeschichten stellen.

Das schon legendäre Interview mit dem deutschen Männermagazin »Penthouse« war so ein Anlaß. Ich stehe noch heute zu diesem Interview, auch wenn es mir international Schlagzeilen von »meinem kleinen Freund« einbrachte.

Man hat mir hinterher unterstellt, daß ich ein Mensch sei, der seinen Penis über alles stellt und »mein kleiner Freund« alles entscheidet. Dabei hatte ich nicht einmal von mir gesprochen, sondern generell vom Mann und von der Tatsache, daß männliche Sexualität nun mal oberflächlicher ist als weibliche.

Das Problem an dem Interview war, daß es in der Boulevardpresse, die es gierig aufgegriffen hat, verzerrt wiedergegeben wurde. Von Wien bis Amsterdam.

Und das störte Freddy sehr! Er fürchtete, daß das meiner Karriere schaden könnte.

Zu der Zeit hatten wir in Berlin eine große Besprechung mit einem wichtigen Sponsor, der die Open-Air-Symphonie mitfinanzieren wollte. Freddy hatte nun Angst, daß die Manager der Firma nach dieser »Ferkelei« nicht mehr mitmachen würden. Es ging um sehr viel Geld.

Freddy und ich hatten einen heftigen Wortwechsel darüber.

Ich sagte ihm: »Wenn du das Interview liest, ist nichts Anrüchiges dran. Du hast selbst gesagt, daß es gut ist. Ich kann nichts dafür, daß die Schlagzeilen entstellend sind. Wenn wir das vermeiden wollen, müssen wir jedes Interview vermeiden.«

Und ich fügte an: »Freddy, ich bitte dich, sieh das doch gelassener. Ich weiß genau, was ich in Interviews sage. Ich gebe gute Interviews, darüber wird doch wenigstens gesprochen; über andere Interviews wird kein Wort mehr verloren. An meinen Interviews reiben sich die Geister, diskutieren die Leute am Arbeitsplatz, in Schulen, wie auch über meine Lieder, darauf sollten wir auch nicht verzichten. Und solange ihr mich ins Feuer jagt, dürft ihr euch nicht darüber wundern, wenn wir uns alle auch mal die Finger verbrennen.«

Es kam also zum Streit, eine Stunde vor der großen Besprechung mit dem Sponsor. Ein richtiger, lauter Streit. Mit Brüllen, Türenknallen, Jacke-gegen-die-Wand-Werfen und allem, was dazu gehört.

An dieser wichtigen, anschließenden Besprechung nahmen auch Damen teil, die führende Positionen in diesen Unternehmen innehatten.

Ich schrie. »Spießer!«

Freddy schrie: »Und – wie können wir da noch vorgehen? Bei dieser Besprechung? Mit den Damen? Überall, in jeder Zeitung steht, Udo ist der Sklave seines ›kleinen Freundes‹. Was denken die jetzt von dir? Daß du den Hosenschlitz immer offen hast? Daß du den ganzen Tag mit dem ›Ding‹ in der Hand herumläufst?!«

Ich fühlte, da war was dran!

Wir müssen uns zwingen, uns zu beruhigen, denn kurze Zeit später betreten Freddy und ich gemeinsam den Besprechungsraum, den wir im Hotel gemietet hatten.

Siehe da! Alle kommen strahlend auf uns zu, freuen sich, uns zu sehen, daß wir eine Partnerschaft miteinander eingehen und grinsen. »Ja, Herr Jürgens! Sie sind ja wieder in allen Zeitungen drin, das ist ja eine tolle Geschichte… Super, wie ihr das macht. Der Herr Burger ist schon ein Teufelskerl, wie der solche Geschichten managt! Ganz Deutschland spricht mal wieder von Ihnen!«

Freddy stand daneben und sah diese Reaktionen. Alle freuten sich. Alle fanden diese Geschichten lustig, interessant.

Freddy und ich schauten uns verdutzt an und grinsten. Es war überhaupt kein Problem, der Vertrag wurde abgeschlossen.

Hinterher im Hotelzimmer standen Freddy und ich uns gegenüber, und er kam langsam auf mich zu. »Udo, sei mir nicht böse.« Wir lachten schallend.

Freddy ist ein klassischer Workaholic.

Keiner kann wie der »Bilanzen-Burger« einen Vertrag, den er gerade für mich ausgehandelt hat, mit so viel Seele zum Vortrag bringen. Da hat er geradezu dramaturgische Fähigkeiten, läßt aus dürren Paragraphen ein Meisterwerk der Rhetorik entstehen, das dringend darauf wartet, auf einer großen Theaterbühne rezitiert zu werden. Und er tut das so souverän, daß du auf deinem Stuhl immer kleiner wirst. Kleine Einwände, die man eigentlich anbringen wollte, zerfließen ins Nichts, zaghafte innere Widerstände schmelzen dahin.

Hier ist immer klar, wer der strahlende Sieger ist. Das ist *seine* Bühne, und er beherrscht sie mindestens so wie ich meine.

Wie die meisten guten Manager macht Freddy meiner Meinung nach zuviel nebenher, wie die gigantischen Opernproduktionen, die er zusammen mit Harvey Goldsmith, dem Manager von Elton John, und anderen Partnern derzeit auf die Beine stellt.

Ob Freddy aber noch weiß, daß eigentlich ich es war, der ihn auf den Geschmack für Opern gebracht hatte? – Und ganz nebenbei auch auf die Segnungen der Naßrasur?

Es war zu Beginn unserer Zusammenarbeit, und Freddy hatte eine gewisse Berührungsangst mit der großen gesellschaftlichen Welt.

»Freddy«, sagte ich damals zu ihm, »als mein Manager mußt du dich auch mal bei großen gesellschaftlichen Anlässen blicken lassen. Wir gehen zu den Salzburger Festspielen.«

»Was, ich in die Oper?« Er klang etwas verzweifelt.

»Ja, wir gehen in die Oper! Das tut dir und mir gut. Das erweitert den Horizont. Und wir werden auf gute Ideen kommen in Salzburg.«

Gesagt, getan. Mein Verleger in Deutschland, Johann Michel, ein Grandseigneur der alten, seriösen Verlegerschule, Inhaber des großen Musikverlages »Melodie der Welt«, mit dem ich nun rund sechzehn Jahre zusammenarbeite, hat uns, wie seitdem jedes Jahr, nach Salzburg eingeladen.

Wie immer kam Freddy erst am selben Tag an, an dem wir Karten für die Oper hatten. Er hatte nämlich nicht daran gedacht, daß in Salzburg die großen Aufführungen bereits um 18 Uhr beginnen. Freddy landete um vier am Flughafen, kam hektisch ins Hotel und fiel aus allen Wolken, als ich zu ihm sagte: »In dreißig Minuten ist Abmarsch. Im Smoking.«

Er konnte sich innerlich also auf dieses Erlebnis gar nicht vorbereiten. Aber wenigstens frisch rasiert wollte er in seinen Smoking steigen. Freddy zückt also seinen Elektrorasierer, ist aber bereits so aufgeregt, daß ihm der Apparat ins Wasser fällt und kaputt ist.

Mit halbrasiertem Gesicht klopft er bei mir an: »Udo, hilf mir, ich kann mich nicht rasieren! Bitte leih mir deinen Elektrorasierer!«

»Freddy, merke dir: Ein Herr von Welt rasiert sich naß!« Und ich bringe ihm meinen Naßrasierer mit frischer Klinge, erkläre ihm alles mit dem Schaum, mit dem feinen Druck auf die eingeweichte Haut und so weiter.

Und Freddy legte los. Und wie.

Nervös wie er war, schabte er sich sämtliche Poren wund – und schnitt sich mindestens zwanzigmal! Kurz: Mein Manager sah aus wie eine frisch rasierte Walderdbeere. Um das Blut zu stillen, klebte er auf die Wunden kleine weiße Fetzen von Tempotaschentüchern.

Doch die Zeit drängte, der Taktstock von Herbert von Karajan würde in wenigen Minuten im Großen Festspielhaus zum ersten Einsatz in die Höhe gehen. Freddy, endlich im Smoking, schlich an meiner Seite daher, die Papierschnipsel im Gesicht. Denn sowie er eines abzog, begann die Wunde sofort zu bluten.

Ab in die Oper, Freddy, die Walderdbeere, neben mir in der zweiten Reihe, immer wieder sorgsam sich sein Gesicht betastend, ob nicht irgendwo wieder Blut aus seinen zerkratzten Poren rann.

Hinter mir saß Curd Jürgens, mit dem ich in den letzten Jahren seines Lebens gut befreundet war. Das war zu der Zeit, als nahezu täglich meine angeblichen Steuerschulden durch die Presse geisterten.

Pause nach dem zweiten Akt. Freddy neben mir traut sich noch immer nicht, die Schnipsel vom Gesicht zu ziehen. Der Applaus verhallt, und es breitet sich diese berühmte absolute Stille aus, bevor die Menschen sich erheben.

Und genau in diesem Moment hört man die weltberühmte Stimme von Curd Jürgens: »Servus Udo. Du hast so viele Steuerschulden, da kommt es auch nicht darauf an, wenn du mich auf einen Whisky einlädst.«

Gelächter im Publikum, wir erheben uns, alle schauen her, ich muß lachen. Freddy kann nicht lachen – sonst fängt er wieder an zu bluten! Aber der Whisky schmeckt uns allen dreien.

Seither rasiert sich auch Freddy naß und weiß, daß man zu solchen Anlässen Zeit und Muße mitbringen muß. Oft haben wir inzwischen Aufführungen bei den Salzburger Festspielen gesehen – und Freddy genießt es jedesmal mehr. Denn heute ist er gar einer der größten europäischen Opernproduzenten! In ganz Europa plant und führt er mit seinen Partnern gewaltige Spektakel in Sporthallen, auf Fußballfeldern oder in spanischen Stierkampfarenen durch!

Ich kann sehr gut verstehen, daß Freddy sich langsam immer mehr von der Rock- und Popszene zurückzieht, weil ihn die zum Teil grotesken Extravaganzen der Rockstars abschrecken – Extravaganzen, die auch ein Schlag ins Gesicht der Fans sind.

Es ist schier unglaublich, was sich heute gewisse »Idole« alles vertraglich zusichern lassen: Da müssen Garderoben in der Wunschfarbe des Stars frisch gestrichen werden, eine Batterie von verschiedenen Champagner- oder Whiskysorten muß immer griffbereit sein, selbstverständlich Hummer und Kaviar, ein Hubschrauber muß auf dem Hoteldach landen können. Und vieles Überflüssige mehr. Größenwahn!

Diese Exzesse und diese Arroganz ziehen Freddy heute in die Welt der Opernproduktionen. Hat er mit mir die Welt der Oper in Salzburg kennengelernt, so fühlt er sich heute wohl bei den Menschen der klassischen Musik. Das fasziniert, das begeistert ihn. Besonders da die Künstler, auch die Superstars, sich dort einigermaßen normal und kultiviert benehmen.

Aber mein Manager Freddy macht – meiner Meinung nach – entschieden zuviel. Das finden auch seine Freunde und natürlich seine Familie. Denn da sind ja auch noch eine Reihe von Nachtclubs; zwei davon in Zürich gehören uns zusammen.

Wenn wir über dieses Thema sprechen, gelobt er immer wieder Besserung. »Ich müßte mich einschränken, weniger arbeiten, mehr das Leben genießen, meine Familie!«

Und dann geht er ans Telefon – und fängt ein neues Geschäft an. Das ist seine Welt.

Wie war das doch mit dem Champagnertrinken?

Rausch der Termine

oder

»*Hast du heute abend Zeit für mich?*«

»Udo, hast du heute abend Zeit für mich?« Eine Frage, die ich immer wieder höre. Wer jemals auf einer Reise war, die sich »Promotiontournee« nennt, weiß, daß diese Frage nur mit einem »Nein!« beantwortet werden kann.

Herbst 1993, nachts, über den Dächern von Köln

»Udo, schreib doch in deinem Buch mal, wie hart unser Job wirklich ist.«

Das raunte mir nach einem gemeinsamen Auftritt bei »Wetten, daß...?!« Deutschlands beste Rockstimme Peter Maffay zu, als ich ihm andeutete, daß ich an einem Buch arbeite.

Wir hatten kaum Zeit, uns zu verabreden: Er mußte weiter nach Hamburg, ich nach Berlin. Er hatte an seinem schönen »Tabaluga«-Projekt gearbeitet, ich war mitten in den Arbeiten zu meiner LP »Café Größenwahn«.

Als ich abends mutterseelenallein in meiner herrlichen Rhein-Suite im Hotel Maritim über den Dächern von Köln im Bett lag, ging mir mein alter Song durch den Kopf: »Und nun ist es also wieder mal soweit, mir bleibst nur noch du, Mr. Einsamkeit.«

Wie ich so die Terminpläne für die nächsten Tage durchblätterte, dachte ich mir: »Peter Maffay hat recht!« Nur wie mache ich das?

Da kam mir die Idee: Für das Buch sollte man einfach mal die Dispo veröffentlichen, also meinen Terminplan für die nächsten

Tage. Ohne Kommentar! Dann sieht man am besten, daß unser »Job«, wie Peter Maffay es nannte, nicht nur aus Applaus und Glanz und Jubel besteht.

Wir alle im Showbiß wissen, wie die Mechanismen dieser Branche funktionieren. Eine neue CD-Produktion bedeutet nicht nur unheimlich viel Arbeit – eine neue Produktion bedeutet auch Promotion.

Und dafür ist mein Pressemanager Heier Lämmler zuständig. Ich liebe Spitznamen, und Heier nenne ich »Locke«, was natürlich mit seinem äußerst spärlichen Haarwuchs zu tun hat!

»Locken-Lämmler« ist ein Vollprofi im Mediengeschäft. Mit seinem trockenen Schweizer Charme ist er genau der richtige kühle Deckel, der auf den stets überhitzten und nur aufs Überkochen wartenden bundesdeutschen Medientopf paßt. Bei »Locken-Lämmler« laufen alle Fäden zusammen. Presse, Radio, Fotografen, Talkshows, jede Art von Öffentlichkeitsarbeit, die außerhalb der üblichen Show- und Konzertauftritte liegt.

Promotion, das Zauberwort des Medienzeitalters! Anders kann man heute nicht mehr auf ein neues Produkt unserer Arbeit aufmerksam machen. Natürlich werden Dispos niemals veröffentlicht. Sie sind ausschließlich für die Beteiligten bestimmt.

Vielleicht auch sollte ich diesen eiskalten Arbeitsplan nicht veröffentlichen, weil er genau die Illusionen raubt, von denen wir ja leben.

Andererseits denke ich: So ein Einblick vermittelt mehr Ehrlichkeit als viele Worte. Es ist die andere Seite der Illusion – eine Arbeit, die notwendig ist, um die Träume schweben und die Lichter flimmern zu lassen.

Schauen wir uns doch einfach mal eine Woche der Promotour an, die ich für meine Produktion »Café Größenwahn« gemacht habe.

16. NOVEMBER 1993

Wir kommen gerade aus Hamburg, von der Sendung »Der Große Preis« mit Caroline Reiber, die Stargäste waren Gloria Estefan und ich.

Bereits zweiundachtzig Interviews und Fototermine habe ich hinter mir. Ich sprach mit Journalisten von den großen westdeutschen Blättern, aber auch mit sehr vielen Zeitungsmachern aus der ehemaligen DDR. Vor zwei Tagen mußte ich in nur drei Stunden fünf Radiointerviews für norddeutsche Stationen geben und hinterher noch eine einstündige Live-Sendung im Alsterradio machen.

Genauso dicht gedrängt waren die Termine in Berlin: Live-Interview für den RIAS, TV-Aufzeichnung Gespräch und zwei Titel für Deutsche Welle TV in der Sendung »Boulevard Deutschland«, Radiointerview für SFB 1, Interviewaufzeichnung für Radio Brandenburg, Abendessen mit Medienpartnern von deutschen Tageszeitungen und Magazinen plus Fotoaufnahmen.

Um den Terminplan zu verstehen, muß man natürlich wissen, was sich hinter den keineswegs geheimnisvollen Kürzeln verbirgt:

UJ = Udo Jürgens
HP = ist mein langjähriger Betreuer Hans-Peter »Hape« Escher
HL = ist mein Pressechef Heier Lämmler.
Auf geht's.
Ganz genau so war's.

16. November 1993

14.30 Uhr Abflug UJ und HP von Berlin mit LH 2726 nach Köln. Abflug HL von Berlin mit SR 593 nach Zürich, Vorbereitung neuer Termine für UJ in Österreich und Holland.

15.40 Uhr Ankunft UJ und HP in Köln. Abholung durch PRO GmbH am Flughafen. Anschließend Fahrt ins Hotel Maritim, Heumarkt 20, Köln.

UJ! Achtung! ORF Wien schickt die Flugtickets für UJ und HP Düsseldorf–Wien–München direkt ins Hotel Maritim.

Ab 18.00 Uhr muß UJ im Maritim-Hotel telefonisch erreichbar sein für Abstimmung mit Heier Lämmler für neue Termine.

18.30 Uhr Abholung mit Limousine von PRO GmbH. Fahrt zum Produktionsort der Sendung mit Dr. Alfred Biolek »Boulevard Bio« im Theater, Breite Straße 92, 50667 Köln. Verantwortlich: PRO GmbH, Dietmar Schwarz/Carola.

19.00 Uhr Technische Probe.

20.30 Uhr Aufzeichnung der Sendung »Boulevard Bio«. UJ singt den Titel: »Kurze Unterbrechung« live am Bio-Studio-Klavier.

Ab 22.30 Uhr Abendessen im Restaurant Alter Wartesaal, Johannis-Straße 13 (im Hauptbahnhof von Köln).

UJ! Achtung! In Agenda eintragen! Neuer Abflugtermin Südafrika für »Abtei«-Werbefilm ist der 21. Februar!

Mittwoch, 17. November 1993

UJ! Achtung! Ab 12 Uhr erreichbar sein für Interview mit der Schweizer Boulevard-Zeitung BLICK, Termin für »BLICK-Telefon-Aktion« mit UJ besprechen.

14.00–15.00 Uhr Interview für die Westfälische Rundschau mit Klaus Bröking im Hotel Maritim (er meldet sich beim Empfang).
Achtung HP: Bitte CD »Café Größenwahn« und Cover-Dias mitbringen.

15.00–16.00 Uhr Interview für DNR Luxembourg TV (zweitgrößter Sender gleich nach RTL) für ein »Udo-Jürgens-Special« (wird auch in den Zeitungen erscheinen) mit Doris Biewer (sie meldet sich beim Empfang).

17.00–19.00 Uhr Synchrontermin mit Linda de Mol für die RTL-Show »Traumhochzeit«.
UJ wird abgeholt. UJ wird am Nachmittag den Titel »Ich will, ich kann – I can, I will« Duett mit Linda einspielen. Verantwortlich: John de Mol-Produktion Hilversum und Monique Winkel von Studio Dirks.

20.00 Uhr Treffen mit Wolfgang Korrun (TV-Moderator und Journalist) im Hotel Maritim zum Abendessen für ein einstündiges Live-Interview.

Achtung UJ! Ab 23.00 Uhr im Hotelzimmer erreichbar sein: Radio-Nachtsendung eines österreichischen Senders, rufen direkt an, vermitteln Gespräche mit Hörern.

Donnerstag, 18. November 1993

Achtung UJ! Ab 11 Uhr im Hotelzimmer erreichbar sein für Radio-Sendung mit Schweizer Privatsender Radio Z, UJ als Stargast in der Mittagssendung. Dauer: 11.20 bis 11.45 Uhr.

12.00 Uhr Fahrt zum Deutschlandfunk, Raderberggürtel 40, 50968 Köln.

12.45–13.45 Uhr Radio-Interview für Deutschlandfunk mit Peter Puder.

13.50 Uhr Fahrt zu Radio WDR4, Studio 44, Wallraffplatz 1, 50600 Köln.

14.45–15.30 Uhr Radio-Interview für WDR4 mit Gabi Lang. Anschließend Rückfahrt ins Hotel Maritim.

Ab 16.00 Uhr Ton-Aufnahmen für die Sendung »Klassik Pop« Deutschlandfunk im Hotel Maritim. UJ gibt vorab 4 Klassik-, 4 Pop- und 3 eigene Wunschtitel an (via BMG Ariola Köln, Frau Wiesental oder Frau Brock).

20.00 Uhr Privattermin von UJ: Besuch vom Konzert von Eros Ramazzotti in der Sporthalle.
Anmerkung: Diesen Besuch konnte ich leider nicht wahrnehmen, da kurzfristig ein Presseessen mit zehn Journalisten angesetzt wurde.

Freitag, 19. November

Heute: Galakonzert von »NUR Touristic« unter dem Thema »Zauberwelt in Blüten«, Ort: Glanzstoffgelände, Neusser Landstr. 2, Entertainmenthalle, Köln-Niehl. Verantwortlich: Wohlrath & Partner, Frankfurt am Main, Herr Lewald von »NUR Touristic«, Direktor H.-J. Hartmann und Herr Jan Svoboda (Chef Werbung).
Stargäste: Bonnie Taylor und UJ.

13.00 Uhr Anlieferung Glasflügel Schimmel.

15.00 Uhr Stimmen des Flügels.

16.00 Uhr Eintreffen von Geiger Christian Fink aus München.

19.00 Uhr Abholen von UJ, HP und Christian im Maritim, anschließend Fahrt auf das Glanzstoffgelände, wo kurze Probe und Soundcheck stattfindet.

20.00 Uhr Ankunft der Gäste von »NUR Touristic«.

21.00–22.30 Uhr Auftritt UJ und Christian, anschließend retour ins Maritim mit Limousine.

Achtung UJ! Bitte in Agenda eintragen! Flug am 13. März 1994 Zürich–Faro gebucht, Rückflug auf Wunsch von UJ offen gelassen.

Samstag, 20. November

Tagsüber frei!!!

19.00 Uhr Abholung von UJ, HP und Christian. HP gibt genaue Zeit an.

20.00 Uhr Ankunft der Gäste zum zweiten Galaabend.

21.00–22.30 Auftritt UJ und Christian, anschließend retour ins Maritim mit Limousine.

Achtung UJ! Auf Wunsch von Medienvertretern Abendessen angesetzt. Zusagen liegen im Hotel. Tisch ist von uns bestellt.

Sonntag, 21. November

13.35 Uhr Abflug UJ und HP von Düsseldorf mit LH 5832 nach Wien.

15.05 Uhr Ankunft Wien-Schwechat. Abholung durch ORF und Fahrt zur Stadthalle.

15.30 Uhr Eintreffen in der Stadthalle Wien zur großen »Weihnachtsshow von Peter Alexander«. Produktionsleiter: Johann Simon.
Stargäste: Joan Collins, John Forsyth, Harald Schmidt, Gunther Philipp, UJ und andere.

15.40 Uhr Stimmen des Schimmel-Flügels.

16.00 Uhr Erste Probe UJ mit Zusatzmusikern (3 Cellistinnen, 1 E-Gitarre). Titel: »Was dich nicht umbringt, gibt dir neue Kraft zum Leben«.

17.00 Uhr Erste Probe von UJ mit Peter Alexander für das Duett.

20.00 Uhr Durchlauf der Peter-Alexander-Sendung.

21.30 Uhr UJ und HP fahren von der Stadthalle Wien ab.

Achtung UJ! 22.30 Uhr spätes Journalistenessen in Wien im Hotel Hilton (12 Personen haben zugesagt). Tisch ist bestellt.

Montag, 22. November

15.00 Uhr Generalprobe in der Stadthalle Wien zur Weihnachtsshow von Peter Alexander.

17.00 Uhr Letzter Soundcheck UJ mit Musikern.

17.30 Uhr Dreharbeiten vom ORF Landesstudio Salzburg von Linda Juhn für die Produktion »Stille Nacht«.

20.00 Uhr Erste Aufzeichnung Peter-Alexander-Show mit Publikum.

Achtung UJ! Hinterher unbedingt 100 Autogrammkarten signieren. Sie werden von einem Fanclub am Morgen in der Stadthalle Wien an der Kasse abgeholt!

Achtung UJ! Anschließend an die Aufzeichnung gemeinsames Abendessen mit Peter und Hilde Alexander, Joan Collins, John Forsyth, Harald Schmidt, Gunther Philipp und anderen in der ehemaligen Privatvilla von Hans Moser. Heute ein Restaurant.
Limousinen und Fahrer stehen bereit.

Dienstag, 23. November

Mittag frei.

16.00 Uhr nochmals Probe am Nachmittag.

20.00 Uhr Zweite Aufzeichnung Peter-Alexander-Show.

Achtung UJ! Nach der Show Kurztermin für die VIP-Show »Seitenblicke«, die Künstler nach ihren Auftritten filmt. H. P. und Heier wissen Bescheid.

Achtung UJ! Nach der Aufzeichnung gemeinsamer »Heurigen-Besuch« mit allen Mitwirkenden der Peter-Alexander-Show.
Limousinen und Fahrer stehen bereit.

Mittwoch, 24. November

12.45 Uhr Ankunft Heier Lämmler von Zürich kommend in München.

13.00 Uhr Abflug UJ und HP mit LH 5859 von Wien nach München.

14.25 Uhr Ankunft UJ und HP in München. Werden mit Limousine vom Flughafen abgeholt, direkt ins Hotel gefahren.

15.10 Uhr Beziehen der Suite im Hotel »Bayerischer Hof«, Promenadeplatz 2–6, München. UJ zieht sich um, fährt anschließend per Taxi sofort weiter zu Bertelsmann, Neumarkter Straße 18, München.

16.00 Uhr Vertragsunterzeichnung. UJ unterschreibt seinen Lebenszeit-Vertrag im Büro von BMG ARIOLA / BERTELSMANN in Gegenwart des Vorstands Frank Wössner an der Neumarkter Str. 18, München.
Anschließend Empfang und Pressegespräche mit den anwesenden Journalisten und TV-Teams.

Achtung UJ! Agentur-Fotografen wollen hinterher verschiedene Fotos mit Herrn Wössner schießen.

20.00 Uhr Essen mit Frank Wössner, Thomas Stein und den Direktoren von BMG-ARIOLA und BERTELSMANN.

Das waren neun Tage von fünf Wochen.

Etwa ein Jahr vor dieser Promotiontournee, also im Herbst 1992, hatte ich die ersten Ideen zum Projekt »Café Größenwahn«. In Portugal, in Wien und in Zürich komponierte ich über Monate hinweg die dreizehn Lieder für die LP. Und alle waren wir hochgradig davon überzeugt, daß wir hier wirklich hervorragende Lieder haben: Peter genauso wie Freddy, Thomas Spitzer von der »Ersten Allgemeinen Verunsicherung«, der den Text von »Café Größenwahn« verfaßte, ebenso wie ich, meine Plattenfirma, mein PR-Mann »Locken«-Lämmler, alle im Team.

Circa zwei Monate lang produzierten wir dann die Platte in Berlin, Zürich und München. Von der musikalischen Fachwelt und von meinen Fans bekam sie die besten Kritiken, die man sich überhaupt vorstellen kann. Und jetzt freu' ich mich schon darauf, die Lieder bald live spielen zu können!

Bei allem Einsatz für die Promotion. Bei einem noch so perfekten Management. Auf die Lieder, auf die künstlerische Qualität kommt es letztlich in erster Linie an!

Und das ist auch gut so!

Algarve

oder

Mein Adlerhorst über der Piratenbucht

Ewig durch die Welt hetzend und nie daran denkend, daß ich irgendwo zur Ruhe kommen sollte, daß auch ich irgendwo Wurzeln schlagen sollte, sagte mir vor einigen Jahren Freddy Burger: »Udo, du solltest dir ein Haus in Portugal an der Algarve kaufen. Ich habe einige für dich angesehen. Langsam wird es Zeit für dich, an so was zu denken.«

Freddy hatte sich bereits ein Haus dort in der Gegend gekauft, und er empfahl mir dringend, einmal eine kurze Reise an die portugiesische Südküste zu machen, um mir dort ein geeignetes Refugium anzusehen.

Etwas widerwillig, weil ich gar nicht die Absicht hatte, irgendwo ein Haus zu kaufen – seßhaft zu werden, war mir sowieso zuwider –, folgte ich seinem Rat. Ich war in meinem Leben einige Male vorher in Lissabon gewesen, hatte eine wunderbare Fotoserie mit meinem Bruder Manfred an der Steilküste Portugals gemacht; ich war also durchaus mit diesem Land vertraut, wenn auch nur oberflächlich.

Als ich zusammen mit Corinna in Faro landete und wir gemeinsam Richtung Westen die Küste entlangfuhren, fühlte ich mich von Minute zu Minute, von Meter zu Meter mehr von diesem Land angezogen. Das erste Haus, das wir auf Freddys Empfehlung in Augenschein nahmen, war das, das ich dann auch gekauft habe. Das liegt nun sechs Jahre zurück.

Die Orte um Faro herum sind zwar ursprünglich ebenfalls wunderschöne kleine Dörfer und Städte gewesen, aber sie wurden in den letzten Jahren grausam vom Massentourismus vergewaltigt.

Um die schönen alten Stadtkerne von Almansil oder Albufeira oder auch Faro zu finden, muß man sich durch Betonburgen kämpfen. Ganz anders etwas weiter im Westen. Knapp sechzig Kilometer von Faro entfernt, an einer Küste, die bei weitem nicht so verschandelt ist.

Irgendwo zwischen den Orten Albufeira, Portimão, Carvoeiro, Benagil und Lagoa liegt auf einem Felsvorsprung, fünfzig Meter über dem Meer, mein Adlerhorst, mein »Casa do Mar«.

Fünfzig Meter vor meinem Haus stürzt sich die Steilküste in die Tiefe. Hier ist der Kontinent zu Ende. Wie muß das doch in früheren Jahrhunderten die Phantasie der Menschen beschäftigt haben.

Unmittelbar unter meinem Haus befindet sich eine einstige Piratenbucht, die man durch eine Felsenhöhle erreichen kann. Heute noch kann man in dieser Bucht die in den Fels gehauenen Stätten sehen, an denen die Piraten, bevor sie zu ihren Überfällen ausfuhren, gebetet haben. Seltsam: Zu allen Zeiten haben Freund und Feind zum selben Gott gebetet, bevor sie sich die Schädel eingeschlagen haben!

Menschheitsirrsinn – ohne mich.

Diese Bucht ist auch heute noch vom Land her mit starken Mauern abgesichert, die langsam zu Ruinen verfallen sind. Von hier aus überfiel man die Handelsschiffe, die von England, Holland, den skandinavischen Ländern, Frankreich und Deutschland kommend die Durchfahrt bei Gibraltar ins Mittelmeer suchten.

Das Meer zeigt uns Menschen wahre Architektur. Es hat Türme gebaut, Nadeln geformt, Naturbogen ausgehöhlt, Tunnel bis zu hundert Metern Länge gegraben, riesige Höhlen ausgewaschen, manche so groß wie ein ganzes Fußballfeld.

In diese Grotten fährt man mit den kleinen, bunt bemalten Fischerbooten. Bis zu dreißig Meter hoch sind die Kuppeln aus Stein und Fels, und durch ein Loch scheint in manche Grotten die Sonne hinein, auf das Wasser, das grünblau gegen die Felswände schlägt.

Wenn das Meer, der rauhe Atlantik, es zuläßt, fahre ich mit meinen Gästen und Freunden in diese Höhlen hinein, um ihnen dieses einzigartige Schauspiel zu zeigen. Das ständige Rauschen des Meeres ist Musik in meinen Ohren.

Es sind Kathedralen der Natur, Kathedralen von einer Schönheit, wie ich sie von Menschenhand nie gesehen habe.

Der Chefarchitekt der Natur, das Meer, hat sie gebaut. Bei aller Liebe, die ich für Berge und Täler empfinde, nichts erzeugt Gefühle in der Seele wie diese endlose Weite des Meeres.

Friedensreich Hundertwasser, dieser wunderbare, feinversponnene österreichische Denker und Maler, sagte vor Jahren zu meinem Bruder Manfred, als dieser das Kunstbuch »Regentag« über ihn machte: »Alles, was der Mensch braucht, ist der Horizont. Alles andere kann er sich selbst dazuerfinden.«

Wie recht er doch hat. Genaugenommen ist der Horizont die einzige gerade Linie, die die Natur uns vorgibt. Gerade Linien von Menschenhand müssen mit dem Lineal gezogen werden, sind also eigentlich unnatürlich. Die Linien der Natur sind, außer dem Horizont, immer fließend, schwebend, schief und krumm, niemals gerade.

Ausgehend vom Meer, vom Wasser, das ihm, Hundertwasser, die Grundfarbe seiner Kunst gab, meinte er damit sicher den Horizont mit allen Bedeutungen, die diesem Wort innewohnen. Nur die gerade Linie des Horizonts gibt dem Menschen Ruhe, Kraft und Orientierung.

Mein Haus am Meer habe ich in den letzten Jahren nach meinen persönlichen Wünschen und Bedürfnissen umgebaut. Es ist nicht sehr groß, hat aber vier Schlafzimmer, drei Bäder, eine finnische und eine türkische, also Dampfsauna, einen großen Swimmingpool, einen wunderschönen Garten mit herrlichen Blumen. Und mehr und mehr wird mein »Casa« ein Ort, der für mich und für meine Arbeit von allergrößter Wichtigkeit ist.

Wenn ich nur daran denke, wieviele Lieder ich hier geschrieben habe. Wenn ich nur daran denke, wieviele Freunde und Mitarbeiter von mir, Musiker, Arrangeure, Textdichter, Produzenten zusammen mit mir hier herrliche Tage und Wochen verbracht haben, in denen wir uns nicht nur gut erholt, sondern auch hervorragend zusammen gearbeitet haben.

Mein »Casa do Mar«, meine Algarve, mein Portugal. Ein Ort, der mir zur vierten Heimat geworden ist.

Aber was ist es eigentlich, das mich an diesem Ort so fasziniert?

Die unendlich vielen Möglichkeiten, die der Urlaub hier bietet, jede Art von Sport, phantastische Golfplätze? Nein, das ist es nicht!

Es wäre auch einfach, die Schönheit zu schildern, die scheinbar niemals endenden Felsen und Buchten, die hier die Küste bilden. Und die kleinen Sandstrände, die man zum Teil nur mit dem Boot erreichen kann, die malerischen kleinen Orte, die sich harmonisch in das Landschaftsbild fügen, mit ihren weißgetünchten Häusern im arabischen Baustil, die daran erinnern, daß die Algarve fast neunhundert Jahre lang unter arabischer Herrschaft stand. Nicht nur in der Architektur, auch in der Mentalität der Menschen ist das heute noch allgegenwärtig. Aber es sind auch die zurückhaltenden Menschen, die niemals aufdringlich sind, aber einen Fremden mit stiller, lächelnder Freundlichkeit ohne viele Worte herzlich begrüßen. Das geradezu unbeschreibliche Wetter. Die fast täglich wechselnden Farben des Meeres und des Himmels, der mir hier höher scheint als irgendwo sonst auf der Welt.

Unweit von meinem »Casa do Mar« hat auch ein Freund seit langen Jahren, Helmut Zilk, der Bürgermeister von Wien, mit seiner Frau Dagmar ein wunderschönes Anwesen.

In diesen Märztagen 1994, nicht lange nach dem wahnwitzigen Attentat irgendeines größenwahnsinnigen Gartenzwergs auf ihn, ist es dieses Land und seine unglaubliche Kraft, die hilft, seine grauenvollen Wunden an Körper und Seele zu heilen.

Die »Männlichkeit« dieser Küste hat seinem unverwüstlichen Lachen wieder den alten, frechen, provokativen Glanz zurückgegeben.

Was für ein bemerkenswerter Mann! Mit einer Aura ausgestattet, die den meisten heutigen Politikern so fehlt. Stark, lebensfroh, sinnlich.

Ein Mann, den man sich auch mit einem Glas in der Hand vorstellen kann oder mit einer Frau im Arm.

Ich bin stolz, ein Freund dieses großen Charakters zu sein. Unsere Freundschaft ist in diesen Tagen größer und tiefer geworden.

War es vielleicht auch diese von den Portugiesen als »männlich« bezeichnete Küste, die den äußerlich so rauhen Günter Grass hierhergezogen hat?

Aber was soll das eigentlich heißen: »männlich«?

Das Wetter sonnenreicher als irgendwo in Europa. Mild, und doch – ein leiser Wind läßt ahnen, daß er jederzeit zum Sturm werden kann. Was dich eben noch ganz sanft streichelt, kann ganz plötzlich hart zupacken, kann das Meer und deine Gedanken aufwirbeln, stark, fordernd, mächtig. Hier erkennst du deine Grenzen.

Wer sich hier nicht als Teil des Ganzen fühlt, keine Demut kennt, hat verloren.

Da ich Portugiesisch nicht spreche und es wohl auch nicht mehr lernen werde – es scheint mir eine zu schwere Sprache zu sein –, fühle ich mich in diesem Punkt als »stummer Portugiese«. Aber gottlob kann man sich fast mit allen Portugiesen, besonders mit denen der jüngeren Generation, auf englisch sehr gut verständigen. Denn seit Jahrhunderten bestanden und bestehen zwischen England und Portugal sehr enge Verbindungen.

Über Jahrhunderte haben Portugiesen und Engländer gemeinsam gegen die Spanier und andere Krieg geführt. Das scheint zu verbinden. Noch heute steht zum Beispiel die Straßenbahn in Lissabon unter englischer Verwaltung. Vieles hier erinnert auch heute noch an britischen Kolonialstil.

Die Engländer waren die ersten, die die herrliche Algarve für sich entdeckt haben, als Urlaubs- und Aussteigerparadies. Cliff Richard zum Beispiel, nur einer von vielen, lebt schon seit fünfundzwanzig Jahren hier.

Das, was ich hier erzähle, mag sich wie ein Reisebericht anhören, das Anpreisen eines Erholungsparadieses. Und ganz genau das ist es eben nicht, was wirklich die Faszination ausmacht.

Es ist das langsame Wachsen eines Gefühls von Heimat, es ist das Empfinden, hier langsam dazuzugehören, zu diesem Land, zu diesen Menschen, auch wenn man nicht hier geboren ist.

Es sind die heiteren, fröhlichen und geselligen Abende mit Freunden in den zahlreichen kleinen, ganz einfachen und weit entfernt von jedem Luxus eingerichteten Fischrestaurants und Weinkneipen. »Marisqueiras«, wie man hier diese Lokale nennt, in denen man sich mit den Menschen verbindet und mit denen man Stunden erlebt, die voller Ruhe, voller Kraft und Kreativität sind.

Es ist natürlich auch das herrliche Essen. Fische, wie ich sie nirgends besser auf der Welt zubereitet erlebt habe. Denn alle Fische und Meeresfrüchte, die an die mit weißem Papier überzogenen Tische gebracht und vom Wirt kommentiert werden, kommen fangfrisch aus dem Atlantik, der hier vor der Haustür liegt.

Dazu die vielen wunderbaren portugiesischen Weine, die man bei uns viel zu wenig kennt. Allen voran mein persönlicher Lieblingswein, der Vinho Verde, dieser leichte, weiße, etwas moussierende Wein. Oder wenn man nach einem Essen etwas Härteres will, der starke und herzhafte Medronho – ein Schnaps, der aus der Frucht des Erdbeerbaums gewonnen wird.

Kein Schnaps auf der Welt fließt tiefer in dich hinein. Und nirgendwo sonst auf der Welt bekommt man ihn oder könnte man ihn bestellen, nicht einmal in Lissabon!

Ein Kellner dort schaute mich kürzlich völlig entgeistert und etwas von oben herab an, weil ich einen Medronho bestellt hatte.

Vom weltberühmten Porto wollen wir jetzt gar nicht reden. Nichts kann es Besseres geben in jenen Stunden des Tages, in denen man sich voll Vorfreude auf den Abend, die Nacht vorbereitet, in denen die Sonne wie in einem schmalzigen Lied in den Horizont des Atlantiks taucht.

Um mein Haus und die Häuser der Nachbarschaft kümmert sich ein Mann, mit dem mich inzwischen eine herzliche Freundschaft verbindet, Manuel Duarte.

Manuel, in Portimão an der Algarve geboren, ist ein typischer Sohn dieses Landes. Ein fescher Kerl mit blitzenden schwarzen Augen, einem strahlenden Lachen und blendend weißen Zähnen. Wir sprechen Englisch miteinander, auch wenn Manuel recht gut Deutsch spricht. Zudem beherrscht er sehr gut Französisch, Norwegisch und Italienisch.

Er ist oft dabei, wenn ich hier etwas Besonderes unternehme oder auch, wenn es nur zu einem typischen portugiesischen Essen geht. Er hat mir die kleinen, oft versteckt liegenden Kneipen, die nur Einheimische kennen, gezeigt und mich dort beim jeweiligen Patron eingeführt.

Und oft hat er mir lachend zugeprostet, mit dem frechen, hintersinnigen portugiesischen Trinkspruch: »Para que as nossas mulheres nunca fiquem viúvas.« Übersetzt: »Auf daß unsere Frauen niemals Witwen werden.«

Und manchmal geht schon das südländische Temperament des geborenen Machos mit ihm durch, wenn ein besonders hübsches Mädchen aus nordischen Landen an uns vorbeischlendert oder sich am Strand aalt.

Manuels norwegische Ehefrau übersieht das großzügig. Sie weiß: Wer einen Südländer heiratet, muß wohl damit leben. Hunde, die bellen, beißen nicht – oder nur selten.

Wenn ich hier einige Wochen im Jahr lebe, achte ich darauf, daß ich der heimischen Bevölkerung mit großem Respekt begegne.

Dieses Land ist meine vierte Heimat geworden. Mit dieser unglaublichen Steilküste, die fast die ganze Küste der Algarve prägt, manchmal höher, manchmal flacher, immer faszinierend, immer bizarr. Dann wieder lange schattenlose Sandstrände, vorgelagerte Sandbänke, Vogelparadiese wie in der Nähe von Lagos, bevor sich die Felsenküste im Westen noch einmal zu ihrer ganzen Größe aufbäumt.

Fast einhundertsechzig Meter Höhe erreichen hier die Felsen der Steilküste am südwestlichsten Punkt Europas. Hier liegt Sagres, eine kleine, karge Stadt, in der für mich eines der besten Biere der Welt gebraut wird. Und hier steht der größte Leuchtturm Europas am Cabo de São Vicente.

Kurz bevor nun hier Europa wirklich endgültig im Meer versinkt, bäumt es sich nochmals gewaltig und mächtig auf. Die grauen Schiefersteinfelsen recken sich noch einmal zu imposanter Höhe auf, bevor sie der Atlantik verschlingt – unter fast immer wildem, schäumendem, fauchendem Getöse, so als wüßte er, was hier in seinen Fluten verschwindet.

Für jeden Menschen mit Phantasie unvergeßlich. Grenzen aufzeigend.

Selbst dieser phantastische Kontinent, der elendige Niedertracht genauso wie unsterbliche Kunst hervorgebracht hat, hat eine Grenze, ein Ende, eine Zone, in der nur die Bereitschaft, andere zu empfangen oder nach anderen Ausschau zu halten, ihm Überleben und Zukunft verheißt.

Hier an der Algarve nahm die Entwicklung den Anfang, die die Welt und das Weltbild veränderte: das Zeitalter der Entdeckungen.

Hier wurde die faszinierende Entdeckung, daß die Welt doch keine Scheibe ist, nachhaltig bewiesen. Und es war wieder ein einzelner, der die Vision hatte, daß die Welt nicht am Horizont zu Ende sei, wieder einer, der sich gegen die herrschende Meinung aufbäumte und seiner Zeit mehr als ein halbes Jahrhundert voraus war: Heinrich der Seefahrer, deutscher Abstammung, König von Portugal.

Er errichtete in Sagres im 15. Jahrhundert ein Fort, hoch über den Wogen des Meeres, in dem er die besten Seefahrer der damaligen Welt zusammenholte. Auch arabische Seeleute, die damals in der Navigation am weitesten waren.

Dieses und Heinrichs Überzeugung, daß die Welt eben keine Scheibe sei, forderten heftigen Protest der Kirche in Rom heraus: Die Unfehlbarkeit durfte nicht angegriffen werden!

In diesem Fort wurde die Kunst der Seefahrt auf höchstem professionellem Niveau erforscht. Die Männer lebten asketisch, in strengster Zucht. Aber die riesigen Erfolge gaben Heinrich recht: ein neuer Schiffstyp, mit dem man gegen die Passatwinde aufkreuzen konnte, wurde entwickelt, Madeira, die Azoren, die Kapverdischen Inseln wurden gewissermaßen auf Probefahrten entdeckt.

Diese hier an der Algarve gemachten nautischen Errungenschaften machten erst Vasco da Gama und all die anderen, machten erst die Entdeckung Indiens und Amerikas und Portugals Rolle als Weltmacht möglich.

Die Vision, daß die Welt nicht bei Portugal im Meer versinkt und nach dem Horizont der Schlund der Hölle beginnt, wie man das damals religionsergeben glaubte, wurde zur phantastischen Wahrheit.

Und das ist es, was ich sagen will. Ganz genau das ist es – diese Weite ist es, die ich hier empfinde und erlebe. Es ist wieder eine Vision, die mich fasziniert, ein Symbol, das ich auf diesen Klippen körperlich spüren kann. Hier, an diesem Ort, der immer »Ende« bedeutet hat, hat man den »Anfang« gefunden, der im Miteinander aller Völker und Kulturen liegt.

Ganz genau das ist es, was mir diesen Ort zur »Heimat« macht.

Das »Ende«, das man über Jahrtausende mit diesem Land verband, hat die Seelen der Menschen und ihre Kultur geprägt. »Saudade« nennt man dieses besondere Gefühl, eine unerfüllte Sehnsucht nach einer erfüllten Traurigkeit. Der Anfang, der vom Ende weiß, das Leben, das den Tod umarmt. In jedem Lied, in jedem Gedicht dringt das durch – nicht unähnlich der Todessehnsucht in vielen Wiener Liedern.

Laßt mich, so lange ich lebe, an die Küsten dieses herrlichen Landes zurückkommen!

Ich erhebe dankend mein Glas auf das Land, das ich so sehr zu lieben gelernt habe.

Fans

oder

Musik als Brücke zur
Freundschaft

Egal, was wir im Leben machen oder unternehmen, wir alle hoffen, andere Menschen zu finden, die sich dafür interessieren und die das vielleicht schätzen oder sogar lieben, was wir tun.

Davon leben wir. Das ist im Leben eines Künstlers genauso wie in anderen Berufen.

Es sind Menschen, die ich nicht kenne, die meine Musik gerne hören, die zu den Konzerten kommen und meine Schallplatten kaufen, die sich für meine Person interessieren und meine Auftritte im Fernsehen verfolgen.

Und es sind Menschen, die ich kenne, die in meiner Wohnung ein und aus gehen, die mit mir arbeiten, die nächtelang mit mir um eine Liedzeile kämpfen, die mit mir lachen, essen und diskutieren.

Diesen Menschen, so verschieden sie auch sind, aus so unterschiedlichen Motiven sie mit mir Kontakt suchen und, was wichtiger ist: Kontakt halten – ihnen verdanke ich letztlich, daß es mir gutgeht.

Dabei fühlen Musiker sich letztlich nur ihrer in Töne gegossenen Wahrheit, Träumerei oder Illusion verantwortlich, eben nur ihrer Arbeit.

Doch jeder Musiker, jeder Künstler ist auch ein Mensch. Mit Fehlern, mit privaten Tragödien, mit privaten Höhepunkten. Auf alles aber wird bei ihnen mehr gestarrt. Ihrem Sein wird eine Dramaturgie erteilt, die ihnen oft gar nicht gerecht wird.

Ein »Star« zu sein, von Fremden geliebt zu werden, die einen gar nicht kennen – das ist eine weitschweifende Affäre, eine »Fatal attraction«.

Ich weiß, daß das Publikum nicht darauf wartet, daß ein Musiker, ein Künstler etwas macht.

Auch wenn du nichts machst, geht für die anderen draußen die Welt nicht unter. Das eigene Leben ist viel zu schwierig zu meistern, als daß sie sich darüber Gedanken machen könnten, ob dir etwas einfällt oder nicht.

Wenn du aber etwas tust, was ihnen *nicht* gefällt, dann machen sie sich auch keine Gedanken! Sie bekommen keine feuchten Augen und zerdrücken deshalb keine Träne. Auch wenn du Hunderte von Stunden in dieses Projekt investiert hast!

Das ist dann dein Problem, daß sie dir dein Produkt nicht abnehmen.

Aus eben diesem Grund liegt es nur an dir selbst, was und wie du etwas machst, ob du erfolgreich bist oder nicht.

Erfolg – was für ein trügerisches Wort!

Da sitzt du monatelang an einem Lied und findest es für dich am Ende wunderbar gelungen.

Nur: Es kam zu früh oder zu spät, es ist zu verwoben, es ist musikalisch zu schwer, um auf Anhieb begriffen zu werden. Nach Monaten Arbeit hast du selbst es begriffen. Dein Publikum aber nicht. Sie erwarten anderes von dir. Und du hast sie wieder einmal überrascht, oft vielleicht auch überfordert.

Hier »Merci Chérie«, dort »Café Größenwahn«.

Musik ist kein Kameradschaftstreffen. Es ist ein phantastisches Gespräch, es ist eine Seelenschmiede zwischen Moll und Dur, mit immer neuen Aspekten, immer neuen Tönen, immer neuen Stimmungen, immer pendelnd zwischen Euphorie und Depression, eine rasende Seilbahn zwischen Hoch und Tief, Oben und Unten, Mißerfolg und Erfolg, Himmel und Hölle.

Deshalb ist die Dankbarkeit, die man für diejenigen empfindet, die einem die eigenen Lieder abnehmen, groß – aber die Herausforderung an einen selbst kann sie nie aufwiegen.

Das ist der Schlüssel. Wenn du dich einsperrst, um kreativ zu sein, versuchst du, das Beste aus dir herauszupressen. Nicht, um ein nettes Liedchen zu komponieren, sondern um das zu suchen, was du fühlst, was du willst, was du unbedingt sagen mußt: Das Neue, das dich bewegt, unter dem du auch leidest. Dein Name hilft dir dabei nicht. Manchmal steht er dir sogar im Weg.

In unserem Beruf nennt man die Menschen, die sich für einen Künstler interessieren, Fans.

Ich kann mit diesem Wort nicht viel anfangen. Ich finde das Wort nicht sehr schön, da es wohl vom Wort Fanatismus abgeleitet ist. Fanatismus gefällt mir in keiner Schattierung.

Aber man hat sich an das Wort, das in allen Sprachen verwendet wird, gewöhnt. Und deshalb verwende ich es auch.

Wenn man so viele Jahre wie ich in diesem Beruf tätig ist, dann hat man nicht nur mit Menschen aus verschiedenen Generationen und Nationen gearbeitet – man hat sich mit seiner Musik auch an Menschen aus ganz verschiedenen Altersstufen gewandt.

In den sechziger Jahren, als ich angefangen habe, Musik zu machen, war mein Publikum ein anderes als heute.

Ein Teil dieses Publikums ist mit mir älter geworden, ist bei mir geblieben, hat meinen Weg verfolgt, manchmal verstört, manchmal begeistert, manchmal war es zu mir hingezogen, manchmal wurde es von mir regelrecht abgestoßen.

Manche, die mich früher »vergöttert« haben, mögen mich inzwischen nicht mehr: Sie können ihre Gefühle von damals nicht mehr verstehen, haben sich abgewandt.

Manche, die mich früher nicht leiden konnten, denen ich viel zu schmalzig war, denen ich viel zu sehr an der Masse orientiert gearbeitet habe: Sie haben bemerkt, daß ich mich heute etwas anders entwickelt habe. Manche entdecken mich erst jetzt.

Manche sind mit mir durch alle Täler und über alle Berge gewandert, haben mit mir gelitten, sich mit mir gefreut, sind gedanklich bei meiner Musik geblieben.

Manche waren damals vielleicht kleine Kinder oder noch gar nicht geboren. Und die haben erst in dieser Zeit zu meiner Musik gefunden, seit Anfang der achtziger Jahre, als meine Lieder eindeutiger und differenzierter geworden sind und sich auch akustisch an die neue Zeit wandten.

Dieses »junge« Publikum ist erstaunlich groß – und gibt mir auch eine Verpflichtung, es immer wieder neu zu entdecken, herauszufordern und mich in Worten und Tönen an es zu wenden.

Selbstverständlich bleibt es nicht aus, daß über die Jahre hinweg Bande zwischen mir und meinem Publikum geknüpft wurden.

Natürlich: Ich lerne nicht alle Menschen, die meine Musik hören, kennen. Das ist normal. Ich kann nicht Hunderttausende oder gar Millionen persönlich kennenlernen, die im Laufe der Jahre meine Konzerte besucht haben, auch wenn von ihnen sehr, sehr viele mich privat treffen wollen, wie ich immer wieder in den Briefen lese.

Diese Menschen betonen fast immer, den Menschen Udo Jürgens und nicht den Künstler Udo Jürgens kennenlernen zu wollen. Ausdrücklich geht es ihnen um die Person, nicht um die Sache, die diese Person macht.

Nur: Der Mensch ist vom Künstler nicht zu trennen. Jedenfalls gelingt mir diese Trennung nicht.

Musik ist mein Leben und Leben ist meine Musik.

Die Beziehung zwischen Künstler und Fan ist oft nicht frei von Hysterie. Und im Augenblick, wo diese Begegnung eine hysterische ist, kann es zu gefährlichen, ja tödlichen Augenblicken kommen. Siehe John Lennon! – Es war ein Fan, der seinem Leben ein Ende bereitete.

Ich erinnere mich noch an die unglaublichen Ausschreitungen bei den Beatles- und den Rolling-Stones-Konzerten, an unendlich viele Exzesse, die es auch bei meinen Veranstaltungen gegeben hat.

Bei der Premiere von »Helden, Helden« in Wien beispielsweise hat sich ein Mädchen vor mein Auto geworfen und allen Ernstes schreiend gefordert: »Bitte, überfahr mich!« Nur die Geistesgegenwart meines Fahrers verhinderte in letzter Sekunde eine Katastrophe.

Diese Geschichten sind beängstigend und bedrohlich. Und wie schon mein Beispiel gezeigt hat, sind es meistens weibliche Fans, die solche Situationen heraufbeschwören.

Viele fühlen sich zurückgestoßen, haben sie doch oft jahrelang immer wieder versucht, an »ihren« Künstler heranzukommen; sie schicken ihm Blumen, machen ihm Geschenke, stehen stundenlang am Bühnenausgang oder gar vor der Haustür – alles nur, um »ihrem Star« nahe zu kommen.

Und je aggressiver sie das fordern, desto nachdrücklicher werden sie von den Sicherheitsorganen abgewiesen. Da kann man deutlich beobachten, wie Zuneigung und Liebe in Haß umschlagen. In meinem Leben gab und gibt es Frauen, die über Jahre hinweg solche »gefährlichen« Rollen gespielt haben.

Doch diese Art von Fan ist Gott sei Dank eine Minderheit. Die Mehrheit freut sich einfach an den Liedern, den Texten – und viele wollen ganz einfach in Kontakt zu mir treten.

Dann und wann lernt man natürlich Menschen kennen, an der Bühnenrampe oder nach einem Konzert, in einem Hotel, in einem Urlaubsort. Es sind Menschen, die sich mit der Arbeit, die man macht, genauer auseinandergesetzt haben.

Und das eine oder andere Mal entstehen aus diesen Begegnungen auch Freundschaften, die über Jahre, manchmal über Generationen halten.

Ganz besonders berührend ist das für mich, wenn ich denke: Auch damals schon, in den sechziger Jahren, hatte ich sehr oft sehr leidenschaftliche Fans in meinen Konzerten; Frauen und junge Mädchen, die mit glühenden Augen und roten Wangen an der Bühnenrampe standen, mir die Hand reichten – und so manche habe ich später auch persönlich kennengelernt. In einigen Fällen traf man sich sogar immer wieder. Man hat sich gegenseitig dann und wann mal angerufen. Einige haben mir regelmäßig geschrieben, man hat den Lebensweg des anderen mitverfolgen können.

Das berührt mich bis heute sehr. Viel habe ich dabei über Lebenswege, Leid, persönliche Tragödien und wunderbare Glücksmomente erfahren. Es sind Erfahrungen, fremde Erfahrungen, zu deren Zeuge ich gemacht wurde – und das ist eine der schönsten, aber auch manchmal belastendsten Momente im Leben eines Künstlers, der seine Zuhörer, seine Freunde, seine »Fans« ernst nimmt.

Keine Details. Keine Namen. Keine Indiskretionen.

Um aber einen kleinen Einblick in die Briefe zu gewähren, die mich jeden Tag erreichen und die ich immer lese, hier ein Auszug aus den letzten zwei, drei Wochen:

Sehr geehrter Herr Jürgens!
aber meistens heißt es:
Lieber Udo!

»Sie sind der schlimmste Verkäufer von Träumen, den ich kenne.«
»Sie haben viel Geld. Wir haben nichts. Also überweisen Sie uns 35 000 Mark, und wir kaufen dann auch ihre Platten.«
»Sie sind wie Rod Steward – einer, der sich nicht scheut, auf der Bühne auch mal einen Ton nicht zu treffen. Sie singen eben noch lebendig.«
»Danke für ihr Lied ›Ich bin dafür‹. Da sagen Sie: ›Und sagt mir einer, ich sei ein Träumer, ein Spinner, das mag wohl sein. Jedoch ich träume mit dir und anderen, ich träume und ich spinne nicht allein.‹ Ich hoffe, daß das alle Menschen irgendwann einmal einsehen und mitträumen wollen.«
»Ich finde es widerlich, wenn Sie sich als Österreicher anmaßen, über die Überbevölkerung in Deutschland zu reden. Räumen Sie doch bei sich daheim auf!«
»Wann spielen Sie endlich mal mit Elton John? Ihr seid doch die einzigen, die noch Klavier spielen können.«
»Ich bin schwul, ich bekenne mich dazu, ganz öffentlich: Warum machen Sie nicht mal ein Lied für uns als Minderheit?«
»Wenn Du als Präsident für Österreich kandidierst, wählen wir Dich alle!«
»Ich wünsche mir, daß Du mein erster Mann bist. Denn ich weiß von Deinen Liedern, wie gefühlvoll Du bist. Ich bin 15 Jahre alt. Hinterher will ich nichts von Dir!«
»Bitte helfen Sie mir. Zu Ihnen habe ich Vertrauen. Ich bin erst 15 Jahre und schwanger von meinem Freund. Ich traue mich das nicht zu sagen. Können Sie nicht meine Eltern anrufen. Mein Papa sieht immer die ZDF-Nachrichten, da ist er zu erreichen.«
»Warum singen Sie nie blöde Texte? Ist das eine Masche von Ihnen?«
»Warum singen Sie so blöde Texte?«
»Verlogene Politiker wählen wir nicht mehr. Ich will, daß Herbert Grönemeyer und Sie sich mal wählen lassen. Ihr lügt wenigstens nicht und zahlt alles selber.«
»Warum gibt es Deine Lieder nicht bei uns im Musikunterricht? Das wäre viel schöner als immer dieses blöde La-la-la bei der Musiklehrerin.«
»Wie groß ist Dein ›kleiner Freund‹? Bitte Angabe in genauer Millimeterzahl!«
»Meine Tochter ist 16 und ist besessen von Ihnen. Mit ihrem Vater kann sie nicht mal reden. Wie machen Sie das nur?«
»Lieber Udo, ich schicke Dir hier ein Bild von mir. Aber ich bin nicht so hübsch wie Corinna, Deine Freundin.«
»Wer Rolls-Royce fährt, dem schreibe ich erst gar nicht!«
»Sie sind eine Drecksau. Meine Freundin ist weg, wegen Ihnen, Sie Drecksau. Sie haben sie verführt, dabei kennt die Sie gar nicht persönlich, aber Ihre Lieder.«
»Wenn ich meinen Sohn Udo taufen lasse – singen Sie dann in der Kirche?«

»Ich glaube nicht, daß Sie 1934 geboren sind. Das ist doch eine Lüge?!«

»Warum sehen Sie eigentlich noch so gut aus? Arbeiten Sie den ganzen Tag nichts!«

»Bei den Liedern von Ihnen bekomme ich eine Gänsehaut, weil Sie die Liebe so schön beschreiben: ›Und ich will in Dir versinken, bis uns beide nichts mehr trennt‹ – Ich bin bereit für alles.«

»Ich weiß nicht, warum manche Menschen Ihnen nach dem Leben trachten, aber ich weiß, daß ich immer zu Ihnen stehen werde, egal, was gesagt wird über Sie.«

»Was einen echten Fan ausmacht, ist nicht, daß man in alle Konzerte geht, sondern daß man zu dem steht, was man denkt und verehrt und daß man sich davon nicht von anderen abbringen läßt.«

»Gerne würde ich Sie beschützen, denn Sie beschützen mich auch mit Ihren Liedern.«

»Müssen Sie immer in solchen Deppen-Sendungen auftreten? Warum hast Du keine eigene Show?«

»Ich bin ein ganz normaler Mensch mit allen Stärken und Schwächen. Nur weil ich jetzt fast 80 Jahre alt bin, brauche ich mich nicht zu schämen, daß ich für Ihre Musik seit vielen Jahren schwärme.«

»Warum schreiben Sie nicht mal, was Sie wirklich denken? In Ihren Liedern tippen Sie immer nur die Oberfläche an.«

»Hallo Udo! Erinnerst Du Dich noch! Es war 1969. In München. Da hatten wir mal was miteinander. Du hast zwar immer telefoniert, aber ich bin dann weggezogen. Heute kann ich Dir nur danken: Mir geht es gut, ich bin glücklich verheiratet. Und ein solches Glück wünsche ich Dir auch.«

Briefe, Briefe, Briefe – seit mehr als dreißig Jahren. Sicher oft zum Schmunzeln, und manchmal auch zum Lachen oder ernst. Die meisten jedoch sicher aus einem aufrichtigen Gefühl heraus geschrieben.

Immer wieder sind auch Eheanzeigen dabei von Menschen, die ich seit Jahren kenne, von Mädchen, mit denen es irgendwann mal auf einer Tournee vielleicht auch zu mehr als nur einer flüchtigen Bekanntschaft gekommen ist.

Oder sie schreiben mir viele, viele Jahre später, daß sie zusammen mit ihren beiden Kindern, die inzwischen zwölf und dreizehn Jahre alt sind, ein Konzert von mir besucht haben.

Diese Menschen wiederzusehen, das sind Momente, die mich bewegen. Ich habe doch noch die glänzenden Augen von damals, die Tränen, die an der Konzertrampe über die Wangen liefen, vor Augen. Und jetzt, unter ganz anderen Vorzeichen, sehe ich eine junge Frau von dreißig oder mehr Jahren vor mir, die das Leben und die Liebe inzwischen kennengelernt, das Glück gefunden oder Enttäuschungen hinter sich hat.

Diese Situationen habe ich erlebt und erlebe sie immer wieder.

Das sind Momente zwischen Künstler und Publikum, die berühren. Und wenn dann noch Lieder in diesen Erinnerungskreis eingebunden sind, über die man Jahre später spricht, dann hört man schon mal: »Weißt du noch? – ›Merci Chérie‹ hast du damals gesungen! Und in dem Augenblick habe ich meinen Mann im Konzert kennengelernt. Der saß damals neben mir.«

»Meinen Mann hab' ich in der Disco zum ersten Mal gesehen, als wir ›Aber bitte mit Sahne‹ zusammen tanzten.«

Es ist dieser unaufhaltsame Fluß des Lebens, die Einsicht in die Vergänglichkeit der Zeit. Und es macht deutlich, wie stark menschliche Bindungen weiterbestehen können, auch wenn die Lebenswege nicht parallel verlaufen.

Plötzlich kommen Postkarten aus Australien oder Briefe aus Amerika. Das Schicksal hat die eine in dieses, den anderen in jenes Land verschlagen.

Manchmal sind es sogar ganze Familien, die man von Zeit zu Zeit sieht, die in die Konzerte kommen, mit denen man hie und da zum Essen geht und mit denen man das austauscht, was so wichtig und dabei kostenlos ist: Gedanken.

Ober, bitte zahlen!

oder

Wie wird man ärmer
mit Glücksgefühlen?

Wer sein Leben lang notgedrungen in Restaurants ißt, gewöhnt sich schließlich daran. Ich habe schon als Kind gern in Restaurants gegessen. Ich liebe die Atmosphäre, die Geborgenheit unter fremden Menschen. Aber Restaurants kosten natürlich Geld. Heutzutage viel Geld.

Es gibt wohl kaum jemanden, der nicht schon mal in einem Restaurant gegessen hat und anschließend von einer horrend hohen Rechnung überrascht wurde. Ob in Zürich, London, Paris, New York, Rom oder Wien – solch magendrückende Erlebnisse offenbaren die Psychologie eines Landes. Und das Ritual des Geldeintreibens macht die Grundsätze ganzer Volksstämme deutlich.

Gehen wir also mal in Zürich essen.

Zürich ist eine kulinarische Hauptstadt, und es gibt viele Leute, die nicht zu Unrecht behaupten, daß man in Zürich inzwischen besser ißt als in Paris. Doch herrschen an der Limmat andere Zahlungsrituale als an der Seine.

Wie wir alle wissen, sind sämtliche Metropolen sehr teuer geworden, und das Zahlen einer Rechnung, wenn man zum Beispiel zu viert zu Abend gegessen hat, ist immer öfter mit seelischen Schmerzen verbunden. Darin unterscheidet sich Zürich nicht von anderen Städten, aber das Bezahlen einer Rechnung läuft in dieser Stadt etwas anders ab.

Man geht in ein sehr gutes, nobles Restaurant und malt sich aus, wie teuer das werden könnte. Schon bei der Hauptspeise denkt man sich, na ja, das Essen ist hervorragend, der Wein ist nicht zu hochpreisig, man wird so mit sechshundert Franken durchkommen. Jetzt legen wir vielleicht noch einen Hunderter drauf, um nicht allzusehr erschreckt zu werden. Die Rechnung kommt, und – Luft anhalten: es sind achthundertzwanzig Franken!

Langsam atmen wir aus, überlassen uns eine Sekunde der Panik – doch wir müssen sie überstehen.

Und genau in dieser Sekunde zeigen sich die Unterschiede in der Mentalität der verschiedenen Länder.

In Zürich zieht sich der Ober nach dem Servieren der Rechnung sofort auf drei bis vier Meter Sicherheitsabstand zurück. Schweizer Kellner weigern sich, eventuelle Tobsuchtsanfälle physisch miterleben zu müssen. Unschuldig schaut er weg: Dieser Mann kann menschliches Leid nicht sehen! Er studiert ausgiebig die Architektur der Decke, streift einen nicht vorhandenen Fussel von der Weste und wartet geduldig ab, was da auf ihn zukommt.

Doch jetzt kannst du etwas tun, was in keiner anderen Stadt dieser Welt möglich ist, nur in Zürich:

Sind die Schmerzen angesichts der hohen Zahl unter dem Strich zu stark, kann man hierzulande laut zu jammern beginnen. Mit Tischkollegen kann die Rechnung offen diskutiert werden, ja selbst der Nachbartisch beteiligt sich gern. Laut werden Zweifel, Bedenken angemeldet, ja sogar über ein pedantisch genaues Nachrechnen regt sich hier niemand auf.

Schlechten Kopfrechnern eilt flugs der Kellner zur Seite. Er wird dir sogar Luft zufächeln.

»Ein Schnäpschen zur Beruhigung, mein Herr«, fragt der freundliche Herr in schwarz-weiß. Du nickst. Der Kirsch kommt, prompt gefolgt von der Rechnung – für den Kirsch. Und du wunderst dich erst später, warum diese Winzigkeit an Hochprozentigem zehn Franken gekostet hat.

Man hatte ja immerhin heimlich gehofft, das Schnäpschen wäre gewissermaßen als Trost, »aufs Haus« gegangen. In Zürich hegt man diese Hoffnung natürlich vergebens.

Ganz anders läuft es in London. Hier kannst du hervorragend essen. Und sogar einen Chablis Grand Cru schlürfen – mit der richtigen Temperatur. Das Märchen von hungernden Festlandeuropäern, die mit Freßpaketen auf die Insel reisen, gilt nur für den Rest des Inselreichs. Nicht für London.

Natürlich kommt auch hier die völlig überteuerte Rechnung. Diskret wird sie dir in einem kleinen, mit Schmiedeeisen verzierten Köfferchen zugeschoben. Dann verschwindet der Ober eilenden Schrittes, bringt sich in Sicherheit.

Nachdem du dich über die Rechnung gebeugt hast und mit deinem Schicksal haderst, wagt er sich langsam wieder in deine Nähe. Er macht sich an Nachbartischen zu schaffen. Er rückt akkurat liegende Messer und Gabeln zurecht, schiebt Stühle hin und her, läßt dich aber keine Sekunde aus den Augen, verfolgt mit diebischer Freude dein Leid, labt sich britisch-gelassen an deinem finanziellen Untergang.

Einen Festlandeuropäer zu ruinieren, das zählt zu den großen Erfolgserlebnissen eines echten Briten.

Doch sowie du aus der kurzen Lethargie erwacht bist, dich von Gedanken wie »Das kann doch nicht wahr sein...«, »Nie wieder...«, »Unverschämt teuer...« erholt hast, steht schon der Ober neben dir, rast mit deinem Geld im Schmuckkästchen von dannen. Du könntest es ihm ja auf dem kurzen Weg zur Kasse wieder abjagen!

In Paris, das wissen Kenner, *ißt* man nicht, man *tafelt*, schlemmt, verwöhnt sich, läßt seine Magennerven wohlig kitzeln. Hier vertraust du deine Ernährung Gastronomen an und überläßt dich dem Patron, während Madame die Gäste betreut. Und wer vor ihr bei der Bezahlung Nerven zeigt – na, der sollte eben erst gar nicht zu Jacobsmuscheln in Trüffelsud oder Entenbrüstchen mit Steinpilzen oder Aalragout in Rotwein und Zwiebelchen reisen.

Hier kann Essen gar nicht teuer genug sein. Auch wenn die Portionen von Jahr zu Jahr kleiner werden – bei so horrend hohen Preisen *muß* einfach das zäheste Fleisch, die dickste Sauce und das vergartetste Gemüse munden. Mitleid jedenfalls hat hier keiner mit dir. Die Kellner nicht – und Madame an der Kasse erst recht nicht.

Der Franzose hat ohnehin eine angeborene Abneigung gegen jeden, der nicht von hier, dem Nabel der Welt ist. Sie ignorieren dich als ungebetenen Eindringling in ihr Reich – als Nichtgallier hast du sowieso froh zu sein, überhaupt bedient zu werden. In Frankreich sein Geld auszugeben, war schon immer eine besonders teure Ehre.

In New York wiederum machen die meisten den Fehler, beim Essen alles in Franken, Schilling oder Mark umzurechnen. Ein verhängnisvoller Fehler. Man ist gut beraten, wenn man zum Beispiel als DM- oder Fränkli-Gewohnter eins zu eins rechnet. Das beruhigt die Nerven, besonders nach dem Essen.

Nehmen wir mal an, wir gehen in New York essen, ins Beste vom Besten natürlich – nicht zu viert, sondern nur zu dritt. Dann rechnen wir mit sechshundert Dollar, legen noch einhundert dazu. Wir denken: Das müßte reichen.

Wie ein Pokerspieler, der gespannt die Ecke seiner Karte anhebt, um darunterzuschielen, machst du es mit der Rechnung, natürlich unbemerkt.

Achthundertzwanzig Dollar!

Das schmerzt ungeheuerlich!

Aber jetzt unbedingt cool bleiben. Wer jetzt auch nur den Anflug einer Regung zeigt, gar die Rechnung mit den anderen Gästen am Tisch diskutiert, hat für alle Zeiten verloren.

Hier spricht man über alles, aber nie über die Rechnung! Man tut so, als hätte man sie gar nicht bemerkt. Der wahre Kenner wirft nicht einmal einen Blick auf die Höhe der Summe. Statt dessen ein launiger Scherz und die Kreditkarte auf das Tablett geworfen.

Und der Ober?

Der tritt wie der Schweizer drei Schritte beiseite, beobachtet dich aber gnadenlos. Der Bursche will dich ausloten. Er will sehen, wie stark du im Nehmen und Geben bist. Er findet jetzt heraus, ob du ein Mann von Welt oder ein »lausiger Provinzler« bist. Sein Urteil über dich ist endgültig!

Wenn du in dieser Sekunde auch nur den Hauch einer Schwäche zeigst, sitzt du in Zukunft an einem schlechten Tisch. Bringst du aber diese Zeremonie mit innerer Größe hinter dich, dann wirst du auch morgen und übermorgen hier wie ein Freund empfangen. Man wird dich mit deinem Vornamen ansprechen, ja küssen!

Aber Vorsicht! Es herrscht Trinkgeldpflicht! Und zwar fünfundzwanzig Prozent! Wer weniger geben will, wird ohne Mitleid erinnert. Und der Ton kann dann ganz schnell etwas rauher werden.

Wie lobe ich mir da die Zahlungsrituale in Rom. Hier kannst du

Gefühle zeigen oder auch souverän bleiben – der Ober schwingt sich in beiden Fällen fröhlich lachend an deine Seite, eine Flasche des angeblich besten Grappa des ganzen Landes in der Hand.

Schwungvoll schmeißt er eine Runde für alle – genau in der Sekunde des größten Schmerzes, als du merkst, daß das Mahl umgerechnet neunhundertzwanzig Mark gekostet hat!

»Den Grappa übernimmt selbstverständlich das Haus«, strahlt er – und dir bleibt nichts anderes übrig, als die horrend hohe Rechnung bleich zu begleichen. Mit deiner Kreditkarte. Doch nach einem Blick auf die goldene Karte meint der römische Charmeur nur: »Carta di Credito? No! No! No!«

Und er beginnt ungeniert mit deiner Begleiterin zu flirten!

Angefeuert von einem zweiten Grappa (»Geht auf Kosten des Hauses«) beginnst du hektisch in allen Taschen zu kramen, um die Summe zusammenzukratzen.

Aber die Grappas »aufs Haus« bauen dich so auf, daß du auch angesichts deines Ruins glücklich und bester Laune bist. Selbst wenn die Dame an deiner Seite dem Kellner inzwischen schon ihre Telefonnummer zugesteckt hat.

Ab sofort stehst du bei deinen Gästen in der Kreide: Sie mußten dich auslösen, dir mit Bargeld aushelfen. Was dich verpflichtet, sie zum Dank einzuladen. In ein Restaurant ihrer Wahl, ein noch teureres, wie du am nächsten Abend waidwund feststellen wirst.

Am liebsten aber zahle ich überhöhte Tafeleien immer noch in Österreich. Hier wirst du mit einem überschwenglichen »Guten Abend, Herr Doktor« empfangen, auch wenn du gar kein Doktor bist, denn du bist wirklich immer ein gern gesehener Gast.

Schmäh hat eben seinen Preis. Und die Wirkung von »Küß' die Hand, Gnä' Frau« oder »Habe die Ehre, Herr Professor« macht dich vollends schwach.

Und ist die Rechnung noch so hoch – die Gäste am Tisch und der Ober wissen ganz genau: Der Herr Professor wird's scho richten – und zahl'n.

1954

oder

Die Pubertät meiner Musik

1954: Federico Fellini zeigte sein »Lied von der Straße – La strada«, Helmut Käutner brachte uns Jungen mit seinem Kriegsfilm »Die letzte Brücke« der von vielen Eltern verdrängten Wahrheit näher, Elia Kazan lockte uns alle mit seinem Film über einen Exboxer ins Kino, »Die Faust im Nacken«, und Marlon Brando wurde zu unserem Jugendidol.

Ich war gebannt von dieser Saloonsängerin Kay, dieser Marilyn Monroe in dem Melodrama »Fluß ohne Wiederkehr«, unter der Regie des Hollywood-Österreichers Otto Preminger.

Für mich als Früh- und Langzeitpubertären war sie die Frau der Träume. Aber die Hollywooddiva, die mehr als jede andere meine Phantasie beflügelt hat, war Rita Hayworth. Mehrmals sah ich mir jeden ihrer Filme an. Kino hatte damals für mich eine unglaubliche Bedeutung – Filme aus Amerika! Sehnsucht pur im damals so trostlosen Europa. Ich sah mich selbst in allen Rollen, als Pirat oder als ritterlicher Degenfechter, der am Ende die Dame seines Herzens heimholt (am liebsten natürlich Rita Hayworth).

Das Bild von Amerika, das wir Jungen hatten, wurde vollkommen durch das Kino geprägt.

In Amerika gab es keine zerbombten Städte, kein Elend, das dem damaligen europäischen Maßstab nahekam. In Amerika, da herrschte, so wollten wir glauben, monströser Reichtum, die Armen unten, die Reichen oben, und das empfanden wir als in Ordnung. »Man muß eben nur zu denen da oben gehören«, dachten wir uns ganz einfach. Der Krieg war zu Ende, politische Werte existierten nicht. Glücksrittertum im Denken.

Schließlich hatte ich das in Hollywoodfilmen gesehen, von dem ausschweifenden Leben der vergötterten Stars gelesen. Amerika, das verruchte, vielleicht auch verdorbene, aber so unheimlich anlockende, vitale Land der hemmungslosen Hoffnungen, der möglichen Unbegrenztheiten.

Man sollte nochmal daran erinnern: Ich habe wie alle Menschen meiner Generation nur Kindheitserinnerungen, die mit Krieg und Naziherrschaft zu tun haben. Krieg war für uns Kinder etwas ganz Normales. –

Wie mußte doch da die Phantasie aufblühen, als der Alptraum endlich vorüber war...

In der Welt der zerstörten Städte waren wenigstens die Gedanken wieder frei.

Meine jugendliche Phantasie kannte keine Grenzen. Und Männer wie Frank Sinatra, dessen Songs für mich immer mehr zum amerikanischen Traum wurden, verkörperten für uns junge Burschen Amerika.

Ja, Frank Sinatra!

Rechts ein Whiskyglas und eine blonde, links eine Zigarette und eine dunkle Schönheit im Arm, unverschämtes Machogrinsen, geschlitzter Rock, Cadillac.

Das war's!

Frank Sinatra wurde ab sofort mein Überidol, und er brachte mich zu dem gepflegtem Saloonjazz, zu Musikern im Smoking, Gordon Jenkins, Strings- & Big Band-Jazz, George Gershwin, Broadway: Alles klingt und glitzert, erfolgreiche Männer und schöne Frauen, die hinter ihnen her waren.

1954: Ich ließ die Tasten damals ganz schön tanzen! Ich überließ mich meinen Träumen, schwebte auf Tonwolken dahin. Ich experimentierte mit meinen Ideen herum.

Heute, viele Jahre später, kann ich sagen, daß ich so ab zwanzig ein ziemlich guter Jazzpianist war, und ich tauchte lustvoll ein in die Tonkaskaden, die mir gerade einfielen.

Ich machte Musik, die eigentlich keiner wollte: Ich liebte den East-Coast-Jazz. Der Sound war versponnen, sehr schwer zu spielen und verlangte von uns jungen Musikern die totale Beherrschung der Technik und progressiver Harmonik. Da wurde einem kein einziger Ton geschenkt.

Natürlich änderte auch ich meine Idole laufend – wie das in der Jugend normal ist. Aber der intellektuelle Stil von Leonard Joseph »Lennie« Tristano blieb für mich eine Zeitlang das Maß aller Dinge.

Tristano war seit seiner Geburt blind – und vielleicht war es genau dieses Eintauchen in die eigenen Welten der Phantasie, das ihn bis heute zur »mysteriösen Figur der Jazzgeschichte« gemacht hat.

»Nicht die Noten machen die Töne. Das Feeling macht die Komposition. Und der Musiker die Musik«, sagte er. Dazu kam Lennies mutige Harmonik, die ich damals nächte-, ja monatelang zu ergründen suchte.

Er ließ einen Ton stehen, Intervalle fließen und lehnte jede Form von Überarrangement ab. Es ist die Balance von Spannung und Entspannung, die Improvisation zwischen Solo und Kollektiv – alles basierend auf linearen kontrapunktischen und vom Motiv getragenen Formen, Strukturen und Rhythmen.

Das war für mich das musikalische Abenteuer, das Überwinden von Grenzen, war die Erfahrung, daß Musiker aus dem Land von Bach, Beethoven und Mozart mit Musikern aus Kanada, Mexiko, Nord- und Südamerika selbstverständlich zusammenspielen können, weil die Noten, die Töne eben überall gleich sind.

Ich glaube, diese Phase war wichtig für mich, weil ich damals ein Gespür dafür erworben habe, ab wann Gefühle in der Musik ins Schmalzige, Klebrige abgleiten. Und später, als mein Geschmack emotionaler und sinnlicher wurde, hat mir diese Sicherheit natürlich sehr geholfen.

Nachdem ich technisch auf dem Klavier immer versierter wurde, begann meine experimentelle Phase. Ich war harmonisch sicher, setzte bewußt zusätzliche Töne, verfeinerte und verkomplizierte die Akkorde, gebrauchte Zwischendominanten, versuchte, harmonische Kadenzen zu verschleiern und den Tonvorrat umzudeuten.

Konservativ, klassisch erzogen und ausgebildet, wurden meine Improvisationen immer kühner, gewagter. Ich nahm den zwölftaktigen Blues als Vehikel für kühne musikalische Behauptungen – und suchte im Niemandsland zwischen Chopin, Debussy, Reger meine linke Hand, die technisch immer hinter meiner rechten

Hand herhinkte. Aber das geht vielen Pianisten so. Nächtelang versuchte ich all das mit meiner ausholend romantischen Art zu vereinen. Die elegante, geruhsame, romantische Intention meines Spiels, die mir innewohnende Neigung zu pathetischen Monologen und sich wiederholenden musikalischen Selbstzitaten – das bin eben ich, dazu stehe ich, auch wenn das immer wieder Anlaß für Kritik bietet.

Ich hatte damals genaue Vorstellungen, was moderne Musik betraf: Musik mußte fließen wie sanfte Wellen, mit Höhen und Tiefen, die nicht ahnbar, aber erkennbar sind. Musik mit originellen Einsätzen, Entwürfen per Klang, die Formen vorhanden, aber nicht erkennbar.

Mit Originalthemen improvisierte ich, konstruierte abwechselnd ablehnende, dann wieder einladende Phrasierungen, versuchte ein Gleichgewicht der musikalischen Balance, um dann alles erneut zu variieren und harmonisch zu verfremden.

Ich übte damals besonders an Standardstücken wie »How High The Moon«, »I Got Rhythm«, »I Only Have Eyes For You«, »Indiana«, und dem Evergreen »S' wonderful«, »The Man I Love«, »Tenderly« und vielen anderen »klassischen« Evergreens.

Ich verließ auch mal den Viervierteltakt, probte differenziertere, eigenwilligere Stile, unterbaute Soli mit eigenen Ideen und kommentierte alles mit einem Rhythmus, der pulsierte – also meinen Körper zum Swingen, Schweben und Bewegen brachte. Ich habe damals gerne getanzt, was für einen Musiker völlig ungewöhnlich ist. Unbewußte Vorboten auf den Entertainer?

Damals begriff ich die unbegrenzten Möglichkeiten meines Instruments: des Klaviers!

Ich mußte nur Wege finden, meine Kenntnisse und Erkenntnisse in die Praxis umzusetzen. Ich träumte von der Möglichkeit, daß Musik subtil, leise und doch komplex einer skurrilen Idee folgend in einer Gesamtkonzeption ruhen kann. Damals habe ich gelernt, Akzente, Akkorde, Kommentare zu setzen. Oder wie mein Arrangeur Georges Walther heute sagt: »Du hast ein untrügliches Gefühl für Dramaturgie. Dieses Geheimnis, das aus einem Lied ein Erlebnis macht.«

Der Phantasie sind keine Grenzen gesetzt. Man kann mit einem schnellen Tempo beginnen, so daß einem der Atem auf halbem

Weg stecken bleibt; oder eine abrupte Unterbrechung, die uns zu einem musikalischen Hochsprung verhilft; oder vielleicht eine Karikatur mit grotesk überhöhten, dissonant eingebauten Intervallen.

Schließlich will man der gewählten Melodie treu bleiben – damit alles zwar konform, aber trotzdem harmonisch verläuft und auch so endet.

Mögen diese Zeilen sich allzusehr an Musiker richten. Aber vielleicht ist es auch für Nichtmusiker ganz interessant, einen Blick in das Tollhaus aus Tönen, Klängen und musikalischen Welten zu werfen.

Damals stand dem East-Coast- der West-Coast-Jazz gegenüber. Dieser kalifornische Stil ist nicht so spröde, er ist geschmeidiger, klingt nach Lachen und Sonne. Gerry Mulligan, Chet Baker waren die berühmtesten Vertreter dieser Musik. Sie war kommerziell sehr erfolgreich, obwohl es eine recht intellektuelle Musik war.

West-Coast-Platten waren damals riesige Verkaufsschlager, wie heute Pophits. Auch ich hatte natürlich die wichtigsten Platten dieser Bands. Die Konzerte waren Ereignisse.

East Coast hat sich nur schlecht verkauft, war immer eine Musik für eine Minderheit, vielleicht war auch das ein Grund, warum sie für mich so interessant war und ich mich noch heute fast als New Yorker fühle.

Überlebt hat schließlich die gefälligere West-Coast-Musik.

Ich spielte damals auf vielen sogenannten »Jam-Sessions«. Auf diesen »Marmeladesitzungen« trafen sich meist spätnachts irgendwelche Musiker aus irgendwelchen Bands in irgendwelchen Lokalen und spielten zusammen, ohne jegliche Absprachen oder Proben. So viel Spaß mir das auch machte, ich verlor doch langsam die Lust am Jazz. Ich wollte komponieren. Ich bewunderte die Komponisten, die die Songs geschrieben hatten, nach denen wir Jazzer improvisierten, wie George Gershwin, Irving Berlin, Cole Porter und all die anderen.

Und obendrein ging es mir auf die Nerven, daß man als Pianist, ebenso wie als Bassist, bei jeder »Jam-Session« der Blöde war. Man spielte ein Thema ja oft eine halbe Stunde lang, denn der Pianist mußte permanent alle anderen begleiten. Die Bläser spielten das Thema am Anfang und am Schluß und dazwischen ihr Solo, und das spielten sie so lange, wie es ihnen Spaß machte. Dann setzten sie sich unter dem Jubel des Publikums hin; in Jazzclubs nicht selten an einen Tisch im Lokal, zu einem Mädchen. Pianist, Bassist und Schlagzeuger »klebten« auf der Bühne, und da ein Klavier und ein Baß viel leiser sind als die anderen Instrumente, bekamen sie auch nur die kürzesten Soli zugeteilt, während ein Saxophonist zum Beispiel keine Hemmungen hatte, ein zehnminütiges Solo zu spielen. Der Schlagzeuger kam zwar auch nicht von der Bühne weg, konnte aber durch ein tolles Radau-Solo wenigstens noch ordentlich Applaus absahnen.

Langsam zog ich mich also vom Jazz zurück, ohne natürlich die Liebe zu dieser Musikform zu verlieren. Ich wollte zu neuen Ufern. Und ich begann, am Klavier zu singen. Die herrlichen Songs, nach denen wir immer improvisiert hatten. Und siehe da: Mit dieser Variante konnte ich jeden Jazzclub binnen Minuten in ein Tollhaus verwandeln. Ich begann zu ahnen, wohin mein Weg führen könnte.

Der riesige schwarze Kasten, aus dem man über die Tasten Leben, Liebe, Lust und Leidenschaft herauszaubern konnte, der Traum vom Broadway, von Hollywood und der glanzvollen, eleganten, großorchestralen und doch so jazzigen Musik, die dort gemacht wurde, dazu die wunderschönen Frauen, die einen auf der Kinoleinwand für wenige Schillinge in Traumwelten entführten und verführten – eine Lehrzeit, eine Lektion in Lebensgefühl, ein Paradies der Phantasie, ein musikalisches Babylon für mich, den Zwanzigjährigen. Beinahe ein Musiker, beinahe ein Künstler, beinahe ein Komponist, beinahe ein Sänger.

1954, gerade erst vierzig Jahre her, für mich lebendig und nah, eines der wichtigsten Jahre meines Lebens als Musiker.

Mein Alltag, die Nacht

oder

Freund, hast du den
Rappen gesattelt?

Die Zeit, in der ein Mensch einen Großteil seiner Arbeit verrichtet, seine Frau liebt, seinen Mann küßt, die Tochter, den Sohn in den Kindergarten bringt, sich um die Zukunft sorgt, mit Zeugnissen bangt, Geld verdient, sich abrackert, abhetzt, sich abwechselnd nachlässig, grenzenlos, unermeßlich und doch so klein, austauschbar, verletzbar und immer ersetzbar fühlt – diese Zeit ist für die meisten Menschen gleichbedeutend mit ihrem Alltag.

Im Wort verankert ist bereits, daß es sich dabei wohl oder übel um den Tag handelt. Um diese seltsame Ebbe und Flut im Gezeitensystem, um einen Rahmen, um ein paar Stunden, ein paar Zahlen, um diese seltsame Berechnung zwischen Gleichgewicht von Schlaf und Wach – also um eine letztlich unzulängliche Erklärung, ähnlich den Klimaschwankungen. Auch ich bin natürlich viel bei Tag tätig, als Nomade der Musik, als Mensch, der Alltagskost zum täglichen Überleben braucht, der Alltägliches wie Nahrungsmittel und Kleidung, Wohnung und Technik, auch Geld, tagsüber kauft, nutzt und bezieht.

Und doch bin ich eher ein armer Verwandter des Tages, spiele eher eine untergeordnete Rolle im Tag, liefere Leistungen lieber am Abend ab – noch lieber in der Nacht, eben abseits des üblichen Reisewegs.

Ein Reisender, ein Suchender bin ich abseits des »9-bis-5-Taktes«. Das Gelände zwischen neun Uhr morgens und fünf Uhr nachmittags kann ich nur in den Nachmittagsstunden bestellen.

Mein Beruf passiert nachts. Nur selten am Vormittag. Und in aller Herrgottsfrühe geht es nur um Filmaufnahmen.

Es liegt in der Natur der Sache, daß ein Musiker seine Arbeitszeit eher auf die späteren Stunden des Tages verlegt; das war immer so. Mozart hat nachts komponiert, Beethoven auch. Bernstein ebenso. Die Beatles haben ihre Songs fast alle weit nach Mitternacht eingespielt. Die Stones in ihren besten Zeiten sowieso. Warum?

Weil vielleicht die Schwätzer und Besserwisser nachts schlafen? Also im Hintergrund der Kreativität bleiben?

Konzerte finden nun mal nicht zur Mittagszeit statt.

Selbstverständlich gibt es Matineen, Frühvorstellungen. Aber in der Regel finden Konzerte zu einer Tageszeit statt, zu der der normale Mensch Zeit hat, ohne schlechtes Gewissen hinzugehen. Also abends.

Alle Großveranstaltungen, die Menschen unterhalten, finden abends statt, jedenfalls meistens. Und wenn es dann zu den richtigen Vergnügungen geht, in die Clubs, die Nachtlokale, die Musikschuppen oder zu »Jam-Sessions« nach offiziellen Auftritten – dann geht's sogar tief in die Nacht hinein, in die späte, späte Nacht, die man gewöhnlich »frühen Morgen« nennt.

Wenn man für diese Art von Vergnügungen der Menschen gewissermaßen beruflich verantwortlich ist, dann sollte man in der Nacht auf Touren sein. Man sollte ein Freund der Spätstunden des Tages sein, man sollte die Nacht lieben, sonst gerät man in eine Konfliktsituation. Ich bin für meinen Beruf erfreulicherweise der klassische Fall eines Nachtmenschen.

Schon als Kind war es für mich außerordentlich schwierig und unangenehm, frühmorgens aufzustehen, um rechtzeitig die Schule zu erreichen. (»Herr Lehrer, da bin ich!«) Abends hingegen konnte meine Mutter mich einfach nicht ins Bett kriegen.

Egal, wie spät es war, von Müdigkeit keine Spur. Und das war natürlich auch immer ein problematisches Thema für meine Partnerschaften.

Auf meinen Beruf hat sich das zeit meines Lebens immer positiv ausgewirkt. Abends um acht ist es für mich kein Problem, in meiner Tageskurve, Biokurve, meine höchste Leistung zu bringen.

Da ich das weiß und da es für meinen Beruf von Vorteil ist, habe ich das Nacht-Mensch-Sein professionalisiert und kultiviert.

Mein Tag beginnt am späten Vormittag. Nachdem ich aufgewacht bin, ziehe ich meine Sportkleidung an und spaziere zum »John-Valentines-Fitneß-Club«, etwa fünfzehn Minuten von meinem Zuhause in Zürich entfernt, um dort täglich eine halbe Stunde zu schwimmen.

Auf dem Heimweg mache ich ein paar Besorgungen für mein Frühstück.

Zurück nach dem Schwimmen, nach dem Austoben im Wasser, setze ich mich in meine Dampfsauna, wo auch ein Rasierapparat und eine Zahnbürste und Zahnpasta liegen. Und während ich gemütlich vor mich hin dampfe, mache ich meine Morgentoilette.

Anschließend wird ausgiebig eiskalt, aber wirklich eiskalt geduscht, sommers wie winters. Erst dann ziehe ich mich an und fühle mich ab sofort außerordentlich unternehmungslustig.

Von diesem Augenblick an bin ich bereit für Arbeit, Besprechungen, Klavier, Komponieren, Texten, Telefonieren, von mir aus sogar Singen.

Aber alles kommt erst so recht in Schwung, wenn ich mein Frühstück zelebriert habe.

Frühstück, das ist für mich eine Zeit des täglichen Neubeginns.

Ich lebe meist als Single, liebe es, mein Leben selbst zu organisieren, schätze es sehr, mein Frühstück selbst zu machen, lasse mich nicht bedienen, hasse es geradezu, wenn ich bei meinem morgendlichen Ritual gestört werde – durch hektisches Servieren oder noch hektischeres Abräumen.

Einen Tag beginnt man täglich. Und täglich beginne ich meinen Tag mit einem Ritual. Inzwischen hat es sich bei vielen meiner Freunde herumgesprochen: Der Udo macht so ungefähr das beste Frühstück in Zürich!

Und so kommen meine Freunde gerne und oft zu mir zum Frühstück – wenn sie eigentlich Mittagessen wollen!

So kommt Freddys rechte Hand Mucki Stammler oft, um bei dieser von mir geliebten Gelegenheit verschiedene Dinge mit mir zu besprechen. Oder Helmut-Maria Glogger, mein bayerischer, leicht chaotischer Freund, er hat seinen Schreibtisch als stellvertretender Chefredakteur bei der größten Schweizer Tageszeitung nur ein paar Meter neben der Oper, also in unmittelbarer Nähe meines Frühstückstisches.

Er kommt des öfteren – um sich von den Konferenzen zu erholen, um mit mir zu lachen, um mir wütend ins Gesicht zu schleudern, was er soeben erfahren hat: Wieder ein Terroranschlag gegen Ausländer in Deutschland, in Österreich, in der Schweiz; wieder Bilder, die man nie und nimmer drucken kann, so menschenverachtend sind sie. Und immer wieder diskutieren wir, was wir denn machen können, könnten, sollten, müßten, um unseren Beitrag zu leisten, die Welt ein bißchen menschlicher zu gestalten.

Wo ich auch bin auf dieser wunderschönen, großen, weiten Welt, immer versuche ich, den Tagesbeginn in einer ähnlichen Form zu begehen. In Portugal fällt es mir leicht, den Tag wie in Zürich zu beginnen. Auch dort, an der Algarve, habe ich eine Dampfsauna. Und in den Hotels, in denen ich auf meinen Reisen Station mache, sind zumeist Swimmingpools vorhanden. Nur mein Frühstück kann ich mir nicht selber vor- und zubereiten.

Wenn ich zu Hause bin, frei habe, keinen Termin, keine Gala, keinen TV-Auftritt, kein Geschäftsessen – dann entwickelt sich der Abend fast immer so: Ich wandere vergnügt an meinem Bettler im Vorhof vorbei – und der weiß, warum er da sitzt! Er bekommt immer mehr als nur einen Obolus! Wir mögen uns, haben uns aneinander gewöhnt, hin und wieder einige Worte gewechselt.

Meist treffe ich mich gegen halb neun mit Freunden, Mitarbeitern, Musikerkollegen in einem Restaurant. Das sind für mich wichtige Stunden, da in dieser Zeit eine gewisse ausgelassene Gesprächsstimmung herrscht. Es wird gelacht, diskutiert. Zum Beispiel in meinem »verlängerten Wohnzimmer«, der »Kronenhalle«, die nur wenige Meter von meiner Wohnung entfernt liegt und durch den kreativen Lärm, der in der Haupthalle des Restaurants herrscht, jede verschlossene Seelentür öffnet.

Hier hatte ich das großartige Erlebnis, einmal an einem großen Tisch mit Marc Chagall zu sitzen. Einige seiner unvergleichlichen Bilder wie »Gladiolen«, das ich »Die Blaue Dame« nenne, hängen ja in der »Kronenhalle«. Kurz zuvor hatte ich eine Chagall-Ausstellung in New York besucht. – Und jetzt mit diesem über neunzigjährigen Genie an einem Tisch! Es war kurz vor seinem Tod. Ich wagte es nicht, das Wort an diesen alten Herrn zu richten. Zu groß war mein Respekt, meine Bewunderung.

Hulda Zumsteg, die inzwischen verstorbene langjährige Besit-

Udo »Geradeaus«.
Foto: Peter Kranzler

Udo »goes classic«: Das Werbefoto der »Open-Air-Symphony«.
Foto: Udo Jürgens Archiv/bbmp ag

Die Realität: 100 Mann und ein Befehl.
Foto: Peter Kranzler

Seit 1977 Partner: Udo und Freddy Burger.
Foto: Udo Jürgens Archiv/bbmp ag

Power seit 1977: Udo und Bandleader Pepe Lienhard,
»Geradeaus«-Tournee 1992. Foto: Peter Kranzler

Gänsehaut – Konzert in Windisch (CH): »Open-Air-Symphony« im
römischen Amphitheater. Foto: Bernhard Kühmstedt

Beinahe-Katastrophe Dresden 1992, »Open-Air-Symphony«.
Foto: Andreas Weihs/Udo Jürgens Archiv/bbmp ag

»Sempre Roma« – Erinnerungen an die Weltmeister von 1990.
Foto: Jürgen Olczyk

Freunde seit »Buenos Días Argentina«: Franz Beckenbauer und Udo.
Foto: Werner Franz/Udo Jürgens Archiv/bbmp ag

Hardrock-Fan Udo mit Hardrock-Freund Klaus Meine – Scorpions.
Foto: Heier Lämmler

Profitreffen beim Münchner Oktoberfest 1991 mit Kati Witt.
Foto: BILD/Astrid Schmidhuber/Udo Jürgens Archiv/bbmp ag

»Das Schloß am Wörthersee« mit Uschi Glas.
Foto: Udo Jürgens Archiv/bbmp ag

Zukunftsmusik: Im Jahr 2000 wird Udo Jürgens 66 Jahre alt.
Foto: Erwin Schneider

zerin der »Kronenhalle«, war seit Jahrzehnten mit Marc Chagall und vielen anderen bedeutenden Malern unseres Jahrhunderts befreundet. Aus diesen Freundschaften stammen auch all die unbeschreiblich wertvollen Bilder, für die die »Kronenhalle« weltberühmt ist.

Friedrich Dürrenmatt, mit dem sie ebenfalls eine enge Freundschaft verband, nahm sie als optisches Vorbild für sein berühmtes Stück »Der Besuch der alten Dame«.

Die über neunzigjährige Frau, die Künstler aus aller Welt nach Zürich zog, eine Persönlichkeit, vor der man sich spontan erhob, wenn sie an den Tisch trat, mochte mich und meine Musik.

»Nur ein Lächeln« war ihr Lieblingslied, und diesem Lied verdanke ich wohl das vermutlich wertvollste Geburtstagsgeschenk, das ich je in meinem Leben erhalten habe.

Immer wieder, wenn einer ihrer interessanten oder berühmten Freunde in der »Kronenhalle« erwartet wurde, lud Hulda Zumsteg mich zu diesem Abendessen ein. So auch, als eines Tages der Modeschöpfer Yves Saint-Laurent in der Stadt war. Sie erzählte mir, daß Yves Saint-Laurent besonders von meinen alten Liedern aus der Eurovisionszeit wie »Merci Chérie« und »Warum nur, warum«, die ja auch in Frankreich »Nummer-1-Hits« waren, begeistert sei.

Da ließ ich mir eine kleine Überraschung einfallen: Gegen Ende des Abendessens ließ ich blitzartig ein kleines Klavier in eine Ecke des Lokals stellen. Und zusammen mit drei Musikern des Pepe-Lienhard-Orchesters spielte ich ganz spontan die beiden Lieder und als Abschluß Huldas Lieblingssong »Nur ein Lächeln«. Der ganze »Spuk« war nach wenigen Minuten vorbei und hatte sowohl unserer Tischrunde als auch den anderen Restaurantbesuchern große Freude bereitet. Gerührt und sprachlos drückte Hulda Zumsteg mir die Hand.

An meinem darauffolgenden Geburtstag war es an mir, sprachlos zu sein: Die alte Dame kam an meinen Tisch, gratulierte mir herzlich und überreichte mir ein wunderschönes Originalbild von Marc Chagall.

Überhaupt: Die »Kronenhalle« und ihre Bilder, die einem Museum zur Ehre gereichen würden. Alles kann man zwischen Gemischtem Salat, Austern, Zürcher Geschnetzeltem und Mousse au Chocolat vom Tisch aus bewundern.

Hunger in Zürich, das bedeutet Qual der Wahl. Ob beim gepflegten Service des Herrn Franz im »HongKong«, für mich eines der besten »Chinesen«, die ich kenne, oder ein traumhaftes Hähnchen im »Emilio« oder die besten Teigwaren zwischen Palermo und Hamburg im »Casa Ferlin«. Das beste Fleisch in der »Stapfer-Stube«, den besten Fisch in der »Hummer Bar«. Oder im Sommer die herrlichen und lustigen Strandlokale direkt am See, wie das »Ermitage«, das »Seehus Stäfa«, der »Forellenhof« oder direkt in der Stadt das »Bauschänzli«. – Überall sitzt man direkt am Wasser unter alten Bäumen und glaubt, weit, weit im Süden zu sein. Im Sommer kann ich all diese Lokale mit dem Boot, das direkt vor meinem Fenster ankert, ansteuern.

Anschließend geht man vielleicht noch in einen Nightclub auf einen Drink. Wer glaubt, in Zürich gäbe es keine Nachtszene, wessen Phantasie beim Gedanken an diese Stadt nicht über Banken, Steuerflüchtlinge, Geldscheffler, spießige Buchhalter in grauen Anzügen und Reihenhäuschen hinausreicht, in denen nach den Abendnachrichten die Lichter ausgehen, ist vollkommen ahnungslos. Zürich als das Mekka der Langweiler, Schlafmützen, Durchschnittsbürger, Eigenbrötler und Hinterweltler? Oh, wie falsch! Vielleicht ist Zürich in dieser Hinsicht die am meisten unterschätzte Stadt Europas. Hier floriert das Leben auf den Straßen, getragen von einer jungen Szene, wie man sie sich in anderen Metropolen nur erträumen kann. Vom Frühling bis in die Spätsommer- und frühen Herbstnächte feiert man in und vor den Lokalen zwischen »Bellevue« und »Central«, im »Niederdorf«, eine immerwährende Party. Pubs, Kneipen, Discos, Jazzlokale mit Livemusik, lockere Heiterkeit, für die ich diese Stadt so liebe.

Nach Mitternacht in einer warmen Sommernacht vor dem »Odeon« zu sitzen... Der Strom der Fußgänger ergießt sich zwischen den Stühlen des Lokals, in dem Lenin seine Schriften verfaßte. Geschichte und Gegenwart reichen einander die Hand. Menschen flanieren vorbei, Verrückte, Ausgeflippte, Unauffällige, umwerfend Schöne, lachende Pärchen, Einsame, selig Betrunkene, Nüchterne, Propheten, Träumer, Spinner, schräge Vögel und gerade Michel, Punks und Rocker, Machos und Softies,

Müde und Aufgekratzte, Kontakt Suchende und Abweisende, Singende und Stille, Neugierige und Abgeklärte, Weltfremde und Weltveränderer, Sieger und Verlierer, Traumtänzer und Lebenskünstler ... alle auf dem Weg nach Hause oder zu neuen Ufern, alle erfaßt von einer Atmosphäre, einem Sog der Leichtigkeit, schwebend, dem Gewicht des Alltags enthoben, erfaßt von diesem unvergleichlichen, wunderbar kreativen Rausch der Lebendigkeit.

Die Nachtszene der Stadt hat schon einiges zu bieten, um in Fahrt zu kommen. Pianobars wie das »Splendid« oder das uralt eingerichtete wunderschöne »Old Fashioned« machen Laune auf mehr.

Wer etwas jüngere Leute sehen will, stellt oder hockt sich auf einen Drink ins »Movies« an der Limmat oder ins »Pub«, wo sich mehr als in anderen Lokalen Menschen aus allen Erdteilen zusammenfinden.

In der Discoszene Zürichs mischen auch Freddy und ich kräftig mit: Das »Joker« oder das »Le Bal«, nebeneinander im Kongreßhaus gelegen, für den Nachtschwärmer ab dem »Twenalter«, der vielleicht auch gerade aus dem Theater oder von einem guten Essen kommt und es gern etwas gepflegt hat. – Livemusik im »Joker« mit teilweise tollen Bands, wie zum Beispiel auch dem »Pepe-Lienhard-Orchester«, das hier zweimal im Jahr vor überfülltem Haus spielt.

Wer's gern jung und wild hat, geht ins »Mascotte«. Hier kann es schon ganz schön schräg und laut zugehen.

Aber auch unsere Konkurrenz schläft nicht; das »Roxy« für das ausgeflippte »Schicki-Micki-Publikum« oder das »Petit Prince« für die, die es etwas ruhiger mögen und gern an der Bar Händchen halten wollen.

Die höheren Söhne und Töchter des Landes »schwofen« seit Jahrzehnten am Wochenende im Designerlook im »Diagonal«.

Unübertroffen jedoch das »Kaufleuten«, ein in eine Disco umgebautes Theater mitten in der Stadt, in der sich die junge Szene allwöchentlich zu einer großen Party, man könnte fast sagen, einem großen »Happening« trifft. Wenn ich genau überlege, fällt mir im Moment weder in Wien, Berlin, Hamburg oder München, ja nicht einmal in New York ein Lokal ein, das mit solch einer Atmosphäre aufwarten kann.

Wie gern nehme ich dort oder anderswo nach dem Abendessen noch einen Drink, beobachte, lasse mich in die Atmosphäre fallen, lasse mich anstecken, motivieren, inspirieren, betören, aufrütteln, hin und wieder auch ein wenig verstören.

Aber das heißt noch lange nicht, daß »die Rappen gesattelt werden« – wie ich das nenne, wenn wir wirklich die Nacht zum Tag machen. Wenn wir losziehen und »den Bär von der Kette lassen«.

Aber das passiert nicht allzuoft. Und auch nur dann, wenn ein »Nachtreiter« einem anderen begegnet. Im Normalfall nach dem Essen noch ein »Absacker«, ein Drink irgendwo – und ich bin zu Hause.

Meine Wohnung in Zürich empfängt mich jetzt in einer anderen Atmosphäre, als sie das bei Tag tut. Bei Tag, vielleicht bei schönem Wetter, ist sie sonnendurchflutet; durch die großen Bogenfenster kann die Sonne ungehindert zu mir in die nach vorne liegenden Räume scheinen, verstärkt wird dieses Licht noch durch die Reflexion des Sees.

Manchmal, wenn die Sonne genau über dem See steht, sind die Spiegelungen des Wassers so stark, daß sich tanzende Reflexe auf der Decke meines Wohnzimmers abzeichnen.

Wie anders ist die Atmosphäre, wenn ich die Wohnung bei Nacht betrete.

Auch jetzt spielen die Spiegelungen eine große Rolle. Die großen Fenster geben den Blick frei auf den Bellevueplatz, links die angestrahlte Oper, geradeaus der See, der in der Nacht so ganz anders daliegt.

Da die Stadt sich ja um das ganze Ende des Sees im Halbkreis herumzieht, ist auch das Stadtbild auf der anderen Seite des Sees zu sehen. Die unendlich vielen Lichter der Stadt, die sich auf die Hügel hinauf ziehen und oben langsam immer spärlicher werden, finden sich nun alle als Spiegelbild im See wieder. Aber ganz anders als bei Tag.

Nachts liegt der See meist ruhig da, wie ein schwarzer Spiegel. Die vielen bunten Lichter ziehen sich jetzt wie Leuchtröhren durch das dunkle Wasser, als würde das gegenüberliegende Ufer auf glühenden Stelzen stehen.

Meine Haushälterin, Frau Nötzli, die sich bei mir immer »nötzlich« macht (nomen est omen), bemüht sich zwar redlich, der Wohnung eine aufgeräumte und gepflegte Atmosphäre angedeihen zu lassen, aber es gelingt mir immer ziemlich schnell, wieder eine gewisse Unordnung herzustellen. Die neuralgischen Punkte sind das Klavier und der Tisch im Büroraum. Auch auf dem Eßtisch tummeln sich meist Manuskripte, Kassetten, Briefe, Bücher und vieles mehr, was eigentlich nicht hierhingehört.

Der Tisch befindet sich vor einer offenen Küche, die lediglich durch die Farbgebung und durch einen eingebauten Barschrank zur Hälfte vom Wohnzimmer getrennt ist.

Küchen in eigenen Räumen sind mir zuwider. Ich mag sie kaum betreten, mag nicht, wenn dort etwas zubereitet wird. Derjenige, der für Stunden in einem anderen Raum verschwindet, mit dem kann man nicht reden: vertane Zeit.

Ich schätze – auch wenn ich selbst am Herd hantiere, was alles andere als professionell ist, aber mir von Zeit zu Zeit großen Spaß macht – den Kontakt zu den Menschen, die sich in meiner Wohnung befinden. Ich will, daß das Gespräch weitergeht. Daher habe ich eine offene Küche.

Wenn ich allein zu Hause bin, lasse ich den Fernseher gerne ohne Ton laufen, so daß er nur ein bewegtes Bild zeigt. Wenn sich auf diesem Bild etwas ergibt, was mich interessiert, stelle ich den Ton an. Aber im großen und ganzen sehe ich nicht viel fern, wie die meisten Leute, die fürs TV arbeiten.

Ich glaube, das große Filmerlebnis ist der Kinosessel – sich in ein Kino zu setzen, mit anderen Menschen die Atmosphäre eines Films zu genießen, den perfekten Ton. Das Fernsehen ist, seitdem man dreißig Kanäle zur Verfügung hat, eher etwas Mühsames geworden. Die Fernbedienung tut dann noch ein übriges; die Kraft, sie aus der Hand zu legen, bringt man aber doch nicht auf.

Also surft man durch die Programme. Hier ein paar Splitter Gottschalk, dort ein paar Sätze Biolek, plötzlich gerät man einem Sänger in die Krallen, der ein schauriges Lied von sich gibt. Dann die bunten Farben des Glücksrades. Beinahe hätte ich mir den Finger verstaucht, so schnell habe ich den Schaltknopf betätigt. Dann ein alter Schwarzweißfilm. Schon besser!

Richtig bei der Sache bin ich nur bei Nachrichtensendungen, großen Sportereignissen, Bundesliga, Auslandsreportagen, Dokumentationen, Talkshows, wenn interessante Gesprächspartner da sind. Oder bei einem guten Film.

Der Fernseher ist also ohne Ton eingeschaltet. Das ist die Zeit, wo mich das Klavier nachts einlädt, es zu versuchen. In diesen Stunden wird die eine oder andere Idee geboren, manches vielleicht fertiggestellt. Wenn größere Auftritte bevorstehen, sind das auch die Stunden, in denen ich einfach wieder mal richtig übe, wie ich es ruhig etwas mehr tun sollte.

Vier Stockwerke unter meiner Wohnung befindet sich die Diskothek »Mascotte«, die Freddy und mir seit vielen Jahren gehört. Ein Lokal, mit dem ich im Laufe der Jahre viel Freude hatte, in das ich auch sehr oft nachts noch auf einen Sprung runterfahre. Der Lift öffnet sich direkt zum Lokal. Dort treffe ich mich oft mit Freunden, um noch einen Drink zu nehmen, aber auch mit dem Personal bin ich natürlich gut bekannt.

Wie in allen Diskotheken der Welt wird Pop- und Rockmusik gespielt, doch auch hier spürt man zeitbedingte Veränderungen. Heute gibt die im Computer programmierte »Techno«-Musik den Beat an.

Die neue Tanzkultur brachte Veränderungen mit sich, die nun selbst Pop und Rock, Elton John, Queen, Bruce Springsteen, Joe Cocker und all die großen anderen Namen der Popwelt zu spüren bekommen.

Ich habe dies wie meine deutschsprachigen Gesangskollegen schon vor vielen Jahren erfahren: In den Diskotheken werden wir kaum noch gespielt. Anfangs war das ein Schock.

Wenn ich dran denke, daß »Aber bitte mit Sahne« in den deutschen Diskotheken in den späten siebziger Jahren ein riesen Nummer-1-Hit gewesen ist! In den achtziger Jahren verschwanden dann die deutschen Lieder aus den Discos.

Auch die Zeiten des Gesprächs in einer Diskothek sind fast vorbei, sich zu unterhalten ist nahezu unmöglich. Man kann nicht mehr unterscheiden, ob einer was zu sagen hat oder nicht, da er im Lokal auf keinen Fall etwas zu sagen hat. Hier sprechen nur noch die Boxen.

Als erfreulich empfinde ich, daß die sehr technische Musik, die

die Diskotheken beherrscht, die Konzertsäle noch nicht erobern konnte.

Da zählen immer noch die verläßlichen Namen, je älter desto besser, könnte man fast sagen. Da will das Publikum heute mehr denn je handgemachte Musik hören.

Doch die Welt ändert sich unentwegt, denn die Technowelle hat auch schon wieder eine Gegenbewegung ausgelöst. Nie zuvor haben Menschen so viele Instrumente gekauft wie heute: Klaviere, Gitarren, Flöten, Geigen. Ein richtiger internationaler Boom ist zu verzeichnen.

Und siehe da, plötzlich ist mein »Aber bitte mit Sahne« in vielen Topdiskotheken wieder ein Knüller. Man will wieder Musik hören, auch auf Schallplatten, die ohne viel Technik auskommt.

Dieser Trend ist mehr und mehr im Vormarsch. Er füllt auch die Konzerthallen und macht Musikern wie mir mehr als Mut.

Auch ich möchte meine nächste Platte vom Klavier aus gemeinsam mit nur wenigen Musikern einspielen, mehr Klavier als früher. Und ich möchte richtig vom Klavier weg singen, wie ich es auf der Bühne tue. Also eher wieder etwas natürlichere Methoden anwenden, als es in den letzten Jahren gang und gäbe war.

So werde ich meine schöne altmodische Art, Songs zu schreiben, am Klavier sitzend, mir Themen überlegend, mit den Textern diskutierend, Inhalte zusammenbastelnd, auch in Zukunft beibehalten.

Nirgends habe ich im Laufe der letzten fünfzehn Jahre so viele Lieder geschrieben wie hier in meiner Zürcher Wohnung. Zwei Gäste kann ich bequem unterbringen, zur Not aber auch sechs. Und so ist es ideal, wenn mein Produzent Peter Wagner bei mir ist, um neue Projekte zu besprechen, oder einer meiner Textdichter einige Tage bei mir wohnt. Wir haben hier also alle Möglichkeiten, kreativ zu sein.

Das Allerwichtigste: das Umfeld zu schaffen, die Atmosphäre, die gute Laune, das Lachen, die Gespräche, die Ernsthaftigkeit, die Ausgelassenheit, die notwendig sind, damit das kleine Feuer in einem zu brennen beginnt, aus dem die Lieder entstehen.

Hier in Zürich habe ich unbeschreibliche Stunden erlebt, im »Corsohaus«. Nachdenkliche, ruhige, lange Passagen, in denen ich vollkommen auf mich gestellt, allein gewesen bin, aber auch laute, ausgelassene, kreative, verrückte Stunden. Und für beide Phasen scheinen diese Räumlichkeiten wie geschaffen zu sein.

Vor Mitternacht komme ich quasi niemals ins Bett.

Zwei Uhr ist eine realistische Zeit. Es kann aber auch wesentlich später werden.

Da ich daran glaube, daß man besser ausgeruht ist, wenn man sich möglichst niemals wecken läßt, sondern nur dann aufsteht, wenn man von allein aufgewacht ist, lebe ich auch danach.

Diesen Freiraum habe ich mir erkämpft. Da ich viel Schlaf brauche, fast so viel wie ein Kind – ich kann bis zu zehn Stunden schlafen –, liegt es in der Natur der Sache, daß ich selten vor zehn Uhr, allerdings auch selten nach zwölf Uhr aufstehe.

Die Nacht mit ihren tausend Gesichtern, den grellen, den stillen, den fröhlichen, den traurigen, die Nacht ist also mein Alltag.

Und alle Farben der Nacht sind mir vertraut.

Und es kann auch nur in der Nacht passieren, daß die »Rappen gesattelt werden«.

Selten, Gott sei Dank. Erfreulicherweise gibt es unter meinen Freunden und Mitarbeitern wenige, die so konsequente Nachtmenschen sind wie ich.

Auch Panja war ein Tagmensch. Auch Corinna ist ein Tagmensch.

Aber ich bin leicht zu verführen, die Nacht vollends zum Tag zu machen. Zum Beispiel von Peter Wagner, einem der lustigsten Menschen, die ich kenne, fröhlich, ausgelassen, positiv; einer der wenigen, die mich unerhört motivieren können zu komponieren, einer, der unendlich viel von Liedern versteht.

Wir sind lange Zeiten im Jahr zusammen, Tag und Nacht, und es kann kaum etwas Ausgelasseneres, Interessanteres geben, als mit ihm essen zu gehen. Die anschließenden Gespräche und Diskussionen sind immer kreativ. Wenn wir dann ans Klavier gehen, kommt fast immer etwas Brauchbares dabei heraus.

Aber ein »Reiter durch die Nacht« ist er nicht. Wenn es gegen zwei Uhr geht, ist er plötzlich verschwunden. Peter hat sich aufs Ohr gelegt.

Einer meiner besten Freunde, Nicki Dumba, der Gastronom aus Österreich, mit dem ich sehr viel gemeinsam unternehme, der mich oft auf den großen Reisen begleitet, der zu vielen Konzerten anreist, leidenschaftlicher Golfspieler, guter Skifahrer, mit ihm kann ich nur selten durch die Nacht reiten. Kaum ist es Mitternacht, kommt von ihm meist der Satz: »Mei bin i miad, jetzt geh' mer schlofen«.

Aber wenn so ein leicht verführbarer »Nightrider« wie ich einem anderen begegnet, dann erkennt man sich sofort, und es wird gefährlich. Ganz schlimm in dieser Beziehung sind meine Kinder Jonny und Jenny. Wenn Jenny und ich erst mal so richtig loslegen, wirft ihr Freund meist so gegen drei Uhr entnervt das Handtuch.

Doch dieses exzessive Ausgehen findet selten statt, nur dann, wenn sich zwei echte »Reiter der Nacht« begegnen und nur wenn am nächsten Tag nichts anliegt. Und so ein »Reiter durch die Nacht« ist einer meiner besten Freunde Hannes Jagerhofer.

Dann wird der »Sattelgurt des Rappen« enger geschnallt.

Hannes ist ein erfolgreicher Jungunternehmer, der eine Marktlücke entdeckt hat: Er organisiert spezielle Veranstaltungen, z. B. eine Großdiskothek im Technischen Museum in Wien und ähnliche Dinge mehr.

Die Wiener nehmen es ihm vielleicht etwas übel, daß die hübschesten Mädchen hinter ihm her sind. Das scheint mir das Schicksal von Wien, Graz und Salzburg und anderen österreichischen Städten zu sein: An den hübschesten Mädchen sind fast immer die Kärntner Burschen dran.

Hannes und ich haben eine Männerfreundschaft im besten Sinn, mit guten und wichtigen Gesprächen. Er ist erfolgreich und muß daher sein Leben wie alle, die erfolgreich sind, im Griff haben. Das heißt: solide leben.

Kärntner wie ich. Wenn wir uns in Wien, wo er lebt, treffen und vielleicht am nächsten Tag nichts zu tun haben, dann kann es gefährlich werden. Durch die Wiener Lokale wie ein Sturmwind.

Auch in Wien beginnt so ein »Ritt durch die Nacht« meistens in einem guten Restaurant, und davon gibt es Wien sehr viele.

Am häufigsten sitzen wir im »Do & Co« im neuen »Haas-Haus« am Graben, dem Treffpunkt mit dem Habitus des Langzeit-In-Lokals. Hier begegnet man Bekannten und Freunden, auch ohne sich verabredet zu haben. Irgendwer ist immer da.

Der türkische Besitzer Attila Dogudan, ein ungewöhnlich sympathischer und tüchtiger Mann (Gott sei Dank gibt es Freunde wie ihn, Ausländer in Österreich) hat eine Atmosphäre geschaffen, wie sie heute modern ist: gemütlich trotz »fashionable Look«. Diese Mischung stimmt.

Schauspieler, Politiker, Models, Sportler, Promis.

Erfolgreiche Leute, die »in« sind.

Niki Lauda treffe ich so oft dort, daß ich ihn im Verdacht habe, im »Do & Co« sein zweites Büro zu haben.

Soll es aber locker und lustig sein, dann geht man zum Beispiel ins »Schweizerhaus«, ein Biergarten, der auch in München zu den besten gehören würde, aber mit einer Speisekarte, die alle k. u. k.-Küchenträume wahr werden läßt. – Und da wir nunmal in einer Gesellschaft leben, die es sich zur Maxime gemacht hat: »Wir können auf alles verzichten, nur nicht auf den Überfluß«, setzt sich diese fromme Denkungsweise auch an den Eßtischen fort. Es herrscht das Diätprinzip: »Man sollte grundsätzlich niemals mehr essen, als mit Gewalt hineingeht!«

Und die vielen herrlichen Heurigenlokale am Stadtrand... besonders jene, die von den »echten Wienern« besucht werden... – Sie sind sowieso die besten Sprungbretter für einen »Sprung in den Sattel des Rappen«.

Aber es werden nicht nur die »In-Plätze« besucht.

Ein richtiger »Nachtreiter« geht genauso in kleine Kneipen, in die ausgefallensten Dinger, und es kann passieren, daß wir in den Morgenstunden auf dem Wiener Naschmarkt beim Frühstück landen.

Nach dem Essen also in irgendwelche »Beisl'n«. Dann sind zwei oder drei Discos dran. Also vom »Engländer« ins »Motto«, vom »Monte Video« ins »Take Five«. Vom »Queen Anne« ins »U 4« oder montags ins »Soul Seduction« oder zu irgendeinem Clubbing.

Dann kommen die wilderen Dinger, und der Aufwind unter den Flügeln wird immer stärker. Lokale, deren Namen ich noch nie gehört habe, und im Morgengrauen noch die vornehme »Eden-Bar«. Dort habe ich mich schon öfter ganz überrascht Klavier spielen hören.

Dann Frühlokale, die Sonne geht auf, die Prachtbauten der Ringstraße in einzigartigem Licht. Alles unglaublich ausgelassen und lustig.

Ganz schlimm in dieser Hinsicht ist immer der letzte Abend einer Tournee. Der »harte Kern« des Tourneeteams – und da gibt es einige »Nachtreiter«, die gerne die »Rappen satteln« – findet sich zu einem letzten wilden Abschiedsfest zusammen. Die letzte Tourneestadt wird immer so gewählt, daß sie entweder an einem See oder wenigstens an einem Fluß liegt.

Um fünf Uhr früh ziehen wir dann an eine vorher ausfindig gemachte, möglichst einsame Stelle, Drinks, Imbisse und Musikinstrumente dabei. Bis Tagesanbruch wird dann unter freiem Himmel an irgendeinem Ufer der »große Abschied« gefeiert. Und nicht selten dauern diese Abende bis zum nächsten Mittag. Alle Spannung der letzten Monate, alle sich selbst auferlegte Disziplin wird da über Bord geworfen.

Eine Tournee mit ihrer Vorbereitungszeit verlangt ein Jahr lang Zurückhaltung, unendlich viele Überlegungen und während der Tourneezeit monatelang strengste Disziplin. Nur auf der Bühne kann man sich gehenlassen – und dann vor Tausenden Augen. An diesem letzten Abend, in diesen letzten gemeinsamen Stunden mit den Freunden brechen alle Dämme. Ich glaube einfach, das muß so sein.

Nach so einer Nacht trifft der alte Musikerwitz auch auf mich zu: »Warum stehen Musiker immer schon um sechs Uhr auf? – Weil um halb sieben die Geschäfte schließen!«

Das sind alles die Farben der Nacht, das sich Auseinandersetzen mit der Stille, der Einsamkeit, dem Schlaf, dem Traum, dem Alptraum, das Nachdenken, Lesen, stille Gespräche, aber auch das Grelle, Laute, das über seine eigenen Ufer Treten, Ausleben von Emotionen, Kino, Theater, Lokale, glänzende Lichter, menschenüberflutete Straßen, auf denen alle auf der Jagd nach dem kleinen Glück sind und vielleicht das große finden.

Weniger gut dran sind vielleicht die, die das große Glück suchen. Sie werden wahrscheinlich nicht mal das kleine finden.

Ja, das ist sie, die Nacht. Ich liebe sie.

Zürich. Bei mir zu Hause. Mein Ort der Kreativität, der Begegnung.

Hier ist eines Nachts überraschend gepoltert worden, mit der Faust an die Tür, weil ich das Läuten überhört hatte: Otto Waalkes. Bis ins Morgengrauen haben wir uns unterhalten, Klavier gespielt.

Genauso verrückt ist Udo Lindenberg. Er kommt fast jedes Mal, wenn er in Zürich ist, unangemeldet, wie auch Falco, zu dem ich beinahe eine Vater-Sohn-Beziehung habe; besonders zur Anfangszeit seiner Karriere, als ihn die Ups und Downs fast zerrissen hätten, sprachen wir über diese Dinge. Ich habe ein sehr inniges Verhältnis zu ihm und kann seine Zerrissenheit sehr gut verstehen, die man manchmal deutlich in seinen Liedern hören kann.

Aber auch Künstler aus anderen Richtungen gehen bei mir ein und aus. Hans-Ruedi Giger, der von Salvador Dalí als der größte Surrealist des Jahrhunderts bezeichnet wurde, ein versponnener Künstler, immer schwarz gekleidet. Seine Bilder Schreckensvisionen, mit einer Faszination behaftet, der man sich nicht entziehen kann. Ich sehe ihn nicht oft, aber wenn ich ihn traf, war es immer tief bewegend.

Er ist privat ganz anders, als man das vermuten würde, wenn man seine Bilder sieht, er ist ein Mensch, der sogar Fröhlichkeit ausstrahlt, auch wenn seine Gedanken immer wieder zurückkehren zu den Endzeitstimmungen des Lebens.

Unvergeßlich auch die Begegnung mit Ephraim Kishon, dessen Humor man auch in seinem Privatleben spüren kann.

Seine Satire ist allgegenwärtig und bildet einen herrlichen Kontrast zu seinem breiten ungarischen Akzent: »Udo Jürgääns, wir sind alle Künstläär, und wir sind alle Männäär. Wir sind alle Ungaarn. Kärnten gehört zu Ungaarn wie Zürich, Tel Aviv und Appenzell, wo ich täglich schreibää und immäär wiedäär schreibää.«

Oder Loriot.

Für mich ist dieser Mann ein Idol. Ich sah ihn in der »Kronenhalle« beim Abendessen, wir tranken ein Glas Wein, ich habe ihn in meine Wohnung eingeladen.

Er hat angenommen, meinte aber, er könne nicht länger als eine halbe Stunde bleiben, da er am nächsten Vormittag Synchronisationsarbeit hätte.

Er blieb von halb zwölf bis drei Uhr früh, interessant, von einer stillen Heiterkeit, wie er eben ist.

Man weiß, er trägt einen großen Namen: von Bülow. Und

wahrlich, er strahlt Würde aus. Man spürt sofort: Man lacht über seinen Humor, niemals über ihn.

Er lebt in Süddeutschland, in Ammerland am Starnberger See. Mit seiner Jugendliebe Romy und den Nachfolgern seiner legendären Möpse »Meyer« und »Pöhlmann«. In einem wunderbaren »Schlößchen«. An der Wand eine Ahnengalerie der von Bülows; das letzte Bild ist ein von ihm selbst gemaltes Bild mit dem Knollennasenmann.

Das zeigt seine Art des Humors, nicht daß er sich über seine Familie lustig machen würde. Eben seine Art von Ironie. Wie seine »Herren im Bad« oder seine wunderbare Art, Talk-, Game- und Politshows zu verulken.

Ich glaube, wenn Loriot in Amerika leben würde – er wäre ein Weltstar wie Woody Allen oder Charlie Chaplin geworden.

Zum Glück lebt er in Deutschland.

Ich bin ein großer Fan der deutschen Humoristen, man könnte jetzt einige aufzählen, Loriot steht für mich auf der obersten Stufe. Seine Filme, die kleinen und die großen, zählen für mich zu den größten Erzeugnissen, die aus der Richtung Humor in Deutschland je gedreht wurden.

Oder der große österreichische Journalist, Zeitchronist und Fernsehmacher Hugo Portisch. Was für ein brillant erzählender, intelligenter Mann! Wir verstanden uns auf Anhieb, als er mich für eine seiner neuesten politischen Fernsehdokumentationen interviewte, die international als Meisterwerke ihrer Art gelten. – Ich bewundere diese große Persönlichkeit.

Die berühmtesten Fäuste, die an meine gepanzerte Tür je trommelten, gehören Prince!

Auf Tournee in Zürich, sang er nach seinen Konzerten im Hallenstadion zwei Abende in meinem Club »Mascotte«, einfach so aus Spaß.

Da er den gleichen Tourleiter hatte, der auch manchmal bei mir arbeitete, Roland Fackel, wollten die beiden mich besuchen.

An zwei Abenden vergeblich! Denn ich mußte in Wien auftreten.

Selten hat mir etwas so leid getan; zu gern hätte ich Prince, dieses Geniebündel, kennengelernt.

Daheim. In Zürich.

Die unendlich vielen Stunden mit meinen Textdichtern, die in den wichtigen Phasen unserer Arbeit immer einige Tage bei mir wohnen, mit mir in lockerer Atmosphäre in den Lokalen der Stadt die Nacht teilen. Und vor allem in vielen, vielen Stunden bei mir über dem Zürichsee.

Michael Kunze ist immer noch der Chef, der erfolgreichste deutschsprachige Textdichter der Gegenwart. Mit ihm habe ich »Griechischer Wein« und »Ehrenwertes Haus«, »5 Minuten vor 12« und unendlich vieles mehr geschrieben.

Friedhelm Lehmann, der kürzlich verstorben ist, war einer meiner besten Freunde. Mit ihm schrieb ich unter anderem »Gehet hin und vermehret euch«, »Mein Baum«, »Zwischen böse und gut«. Er war viel bei mir in Zürich und in Wien.

Niemals werde ich diesen wunderbaren Mann vergessen. Durch unsere Lieder sind wir für alle Zeit verbunden.

Dann die Garde der jungen Dichter: Thomas Christen, der immer mehr mit mir zusammenarbeitet und immer wichtiger für mich wird. Er schrieb »Geradeaus«, »Masken, Masken«, den »Marathon-Mann«, »Ich will, ich kann – I can, I will«, »Deinetwegen« und vieles mehr. Dann der Kölner Medizinstudent Uli Heuel; seine Spezialität sind gefühlsbetonte Lieder wie »Der Engel der Melancholie«, oder »Was dich nicht umbringt, gibt dir neue Kraft zum Leben« oder »Womit hab' ich dich verdient?« Oder die sensible Katharina Gerwens, Spezialistin für gefühlvolle Schlußlieder wie »Mein größter Wunsch« und »Und es gibt dich«.

Seit ich Lieder schreibe, bin ich nicht nur auf meine Ideen als Komponist und auch als Texter angewiesen, sondern vor allem auch auf die Kreativität, das Denken und Fühlen, die Euphorie und die Einsamkeit meiner Autoren. Viele gemeinsame Stunden haben mich mit jedem von ihnen auf eine besondere Weise zusammengeschweißt. Wir sind uns unendlich nah, auch wenn ich die meisten von ihnen nur wenige Tage im Jahr sehe. Wir sind mehr als Freunde, aber weniger als Kumpel, so seltsam das klingen mag. Den Jubel und den Applaus für unsere gemeinsamen Gedanken habe ich immer alleine eingesteckt. Die immer wiederkehrende, oft vernichtende Kritik aber auch. Das mag Euch trösten.

Meine Zürcher Wohnung.

Die Nacht und wie ich sie empfinde.

Eine Stadt, die mir Geborgenheit gibt.

Die Nacht, die mir in jeder Stadt der Welt Geborgenheit gibt.

Der Rausch, viele Menschen – oder auch nur einen zu erleben.

Gemeinsames Nachdenken im Taumel der Gefühle.

Emotionen, Einsamkeiten, sich verloren fühlen nach dem Alptraum, der mich vielleicht durch die Nacht getragen hat.

Das Glück, einen neuen Tag zu begrüßen, neuen Gedanken entgegen.

Mein Alltag, in dem all das entsteht, was aus mir kommt.

In der Zürcher »Kronenhalle« steht ein uralter Spruch an der Wand – als Antwort darauf, daß Zürich als Geldstadt der Kunst allzu gleichgültig gegenüberstehe, wie böse Zungen behaupten:

Edle Künste
sind nicht Dünste
wie ein niedrer Sinn euch lehrt,
auch den Musen
hat am Busen
unser Zürich Raum gewährt.

So ist es, kann ich nur sagen!

Der ganz normale Größenwahn
oder

Der Traum,
daß Lieder uns verändern

Ein ganz normaler Sonntag. Ein ganz normaler Tag.

Mit Sonne im Süden und Schnee in den Bergen. Mit dem Bettler, der wie meistens unten auf der Straße am Kinoeingang sitzt, unter meiner Zürcher Wohnung.

Ein ganz normaler Sonntag.

Mit zwei Boxern, die nicht antreten, weil ihnen die Gage von je 3,2 Millionen Mark zu wenig ist. Mit einem Streit um achtundzwanzig Millionen Dollar, die ein Manager von seinem erst fünfundzwanzigjährigen Schützling, einem Tennisspieler, haben will.

Beobachtungen. Zeitungs- und TV-Nachrichten.

Der ganz normale Größenwahn!

Der Bettler lächelt, da es ein schöner, warmer Nachmittag ist und ihm eine ältere Frau fünf Franken in den Hut geworfen hat. »Eigentlich geht's mir heute ganz gut«, denkt er sich.

Die zweiundsiebzig Kriege, die gerade auf unserer Erde toben, sind ihm egal. Und auch wir haben uns daran gewöhnt. Auch daran, daß Milliardäre keinen einzigen Pfennig Steuern zahlen und natürlich offiziell kein Vermögen besitzen. Daß Waffenhändler sich als Menschenfreunde feiern lassen.

Größenwahn stumpft ab, macht taub!

In Zürich starben an diesem Wochenende »nur« drei Jugendliche an Heroin, Kokain oder einem Gemisch von beidem. Verhaftet wurde kein Dealer – die Polizei rückt nicht mehr aus. Wir haben uns daran gewöhnt! – Bei einem Tankerunfall vor Dubai sind siebzehntausend Tonnen Öl ins Meer gelaufen, die Küste ist verseucht – warum sich darüber aufregen?

Nachrichten, Heimkino!

Dem Bettler vor meinem Haus ist's auch egal.

Die Serben metzelten an diesem Wochenende in der Moslemenklave Gorazde achtzehn Muslime hin – als »ethnische Säuberungsaktion«.

Es langweilt langsam.

In Istanbul starben zwei Touristen bei einem Bombenanschlag, fünfzehn weitere liegen schwerverletzt im Spital. Im Irak ließ Diktator Saddam Hussein vier Familienmitglieder, die ihm widersprachen, kurzerhand erschießen. In Guatemala wurde der Präsident des Verfassungsgerichts hingerichtet; zweiunddreißig Passagiere ertranken bei einem Bootsunfall in China; die zweiundsiebzig Toten beim Absturz eines Airbus in Sibirien gehen auf das Konto eines Fünfzehnjährigen, der im Cockpit Pilot spielen durfte, in Moskau starben siebzehn Russen am Todesschnaps, und in Äthiopien hat es seit drei Jahren nicht mehr geregnet, die größte Dürrekatastrophe des Jahrhunderts droht. Wieder einmal.

Nachrichten, mehr nicht.

In Los Angeles unterschrieb Kevin Costner einen neuen Filmvertrag für zehn Millionen Dollar Vorausgage, und die Rolling Stones sollen wieder auf Tournee gehen: für rund eine Milliarde garantierter Gage.

Das ist schon etwas interessanter.

Aber »meinen« Bettler interessiert auch das nicht.

Er sitzt zwar genau unter dem Kinoplakat mit Kevin Costner, aber er hat von ihm noch nie etwas gehört. Die »Stones« kennt er. Vor fünfundzwanzig Jahren war er mal Fan von ihnen. Heute sind sie ihm absolut »wurscht«.

Ich schaue durch die großen, gebogenen Fenster, die bis zum Boden reichen, über den Bellevueplatz auf den sonnenüberfluteten See.

Ein wirklich herrlicher Sonntagnachmittag.

Im Fernsehen läuft eine Tennisübertragung. Michael Stich ist auf der Siegerstraße, und der Sieg wird ihm mit diesem zwei, drei Stunden Spiel über zwei Millionen Dollar bringen.

Ich bin Stich-Fan – und kann doch nicht so ganz mitfiebern.

Meine Nachdenklichkeit irritiert mich.
Irgendwie versinken wir im Größenwahn.

Nein.

Ich will nicht den Finger erheben, das Leid der ganzen Welt auf meine Schultern laden und mich selbst in eine Verantwortung stellen, die mir gar nicht zusteht.

Ich bin ja schließlich auch ein sogenannter »Großgagenkassierer«. Allerdings sind im Vergleich meine Gagen höchstens ein »verschärftes Trinkgeld«. Ich bin sechzig und habe – siehe Biographie – mein Leben lang intensiv gearbeitet. Und im Vergleich mit den Spitzensportlern und Superrockern liegt mein gesamtes Vermögen weit unter einem Jahreseinkommen dieser jungen Damen und Herren.

Nicht falsch verstehen – ich gönne es ihnen von ganzem Herzen.

Ich will nur das, was in meinen Möglichkeiten steht, tun, um mit meinem kleinen Mittel, der Musik, ein bißchen dazu beizutragen, daß wir nicht alles Menschliche unter einer unheimlichen Lawine von selbstgemachtem Größenwahn ersticken. Nicht die Gefühle, die wir haben, nicht das Leid, das wir fühlen, nicht das Mitgefühl, das uns auch für unsere Mitmenschen verantwortlich macht.

Meine Lieder haben öfter mal autobiographische Züge. Das ist nicht Eitelkeit, sondern eher Selbstschutz und der Wunsch, durch meine Lieder mit meinen Ängsten und mit meinem Glück fertig zu werden.

Als ich das Lied »Mit 66 Jahren...« schrieb, war ich noch lange nicht so alt. Ich schrieb das Lied für die nächste, fast für die übernächste Generation. Es lag mir am Herzen, den Menschen zu sagen, daß jede Phase des Lebens eine wichtige ist.

Für mich war das ja alles noch so unendlich weit entfernt. Das war in den siebziger Jahren.

Jetzt rücke ich langsam selbst in das Alter nach. Mein eigenes Lied wird aktuell für mich – und alles, was in diesem Lied angesprochen wird: zwischenmenschliche Beziehungen, Lust am Leben, Ängste davor, ins Abseits gestellt zu werden: Alter wird langsam aktuell für mich.

Ich habe immer noch Träume, fühle, daß man vieles verändern könnte. Ich habe die permanente Sehnsucht, daß die Menschen sich über die Grenzen hinweg die Hände reichen könnten. Aus dieser Einstellung heraus bin ich noch heute Musiker.

Auch heute habe ich viele Ziele vor mir. Nicht aus Habgier und kommerziellen Überlegungen, sondern aus dem Wunsch heraus, Dinge zu bewegen, Dinge mitteilen zu können, die ich – und ich glaube, da stehe ich nicht allein – empfinde.

Der Augenblick, in dem man glaubt, man habe alles erreicht, ist der Augenblick, in dem man abtreten sollte.

Wenn die Neugierde aufhört, das persönliche Engagement an der Zeit, in der man lebt, und für die Menschen, mit denen man lebt – dann habe ich volles Verständnis dafür, daß sich einer zurückzieht und das Leben nur mehr von ferne an sich vorbeiziehen läßt.

Aber dieses Gefühl habe ich im Augenblick noch nicht. Das Entscheidende im Leben ist, daß, egal auf welchem Platz wir stehen, was wir tun und wofür wir ein gewisses Talent haben, daß wir es mit Verve, mit Groove, mit Engagement, mit Freude und Lust tun.

Inzwischen ist die Dämmerung über Zürich hereingebrochen. Die Farbe des Sees hat ein leicht glitzerndes Dunkelgrau angenommen. Ein paar Segelboote befinden sich auf dem Heimweg. Aus den Dächern und Kirchtürmen der Stadt wächst am anderen Ufer des Sees der bewaldete »Üetliberg«. Er schlummert in allen Schattierungen, die es in der Farbe Grün gibt, durchbrochen von dunkelroten Flecken; wohl Buchen oder Weiden.

Ich mache mich auf, freue mich auf einen Spaziergang.

Mein Bettler hat seinen Stammplatz verlassen, und ich sehe ihn gerade noch über den Bellevueplatz verschwinden. Er geht aufrecht, und sein Schritt hat etwas Heiteres. Er scheint einen guten Tag gehabt zu haben.

Ich gehe am See entlang, meine Gedanken fortspinnend.

Wasser, ob es ein See ist, ein Fluß oder das Meer, verändert die Menschen. Es gibt Weite des Denkens. Die Sehnsucht nach anderen Ufern macht aus Kurzsichtigkeit Weitblick, aus engräumigem Denken Kathedralen der Phantasie.

Mein Weg ist noch nicht abgeschlossen.

Es ist ein langer Weg geworden, und der Größenwahn hat auch mich zeitweise eingeholt.

In den sechziger Jahren hatte ich meinen Durchbruch. Es gab eine Woche, in der ich auf den Titelseiten der vier größten Illustrierten der deutschen Presse zu sehen war. Hysterie um meine Person.

Bei einer Autogrammstunde im Kaufhaus »Wertheim« in Berlin stürzte eine Wand ein, auf die Tausende Menschen drückten. Vierzehn Personen kamen ins Krankenhaus, einige Leichtverletzte konnten bald wieder heimgehen. Unter ihnen auch der damals fünfzehnjährige Günther Jauch.

Kürzlich erzählte er mir: »Als ich damals in der Zeitung las, daß du die Verletzten im Krankenhaus besucht hast, war ich enttäuscht, daß ich nicht auch so verletzt war, daß ich im Krankenhaus gelegen bin. Dann hätte ich dich persönlich gesehen – so ein Fan war ich.«

Wie seltsam verschlungen sind doch die Lebenswege.

Was für eine irre Zeit war das doch.

Politisch nahm man mich nicht ernst. Warum auch?

Als ich ein Teenagerstar wurde, war ich Anfang Dreißig, also schon zu spät dran. Als 1968 die Revolution in Berlin, Wien und Paris ausbrach, war ich schon vierunddreißig. Dieser Aufbruch war die Sache der Jüngeren. Obwohl ich das Idol der Jugend war, war ich, so paradox das klingt, dafür bereits zu alt.

Die einen in der damaligen Gesellschaft waren die klassischen 68er, die politisch engagierten, die auf die Straße gingen, politische Weltverbesserer, aber – wie wir heute wissen – auch Chaoten, die den Wirbel einfach mitmachten.

Dann gab es eine zweite Gruppe, die diese Weltveränderer auf der Straße beobachtet hat, mit Bewunderung und Ablehnung zugleich, die aber auch Angst davor hatte: Was wollen die nur? Wie gehe ich damit um? Aber die Hauptsorge war: Wie kann ich den nächsten Ersten überstehen? Wie meine Miete bezahlen?

Ich als Freiberufler mit einer Portion Lebensangst steckte irgendwie in diesem Zwiespalt drin. Ich habe alles beobachtet, aber immer mit kritischer Distanz: Ich zählte eher zu den Angepaßten!

Wir haben die geistigen Signale verstanden, haben uns aber doch nicht engagiert.

Ich war ein Jugendidol, aber meine Fans waren die Jugendlichen, die sich mit unserer Gesellschaft abgefunden und darauf eingestellt hatten, ihre Schule, ihr Studium zu absolvieren.

Ich hatte und habe als Publikum nicht die, die sagen: »Schafft die Gesellschaft ab, zerstört den Staat!«

Ich hatte und habe als Publikum eher jene, die sagen: »Schafft mehr Demokratie, baut den Staat menschlich!«

Unpolitisch aber war ich deshalb nicht. Die ersten Signale, die zu unglaublichem Wirbel geführt haben, gab ich ja schon sehr früh. Doch mein Publikum war keineswegs verstört!

Es hat schnell begriffen, daß da einer mit Liedern wie »Lieb Vaterland« nicht nur vom schönen Leben kündet, in dem alles lustig und schlagerselig ist, sondern das Nachdenken als Bürgerpflicht ernst nimmt.

Solche Lieder gegen das Schweigen, gegen den Größenwahn gab es immer wieder in meinem Leben: »5 Minuten vor 12«. Mit dem Text von Michael Kunze. Was für ein sensibler, leiser, fast stiller Nachdenker.

Er hat mich in dieser Art zu denken, mich in Liedern mitzuteilen, immer bestärkt, mir Mut gemacht.

Wir sahen die Nachrichten. Der ägyptische Präsident Anwar el Sadat, der sich um den Frieden mit Israel verdient gemacht hatte, war erschossen worden. Dazu Startbahn-West-Krawalle in Frankfurt und so weiter und so weiter.

Da sagte Michael ganz leise einfach in unser bedrücktes Schweigen: »Es ist 5 Minuten vor 12 auf der Welt. Darüber schreiben wir jetzt sofort ein Lied. Setz dich ans Klavier!«

Und ich sah einen Wald,
wo man jetzt einen Flugplatz baut.
Ich sah Regen wie Gift,
wo er hinfiel, da starb das Laub.
Und ich sah einen Mann,
der für Hoffnung und Frieden warb.
Und ich sah, wie er dann
dafür durch eine Kugel starb.

Reflexion einer Zeit.
In den Liedern dieser Zeit.

Das Älterwerden hat bei mir sicher bewirkt, daß ich heute mit meinem »Prinzip Hoffnung« glaubhafter gesehen werde, denn meine Sprache ist klarer geworden. Und ich gebe mich keinen Illusionen hin. Ich stehe an der Schwelle zum Alter. Auch wenn ich mich nicht so fühle, nicht so aussehe – wie man sagt.

Aber ich werde immer mutiger, kenne weniger Hemmungen, nehme weniger Rücksichten – fühle heute jünger.

Heute nenne ich Probleme beim Namen, bin kritischer und lege mit Liedern wie »Gehet hin und vermehret euch« den Finger auch in schmerzende Wunden. Das macht mir auch Feinde, manche schicken mir sogar Drohbriefe. In einem hieß es kürzlich: »Du dreckige Judensau kommst auch noch dran!«

Ich bin kein Jude, aber in dem Moment, als ich das las, fühlte ich wie einer.

Man muß noch viel stärker all das anprangern, was die Zukunft dieses wunderbaren Planeten gefährdet, und all das sagen, was unseren Globus überlebensfähig macht.

Gegen jeden Widerstand!

Zukunft – was für ein hehres Wort!

Die Erhaltung der Erde sollte in der Zukunft ein Hauptthema für uns alle sein, wobei ich volles Verständnis dafür habe, daß jedem der eigene Arbeitsplatz das wichtigste ist. Aber wir, die wir können – und eigentlich können wir doch alle! –, sollten uns engagieren.

Und so hoffe ich, daß die nun gegründete Bewegung »Ökologischer Marshallplan«, die vom Journalisten Franz Alt und vielen deutschen Umweltministern aller Parteien ins Leben gerufen wurde und deren Gründungsmitglied auch ich bin, in Zukunft einiges bewegen kann.

HERBST 1993

Ich sitze mit Thomas Spitzer, dem kreativen Texter und Chef der österreichischen Popgruppe »Erste Allgemeine Verunsicherung« in einem Dorfgasthof in Feldbach, in der Nähe von Graz. Wir diskutieren, wir blödeln, wir trinken, sicher mehr als uns guttut.

Thomas hatte schon für mich den versponnenen Text von »Na und?!« geschrieben, so ganz in der Tradition der Wiener Originale Peter Altenberg, Anton Kuh und des legendären Sprachakrobaten Helmut Qualtinger.

Spitzer ist ein Rock 'n' Roll-Träumer, ein Phantast. Viel jünger als ich, aber in vielem sind wir uns sehr nahe.

Vier Mal haben wir uns getroffen für nur ein Lied! In Graz, in Wien, in Zürich, in Portugal. Wir haben uns nicht einmal gefragt, ob wir die Spesen je mit den Tantiemen zurückholen.

Alles für unser Lied »Café Größenwahn«.

Größenwahn – was für ein Wort!

Was für Menschen, die täglich neu für dessen Inhalt sorgen!

Erfolge sind gut und wichtig. Doch Erfolg heißt auch: Verantwortung.

Je größer der Erfolg, desto größer die Verantwortung. Erfolg ohne Verantwortung ist gnadenlos, korrupt und unmenschlich!

Menschen, die ohne Rücksicht auf Verluste nichts als ihren persönlichen Vorteil sehen – das sind die Leute, die ich »größenwahnsinnig« nenne.

Erfolg steht jedem zu, der ihn hat.

Jedem sein Vermögen, seine Villa, sein Haus, seine Autos.

Und doch: Durch die Verschlingungen von Popularität, Leistung, Werbung, Einschaltquoten, populäre Namen fließen Geldströme so grotesk, daß auf einzelne absolute Unsummen zustürzen. Fünfzig, hundert Millionen Dollar und noch mehr in kurzer Zeit sind Realität. Das ist krank!

Was denken sich junge Menschen, die das vorgeprahlt bekommen?

»Mein Vater ist nur Arzt. Der ist ein Idiot. Der kann nicht mal richtig Kohle machen!«

Größenwahn, transportiert per Antenne oder Satellit. Größenwahn, flimmernd über Bildschirme. Ab Konserve direkt ins Wohnzimmer. Direkt ins Fühlen, Denken, Hoffen und Glauben!

Wenn wir uns nicht den Luxus erlauben, auch darüber einmal laut nachzudenken, dann könnte plötzlich unsere bewunderte Leistungsgesellschaft in Schräglage geraten.

Jede Gesellschaftsform, auch oder gerade die kapitalistische, braucht moralische Abstützung.

Dabei dürfen wir nie vergessen, daß Gegensätze nicht mit Gewalt zu lösen sind. Nur ein Beispiel: Amerika.

Ein großes Land mit vielen Gegensätzen, Armut und Reichtum, viel Ungerechtigkeit, aber auch viel Bemühen, Demokratie zu verwirklichen.

Freiheit?

Freiheit mit einer Pistole in der Tasche ist nicht Freiheit. Es ist Bedrohung – Bedrohung eines anderen.

Und wo ein anderer bedroht wird, ist die Freiheit bereits in Gefahr.

Dieses Mißverständnis hat Amerika bis heute nicht bewältigt. Die Faszination der Waffe ist scheinbar unsterblich.

Und zugegeben: Viel Gerechtigkeit, Freiheit und Demokratie auf dieser Welt ist nur durch Waffen erreicht worden.

Wenn also die Welt vor der Waffe das Knie beugt, dann haben wir Musiker auch welche zu bieten: Kunst ist eine Waffe! Eine mächtige!

Meine Waffe ist mein Instrument. Mein Klavier. Instrumente sind Waffen des Friedens. Sie zielen auf die Herzen der Menschen.

Eine Gitarre ist in der Anwendung einer Waffe am ähnlichsten. Aggressiv und zärtlich im Klang, aber keinen Schrecken, keinen Toten hinterlassend.

Ein Flügel ist schwer, kaum zu beherrschen. Autoritär, ähnlich einem Panzer. Respekteinflößend.

Selbst der zarte Klang einer Geige, gespielt von Meisterhand wie ein Christian Fink sie führt, trifft uns in der Tiefe unseres Gefühls.

Und ein Schlagzeug zeigt geradeaus und kraftvoll den Weg.

Die Kugeln, die wir Musiker abfeuern, sind Speerspitzen der Liebe und Menschlichkeit. Und unsere Mikrophone sind Flammenwerfer, die die Gedanken anzünden.

Die Bühne ist die Front und der Konzertsaal der »Kriegsschauplatz«!

So lasse ich mir Kriege gefallen! Nur so!

Aggressionen für den Frieden.

Ich liebe Euch, Ihr Soldaten des Friedens. Ob Ihr weltberühmt seid, ob Ihr namenlos in irgendeiner Kneipe Freude verbreitet oder ob Ihr auf der Bühne neben mir kämpft.

Ihr Soldaten des Friedens:

Paul McCartney, Georges Walther, Leonhard Bernstein, Pepe Lienhard, Frank Sinatra, Thomas Spitzer, Jimmy Hendrix, Pino Gasparini, Quincy Jones, Peter Wagner, Herbert von Karajan, Willi Uebelherr, Eric Clapton, Bob Blumenhoven, Elton John, Peter Lübke, Justus Frantz, Billy Kudjoe, Peter Maffay, Steve Trop, Herbert Grönemeyer, Franz Bartzsch, Harold Faltermeyer, Heinz Allhoff, Marius Müller-Westernhagen, Christian Fink, Reinhard Fendrich, Don Randolph, Axel Rose, Jan und Noah, Michael Jackson, Sonja Kimmons, Rod Steward, Carlo Filaferro, Phil Collins, Francis Coletta und wie Ihr sonst alle heißen mögt.

Ich hatte in meinem Leben das unverschämte Glück, meine Passion zu meinem Beruf, meine Leidenschaft zu meinem Arbeitsplatz zu erheben und meiner Lust am Komponieren frönen zu können.

Was für ein Glück! Die Welt in zwölf Töne zu packen, die Welt mit anderen Augen zu sehen und meinen Liedern hinterherzureisen.

Was für ein Glück! Ich lasse meine Lieder los wie einen Vogel, dem man die Freiheit gibt.

Dann reise ich meinen Liedern hinterher. Ich möchte meine Vögel wieder singen hören. Was für ein Glück, Japan zu sehen, als meine Lieder dort schon eingetroffen waren. Oder nach Australien zu kommen – und meine Lieder waren schon da. Oder in Südamerika, selbst in China.

Perspektiven ändern sich. Nicht nur mit Erfolg, mit der Musik, mit den Musikern aus allen Gesellschaftsschichten, allen Ländern, allen Hautfarben, mit dem Alter, auch mit Distanzen.

Wie herrlich, noch mit sechzig ein Popstar zu sein! Allein das ist ja schon eine unglaubliche Frechheit, eine Provokation. Und so zu provozieren, na, das macht natürlich ganz besonderen Spaß und Freude.

»Kunst ist völlig überflüssig, aber nur an diesem Überfluß laben wir uns«, hat Bert Brecht einmal gesagt.

Und Pablo Picasso sagte zu diesem Thema: »Wir wissen alle, daß Kunst keine Wahrheit ist. Kunst ist eine Lüge, die uns die Wahrheit erkennen läßt.«

Was uns erst zum Menschen macht, ist der Umgang mit Kunst,

die Erkenntnis, daß einem eher die Maler, Dichter und Musiker einer Epoche einfallen, als die Könige, Politiker und Potentaten. Auch wenn Kunst sich manchmal exzessiver auslebt, übertriebene Formen annimmt.

Na und?!

Die Werte, an die ich glaube, kommen aus der Musik, der Literatur, aus der Malerei.

Und wenn auch das größenwahnsinnig ist?

Dann bin ich's eben!

Da Capo

oder

Ein Finale ist immer auch ein Anfang

Jetzt ist es also soweit.

Seit Tagen, Wochen und Monaten habe ich eigentlich diesen Augenblick herbeigesehnt – den Augenblick, in dem ich die Arbeit an diesem Buch beenden kann.

Und jetzt, wo dieser Moment gekommen ist, in dem ich die letzten Zeilen schreibe, fühle ich mich, verdammt noch mal, verlassen. Diese verrückte Schreiberei soll jetzt plötzlich zu Ende sein? Nachdem ich monatelang nichts anderes getan habe?

Ja, ich habe sogar vergessen, Klavier zu spielen, zu komponieren, bin in Verzug mit meiner nächsten Musikproduktion.

Aber das Schreiben an diesem Buch hat mich buchstäblich in einen Rausch hineingezogen. Und irgendwie – auch wenn das jetzt übertrieben klingen mag – habe ich das Gefühl, als sei ich fast ein wenig ein anderer geworden.

Nachdenken über mein Leben, über meine Vergangenheit, meine Familie, meine ersten kleinen Schritte, meine Erfolge, Niederlagen, meine Lieder, die Liebe. Intensives Nachdenken über die Beziehung zu meinen Kindern, zu meinen Freunden, meinen Mitarbeitern, über all das, was ich in meinem Leben falsch oder auch richtig gemacht habe. Und vielleicht kann ich nicht einmal genau sagen, was richtig war und was falsch.

Nachdenken über die unendlich vielen Reisen, die ich genossen habe, aber die zweifellos auch immer ein bißchen Flucht waren, eine Flucht vor meiner Rastlosigkeit, meiner Unruhe und der geradezu brüllenden Hektik unserer Zeit, die dich ständig anschreit, ohne dir etwas Konkretes zu sagen.

Die Antworten, die wir uns von unserem Leben erwarten, die müssen wir uns aus diesem allgemeinen Gebrüll, das uns umgibt, schon selbst heraussuchen. Das dürfte wohl das Schwierigste sein. Und das fiel mir auch bei der Arbeit an diesem Buch auf. Ich wollte ja irgendwo erlebte, erliebte und erlittene Antworten, die man in sich selbst gefühlt hat, zu Papier bringen – ja, das war die Absicht.

Warum ich mich vielleicht ein wenig verändert habe?

Mein ganzes Leben bin ich im selben Fahrwasser geschwommen: Musik zu machen für Menschen, Menschen in irgendeiner Weise mit meinen Liedern, meinen Texten, meinen verrückten Visionen zu berühren. Auf diese Art und Weise habe ich meinen Freundeskreis gefunden, die Menschen, die mit mir zusammen diesen Weg gehen und gegangen sind. Das ist und war ein Weg, der mich durchaus in jeder Beziehung glücklich gemacht hat.

Aber das Buch ging wesentlich tiefer. Hier mußte ich tiefer in meine Seele kriechen.

Ich mußte dort, wo ich bei einem Lied aufhöre und bereits zur Melodie, zur nächsten Zeile, übergehe – genau an dieser Bruchstelle mußte ich beim Schreiben versuchen, ein Thema zu vertiefen, mir Antworten zu geben auf die Fragen, die ich selbst aufgeworfen habe.

Doch hätte ich das Ganze nie zu Papier gebracht ohne die Hilfe meines bereits erwähnten Freundes Helmut-Maria Glogger und Michaela Stadlbauers. Wie hat dieses Mädchen uns doch in der Schlußphase zu diesem Buch geholfen.

Als total Literaturbesessene ist sie fast jedes Jahr Gast bei den »Ingeborg-Bachmann-Literaturtagen« in Klagenfurt. Dort sah sie auf einem Empfang den von ihr hochverehrten Literaturkritiker Hellmuth Karasek. – »Ich muß ihn irgendwie ansprechen«, war ihr einziger Gedanke. Endlich stand sie neben ihm. Das einzige, was sie mit schüchterner Stimme herausbrachte, war: »Entschuldigen Sie, wo ist denn hier bitte die Toilette?« – »Dort drüben, die Treppe runter«, war die freundliche Antwort, und das heißersehnte Gespräch war zu Ende. Das ist typisch Michaela. Ein »Tschopperl«, wie wir Österreicher liebevoll zu einem etwas weltfremden jungen Mädchen sagen.

Ich bin glücklich darüber, daß sie jetzt trotz ihres Studiums an der Universität in Konstanz bei mir die Korrekturarbeiten zu diesem Buch übernommen hat.

Schon in der Schulzeit hatte ich eine unmögliche Orthographie, Rechtschreibung war noch nie meine Stärke, vom Kommasetzen wollen wir gar nicht erst reden.

Ich erinnere mich noch an meinen Deutschlehrer im Realgymnasium: »Bockelmann, ich muß dir schon wieder ein ›Ungenügend‹ geben, obwohl du den besten Aufsatz der Klasse geschrieben hast. Aber sechsundzwanzig Rechtschreibfehler und zweiunddreißig Kommafehler auf acht Seiten, das ist einfach zuviel! Von den Tintenklecksen wollen wir jetzt gar nicht erst reden. – Und wie oft soll ich dir noch sagen: Leg' dein Butterbrot nicht immer auf's Heft, du Ferkel! Du mochst mi no ganz fertig, Bua! – Und das mit deinem Talent, du verflixter Lümmel!«

Das letzte Kapitel schreibe ich im Hotelzimmer im »Hilton International« in London. Ja, die Arbeit geht zu Ende. Das stimmt nachdenklich. Gestern war ich zu einem wunderbaren Konzert von Barbra Streisand eingeladen. Diese Frau, die für mich neben Judy Garland, der Mutter von Liza Minnelli, die größte sängerische Persönlichkeit dieses Jahrhunderts ist.

Das Konzert fand in der Wembley-Arena statt. Seit langer Zeit traf ich wieder einmal Elton John hinter der Bühne. Er ist seit Anbeginn seiner Karriere ein Idol für mich. Ebenso war Michael Caine da und viele andere bekannte Gesichter, auch aus der Königsfamilie. Ein großer, unvergeßlicher Abend.

Die Erinnerung an das Barbra-Streisand-Konzert noch ganz frisch, schlendere ich durch den Hyde Park und dann durch die vielen verträumten, engen Gassen Richtung Piccadilly Circus. Es ist ein herrlicher Tag. Ich fühle mich rundum wohl in der Vorfreude, am Abend noch das Andrew-Lloyd-Webber-Musical »Sunset Boulevard« zu sehen.

Meine Gedanken kreisen – wie immer in diesen Tagen – um das Buch, und mir fällt mit Schrecken auf, wie viele wichtige Erlebnisse, ja Sternstunden ich nicht einmal erwähnt habe. Aber mein Verleger wartet. Ich muß fertig werden. Und obendrein soll das Buch ja kein »Schinken« werden.

Gesichter, Situationen kommen mir in den Sinn, ziehen an mir vorbei:

Eine kurze, aber intensive Begegnung mit Michael Gorbatschow; vielleicht ein Name, der mehr als alle anderen für die Geschichte dieses Jahrhunderts in unserem Bewußtsein haftenbleiben wird.

Es war kürzlich in Köln. Ich sollte um Mitternacht bei einer großen Gala auftreten. Michael Gorbatschow hielt die Festansprache im Ballsaal des Hotels »Maritim«, in dem wir beide auch wohnten.

Als ich hinter einer Menschentraube vor dem Lift stand, öffnete sich plötzlich die Aufzugstür, und mit zwölf oder fünfzehn Personen kam Michael Gorbatschow aus dem Lift heraus. Zu meiner grenzenlosen Verwunderung erkannte er mich sofort inmitten dieser Menschenmenge. Zielstrebig steuerte er auf mich zu. Ich drehte mich um, da ich glaubte, er habe jemand anderen im Visier. Aber außer Corinna, die neben mir stand, war niemand mehr da.

Beide Hände ausgestreckt, begrüßte er mich mit einem russischen Redeschwall, aus dem ich nur »Towarisch Jürgens« heraushörte. Er hielt meine Hände fest, und sein Dolmetscher übersetzte simultan, daß er sich freue, mich endlich kennenzulernen, nachdem er mich schon oft im Fernsehen, auch in Rußland, gehört und gesehen habe, und er freue sich darauf, mit mir bei einer gemeinsamen Veranstaltung aufzutreten.

In dieser Sekunde beneidete ich meinen Vater, der sofort in der Lage gewesen wäre, sich mit ihm in perfektem Russisch zu unterhalten.

Ich bedankte mich und konnte es mir nicht verkneifen, ihn zu fragen, was seine größten Ängste gewesen seien, als er die deutsche Wiedervereinigung eingeleitet habe. Mit seinem aus tausend Fernsehbildern bekannten hellwachen, zwingenden Blick sah er mich an: »Am meisten habe ich gefürchtet«, sagte er, »daß die Politiker diese gewaltige Veränderung ängstlich und zögerlich aufnehmen würden. Aber Gott sei Dank gab es Kohl und Genscher, die in diesem Augenblick keine Sekunde lang ein Zögern erkennen ließen.« Und nach einer herzlichen Verabschiedung von Corinna und mir war er verschwunden, so plötzlich, wie er gekommen war. – Und er verschwand in »meiner« geliebten Rheinsuite, die ich kurz vorher für ihn auf Wunsch der Hoteldirektion geräumt hatte.

Von Justus Frantz habe ich kein Wort erwähnt. Er lud mich ein, in seiner Fernsehsendung »Achtung Klassik« mit ihm zusammen Brahms zu spielen. Ob ich mir das zutraue? – Ich wollte mir natürlich keine Blöße geben und sagte »Ja«, gebe aber gerne zu, daß ich daraufhin erst einmal vier Wochen lang hart Klavier geübt habe.

Etwas weich waren meine Knie schon, als ich mich mit ihm vor dem wunderbaren Jugendsymphonieorchster des Schleswig-Holstein-Festivals live ans Klavier setzte.

Es war herrlich, mit diesem großartigen Musiker ein Stück aus den »Ungarischen Tänzen« zu spielen. Und scheinbar war Justus Frantz mit meinen Leistungen zufrieden. Jedenfalls meinte er, ich hätte besser gespielt als so mancher seiner klassischen Kollegen, mit denen er diese Stücke sonst spielt. – »Wow!«

»London ist wirklich eine herrliche Stadt«, denke ich mir, während ich mich durch das bunte Menschengewühl immer mehr dem Piccadilly Circus nähere. Aber meine Gedanken sind bei den Sternstunden meines Lebens…

Das unfaßbare Gefühl zu wissen, daß man der erste und einzige Mensch ist, der jemals in der »Verbotenen Stadt« in Peking Klavier gespielt hat, in jenem Areal, in dem vierzehn Ming- und zehn Qing-Kaiser mit ihrem Hofstaat völlig von der Außenwelt abgeschnitten hinter einer mehr als zehn Meter hohen Mauer und einem stellenweise über fünfzig Meter breiten Wassergraben lebten.

Man hatte mir die einzigartige Genehmigung erteilt, auf dem Platz vor den »Drei Haupthallen« zu spielen. Das Areal wurde für Besucher gesperrt, mein gläserner Flügel in das Zentrum der »Verbotenen Stadt« gestellt, und nur von Kameraleuten umgeben begann ich zu spielen. Fernsehzuschauer in aller Welt sollten es sehen, aber niemand sollte dabei sein. Mediale Irrealität am Ende unseres Jahrtausends.

Ich spielte vor jenen mächtigen geschichts- und symbolträchtigen purpurfarbenen Hallen; der Farbe, die für den Polarstern und seine Unverrückbarkeit steht; hinter mir der berühmte bronzene

Kranich, das Reittier der Unsterblichen, und die bronzene Schildkröte, das Symbol für das Universum, die mit ihrem Rückenpanzer den Himmel und mit ihrem Bauchpanzer die Erde vollkommen in sich vereint. In diesem Zentrum des Universums herrschte für kurze Zeit das Universum meiner Töne und setzte vor der »Halle der höchsten Harmonie« mit dem Kaiserthron jeder Staats- und Parteimacht seine eigene harmonische, friedliche Macht entgegen.

Ein unbegreifliches Gefühl erfaßte mich, Udo Jürgen Bockelmann aus dem kleinen Dorf im fernen Kärnten. Nie wieder wird wohl ein Mensch auf jenem Platz, in jener »Verbotenen Stadt« Klavier spielen.

Die Bilder davon spielte man bei der großen Fernsehgala »Heute abend in Beijing« ein, die die ARD zusammen mit dem chinesischen Fernsehen arrangiert hatte und in deren Rahmen ich zwei Konzerte im Kulturpalast in Peking geben konnte. Dabei erlebte ich das einzigartige Gefühl, von diesen fremden Menschen buchstäblich umjubelt zu werden, das unfaßbare Erlebnis, daß das junge Publikum mit vielen meiner Lieder vertraut war und sie sogar mitsingen konnte. Darunter auffallend viele Studenten, die mir später Briefe in die Garderobe schickten.

Am Ende des Konzertes kam es zu derartig tumultartigen Szenen an der Bühnenrampe, zu Weinkrämpfen, Sprechchören und Jubelrufen, daß das chinesische Fernsehen die Übertragung ausblendete. Diese Emotionen, getragen von westlicher Musik, waren dann doch zuviel für die chinesisch-politische Auffassung von Freiheit.

Unvorstellbar, daß etliche Monate später vielleicht einige jener Studenten, die mit mir dieses Fest des Friedens, der Musik gefeiert, die mit Tränen in den Augen voll Hoffnung meine Lieder mit mir gesungen hatten, bei dem Massaker auf dem »Platz des Himmlischen Friedens« getötet wurden. Vielleicht das junge Mädchen, das mir eine Rose überreichte und in gebrochenem Englisch sagte, diese Stunden voll Musik hätten ihr unendlich viel bedeutet, oder der junge Mann, der mich auf einem Textblatt von »Ich will, ich kann – I can, I will«, das er sich von einem Freund in chinesische Schriftzeichen hatte übersetzen lassen, um ein Autogramm bat und sagte: »Wenn wir wollen, können wir alle Schranken und Grenzen überwinden; daran glaube ich ganz fest, dafür lebe ich – wie wir alle hier...«. Vergangenheit und Gegenwart schienen einander zu einer gewaltigen, unbesiegbaren, humanistischen Macht zu vereinen.

Es war ähnlich wie 1968, als ich im sich öffnenden Prag zwei bewegende Konzerte im wunderschönen »Lucerner«-Konzertsaal gab, Konzerte, die wir alle als ein Symbol der Freiheit und Demokratisierung empfanden; nur wenige Tage, bevor der Prager Frühling von russischen Panzern niedergewalzt wurde.

Immer wieder hat mein Leben mich an jene Orte geführt, an denen Historisches sich ereignete. Immer wieder durfte ich Anteil nehmen an der großen Geschichte und an den kleinen, doch so wichtigen Geschichten, die das Leben für uns bereithält. Viel – zuviel gäbe es da noch zu erzählen.

Inzwischen habe ich gemütlich einen Espresso auf der Straße vor einem der zahlreichen Pubs getrunken und erfreue mich an dem bunten Treiben, das so typisch für London ist: Geschäftsleute in grauen Anzügen und Krawatten, teils mit Melonen behütet, neben ausgeflippten »Freaks«, ein Gewirr aus verschiedenen Hautfarben und Menschentypen schlendert an mir vorbei, so wie ich es liebe.

Morgen werde ich wieder in Zürich sein und in meiner Wohnung mit einigen Musikern des Pepe-Lienhard-Orchesters die Proben für meine neue Produktion aufnehmen.

Vorgestern war unser erster Probentag. Das »Corso-Haus«, in dem ich wohne, ist zur Zeit durch Baugerüste eingeschalt, da die herrliche Jugendstil-Fassade renoviert wird. Die Bauarbeiter standen auf ihrem Baugerüst direkt vor meinen großen Fenstern, eineinhalb Meter von meinem Flügel entfernt, nur durch die Scheibe getrennt. Wenn wir es richtig »swingen« ließen, machten sie zum Teil mit ihren Helmen auf dem Kopf und Werkzeugen in der Hand Tanzbewegungen in bester Laune, und wir lachten uns zu. Herrlich spontane Lebensfreude! Morgen werde ich sie alle wiedersehen, meine Musiker und die Bauarbeiter. Wieder werden wir uns gegenseitig Konkurrenz machen: Wer ist lauter? – Unser Schlagzeuger Peter Lübke oder ihre Bohrmaschinen?

Ich zahle meinen Espresso und schlendere weiter durch das frühlingshafte, mir unglaublich fröhlich erscheinende London.

Kaum haben mich die Menschenmassen in den Straßen erneut aufgesogen, kreisen meine Gedanken wieder um die vielen Geschichten und Begegnungen, von denen ich nichts erzählt habe. Nichts von meiner jahrelangen Freundschaft zu den vielen Sportlern und guten Freunden, denen ich immer wieder begegnet bin und begegne. Franz Beckenbauer, ein Freund seit zig Jahren, Thomas Muster, dem ich das Lied: »Wer nie verliert, hat den Sieg nicht verdient« gewidmet habe, nachdem er seinen schweren Autounfall überwunden hatte, Franz Klammer, dieser herrliche Kärntner Gaudibursch mit dem unendlichen Charisma, mein Fußballidol Lothar Matthäus, der für mich ein neuer Diego Maradonna ist, Niki Lauda, der heute noch einen klangvolleren Namen hat als alle anderen Formel-I-Fahrer zusammen, und viele andere mehr, mit denen mich eine herzliche Freundschaft verbindet.

Es ist eine seltsame Zuneigung, die Sportler mit uns Leuten aus dem Showbusineß geistig vereint. Es ist die gleiche Angst vor dem Versagen, die gleiche Vorfreude auf den Jubel. Es ist diese unbeschreibliche Spannung zwischen Niederlage und Sieg, die uns fast magisch anzieht.

Niki Lauda zum Beispiel, seit Anbeginn seiner Karriere sind wir befreundet; Jochen Rindt, der legendäre österreichische Rennfahrer und enge Freund von mir hat damals meine Faszination für diesen Sport geweckt. Ich habe mit Jochen, genau wie später mit Niki, in den Niederlagen gelitten wie mit vielen anderen Sportlern, und mit ihnen ihre Siege bejubelt. Besonders durch Niki Lauda lernte ich die wohl extremste Variante des Sports kennen: die Begeisterung für einen Sport, der bis an den Rand des Todes geht. Nahezu alle großen Formel-I-Rennfahrer der letzten Jahrzehnte sind mehr als flüchtige Bekannte von mir gewesen.

Bei mir zu Hause steht ein Bild, auf dem eine lockere Abendgesellschaft zu sehen ist; auf der einen Seite Ayrton Senna, auf der anderen Seite ich, beide eine Rose in der Hand, die wir gerade Corinna überreichen, die zwischen uns sitzt. Auch Ayrton Senna ist nicht mehr, wie viele andere Freunde aus dieser gnadenlosen Branche.

Die Sehnsucht nach einer extremen Erregung ist es, die uns alle treibt. Nur: Wir Musiker haben es besser. Wir suchen diese Faszination nicht an den Grenzen zum Tod, sondern im Zentrum des Lebens.

Und während ich über all diese wunderbaren Menschen aus Show und Sport nachdenke, erreiche ich frohgelaunt Piccadilly Circus. Jeder Londontourist weiß, daß dieser lebendige Platz fast ständig von Massen junger Menschen aus aller Herren Länder belagert ist.

Plötzlich finde ich mich vor einem großen Zeitungsstand wieder, und eine Schlagzeile der »BILD-Zeitung«, die natürlich auch hier aushängt, versetzt mir einen kurzen Schreck: »Udo Jürgens: Altersspanik!«

Bevor ich darüber nachdenken kann, was für Sorgen sich die »BILD«-Redaktion in Hamburg denn nun wieder um mich macht, stürzt ein auffallend hübsches Mädchen mit genau dieser Zeitung in der Hand auf mich zu. Lachend sagt sie: »Udo, Sie sehen gar nicht aus, als ob Sie in Panik wären! – Kann ich ein Autogramm haben?« Ich gebe ihr das Autogramm auf die Zeitung, während sie mir aufgekratzt erzählt, daß sie auf ihrer Abiturreise sei.

In dem Artikel geht es wieder einmal um Corinna und mich. Ich mache mir nicht die Mühe, ihn zu lesen. Das Mädchen erzählt mir: »Da steht drin, Sie streiten sich mit einem einundsechzigjährigen Freund von Ihnen um dieselbe Frau!« Ich antworte: »Wenn sich ein Neunundfünfzigjähriger und ein Einundsechzigjähriger um eine Frau streiten, dann ist das doch eigentlich eine Lachnummer!« Und wirklich: Beide müssen wir herzlich lachen, und mir fällt auf, daß das Mädchen wirklich außergewöhnlich hübsch ist: mittelgroß, prachtvolle Figur, kastanienbraunes Haar, und in ihren Augen blitzen die berühmten Sterne!

Als wir uns lachend verabschieden, habe ich eine Idee: Da Freddy Burger und seine Frau schon abgereist sind, habe ich zwei Karten für das Musical »Sunset Boulevard« übrig.

Ich frage: »Haben Sie Lust, mit mir heute abend ins Topmusical von London zu gehen?«

Sie schaut mich ungläubig an: »Ist das Ihr Ernst? – Sie machen Witze!«

»Nein, ich habe zufällig eine Karte übrig. Haben Sie Lust?«

»Ist ja Wahnsinn! Aber gerne!«

»Okay, dann treffen wir uns doch um sieben Uhr in der Halle des ›Hilton International‹, und anschließend lade ich Sie zum Essen ein.«

Strahlend stimmt sie zu.

Auf dem Heimweg freue ich mich auf den Abend und bin der »BILD-Zeitung« herzlich dankbar, mir so eine zauberhafte Begleitung für dieses Theatererlebnis verschafft zu haben. Danke, Ihr langjährigen Wegbegleiter in Hamburg!

Ach ja: So ein kleines Skandälchen hat doch sein Gutes.

Und so gehe ich – was heißt gehe, *schwebe* ich – glücklich, zufrieden, voll Vorfreude und sicher frei von jeder Alterspanik zurück ins Hotel. »Alles läuft doch wieder einmal prächtig«, denke ich mir – der ewige »Lumpenhund«…!

Die Musik hat mich bald wieder.

Morgen schon treffe ich Peter Wagner. Ich freue mich auf ihn, diese geballte Ladung an positiver Kraft. Ich werde wieder sein Lachen hören, das ansteckender ist als jede andere mir bekannte Epidemie.

Ich liebe diesen wunderbaren Mann, diesen sympathischen Menschen, der die einzigartige Kunst beherrscht, mich auch in schwierigsten Situationen wieder positiv einzustimmen. Wir werden Texte studieren, am Klavier herumfuhrwerken, Platten hören, experimentieren. Wir werden über neue Lieder nachdenken. Zwischendurch werde ich vielleicht etwas verwirrt sein, wenn ich an das Buch denke. Vielleicht werden aber auch viele Gedanken, die ich in diesem Buch niedergelegt habe, in die neuen Lieder fließen, die ich jetzt schreiben will. Einige drängen schon darauf, in die Tasten gedrückt zu werden.

Das Konzert von Barbra Streisand gestern hat wieder die Vorfreude auf die Bühne in mir geweckt. In vielen Inhalten und Texten ihrer Lieder habe ich mich ein wenig wiedererkannt.

Ich freue mich auf den Tag, an dem ich selbst wieder auf der Bühne stehen werde. Umgeben von meiner Materie, dem Klang, vor meinem Instrument sitzend, dem Klavier, und vor den Menschen, von denen ich hoffe, daß ich ihnen mit meinen Liedern Mut, Freude und positive Kraft, aber auch Nachdenken über unsere Welt geben kann.

Vielleicht ist mir das ja auch mit diesem Buch gelungen.

Wie dieser herrliche Abend in London weiter verlaufen ist?

Wie gesagt...: Das Buch soll ja kein »Schinken« werden...!

Anhang
in drei Teilen

Visionen

oder

Ist die Philosophie des Quintenzirkels anwendbar auf uns Menschen?

Zu allen Zeiten haben die Menschen unter verschiedenen Gesellschaftsformen gelebt und wohl meistens auch darunter gelitten.

Es ist naheliegend, daß in allen Epochen die Menschen, Philosophen, Visionisten, Künstler, Schriftsteller, am wenigsten die jeweiligen Machthaber, immer leise und laut über Gesellschaftsformen nachgedacht haben, unter denen man leben könnte, ungeachtet der Realität der gerade gegenwärtigen Gesellschaftsform.

Das System, unter dem man tatsächlich gelebt hat, hatte immer mit den Umständen zu tun, unter denen das jeweilige Volk gelebt hat, mit der Intelligenz des Volkes, der geographischen Lage, der kulturellen und gesellschaftlichen, sozialen Entwicklung. Und in neuerer Zeit wurden diese Dinge natürlich auch durch den Stand der technischen Entwicklung geprägt.

Es gibt bis heute keine einzige Gesellschaftsform, die in irgendeinem Land auf Dauer bestanden hätte. Jede ist nach einer gewissen Zeit immer von einer anderen abgelöst worden. Von allen Arten von Königen, Kaisern, Potentaten und Diktatoren haben die Menschen viel über sich ergehen lassen müssen, bis man irgendwann die Gesellschaftsform fand, die wir heute als ideal empfinden: die Demokratie – die größte Errungenschaft menschlichen Geistes für das Zusammenleben der Menschen.

Aber auch heute gibt es nicht wenige ernsthafte Philosophen – die sich »neue Konservative« nennen und seltsamerweise sowohl vom rechten als auch vom linken Tellerrand stammen –, die warnend ihre Stimme erheben und der Demokratie gar ein Ende prophezeien.

Die Probleme der Demokratie, wie sie sich heute darstellt, sind einfach: Zunächst ist es die Mehrheit. Die Gruppen, die sich in ihr zusammenschließen, regieren ein Land. Das bedeutet: eine große Anzahl Menschen, häufig fast die Hälfte des Volkes, ist mit der herrschenden Regierungsform nicht einverstanden, lebt sozusagen in der Opposition.

Und das Bedenkliche ist: Die »Mehrheit« kann, aber muß nicht immer recht haben. – Es gibt durchaus Wahlen, die sich später in der Geschichte als falsch erwiesen haben: Dabei denke ich nicht nur an Adolf Hitlers Weg an die Macht.

Der Satz »Volkes Stimme ist Gottes Stimme« ist also mit einer gewissen Vorsicht zu genießen.

Einer der größten Feinde der Demokratie ist außerdem der falsche, besser: der fahrlässige Umgang mit der Freiheit.

Laut Lexikon besteht die Freiheit in Unabhängigkeit von Knechtschaft und Zwang, ist das Merkmal des Selbstbewußtseins sowie der Persönlichkeit und Menschenwürde.

Doch gründet sich heute Freiheit nicht fast ausschließlich auf die Freiheit des Privateigentums und seiner Nutzung? Reduziert sich Freiheit heute nicht darauf, etwas zu konsumieren, etwas zu begehren? Und zwar sofort, ohne Warteschlange, ohne Zeitverlust: Her mit dem Ding, mit dem Menschen, der Ware, dem Ereignis – dann auspressen und auf den Müll werfen. Freiheit als Wegwerfartikel erzeugt Frustration und sinnentleertes Dasein!

Die Freiheit, die wir brauchen, ist die Freiheit des Ungehorsams. Freiheit bedeutet, den Mut zu haben, allein zu sein, zu irren und auch vom ausgetretenen Weg Abschied zu nehmen. »Wenn ich«, so schreibt beispielsweise Erich Fromm, der große Psycho-Philosoph, »wenn ich vor der Freiheit Angst habe, kann ich nicht wagen, nein zu sagen, kann ich nicht den Mut aufbringen, ungehorsam zu sein. Tatsächlich sind Freiheit und die Fähigkeit zum Ungehorsam nicht voneinander zu trennen. Daher kann auch kein gesellschaftliches, politisches oder religiöses System, das Freiheit proklamiert und Ungehorsam verteufelt, die Wahrheit sprechen.«

Ist es wirklich so eine beglückende Form der Freiheit, daß wir heute jede Person, die in der Öffentlichkeit steht, also auch jeden Verantwortungsträger, medial demontieren können, wegen zum Teil läppischer Vorkommnisse?

Ein jahrelang zurückliegendes Verhältnis mit einer Sekretärin, eine Einladung, in einem Privatflugzeug zu dem Geburtstag eines Industriellen mitgeflogen zu sein – eigentlich Lappalien, die Regierungsmitglieder in hohen Positionen heute zu Fall bringen können.

Letztlich leidet das Land darunter, weil es unregierbar wird, weil die an Stelle der alten Person eingesetzte Person eben auch »nur« ein Mensch mit Vergangenheit, Liebesleben, Unterleib ist, der auch irgendwann mal eine Freundin hatte.

Wenn er das nicht hatte, ist er wahrscheinlich ein so komplexbeladener Mensch, daß er wiederum die Führungsqualitäten vermissen läßt, die in einer solchen Position wichtig sind. Und es ist ja auch erwiesen, daß gerade dieser »Herrentyp« Hauptdarsteller im Sado-Maso-Sex-Business ist. (»Schlag mich, Mami, ich war böse!«) – Das britische Repräsentantenhaus läßt grüßen, aber da brodelt's bestimmt auch bei uns und anderswo genauso unter der Decke.

Da wird ein fataler Widerspruch sichtbar: »Hüte dich vor Leuten, die keine Sinnenfreude kennen, die nicht gern essen, nicht gern lieben, denen Kunst gleichgültig ist.« – Verantwortung also in die Hände solcher Menschen?

All das soll natürlich kein Freibrief für jegliche Art von Korruption sein. Doch Lappalien sollten nicht so ein Gewicht haben.

Das sind sicher Hauptkriterien, weshalb Demokratien straucheln und in Gefahr geraten könnten, denn diese auf Schadenfreude beruhenden Banal-Attacken erzeugen natürlich auch die vielbeweinte Politikverdrossenheit, den schlimmsten Feind jeder Demokratie.

Und das große Händereiben beginnt: Radikale Gruppierungen drängen sofort stark in den Vordergrund und finden Zulauf.

Von allen bis heute praktizierten Gesellschaftsformen ist natürlich die Demokratie die einzige, die unserer Vorstellung von Menschlichkeit und Humanität, unserer Vision von Recht und Gerechtigkeit nahekommt, und ein gütiges Schicksal möge uns davor bewahren, daß sie uns abhanden kommt. Aber nachdenken über »Was kommt danach, wenn's danebengeht« wird es, solange es intelligente, phantasiereiche, visionäre Menschen gibt, immer geben.

Gesellschaftsformen zerbrechen dann, wenn auch nur einer ihrer Kern- und Grundsätze einen Fehler aufweist.

Die Kern- und Grundsätze der faschistoiden Regierungsformen sind nahezu alle falsch. Wenn wir nur an die wahnwitzigen Behauptungen denken, die das Hitlerregime über Ethik, Gesellschaft, Menschenrechte, Rassen ausgesprochen hat... Diese Thesen sind natürlich alle unmenschlich. Dieses Tausendjährige Reich hat gerade mal zwölf Jahre überlebt.

Der Kommunismus ist nicht nur deshalb zugrunde gegangen, weil man ihn mißverstanden hat, weil es Stalin und andere Greuelpotentaten gab, weil man faschistische Methoden angewandt hat. Er ist eigentlich an einem Kernsatz gescheitert, der eine Grundlehre gewesen ist: »Es gibt keine Freiheit für den Einzelnen, sondern nur die Freiheit des Menschen als Gattungswesen. *Denn der Mensch ist das Produkt seiner Umgebung.*« Daraus leiteten die kommunistischen Führer ihr Recht ab, die Menschen in ein Zwangssystem zu stecken, um sie nach ihrem »Ideal« zu formen. Heute wissen wir, durch die Forschung bewiesen, daß der Mensch auch das Produkt seiner Vererbung ist. Mit der Erkenntnis, daß eben die Menschen nicht alle gleich zu machen sind, war dem »sozialistischen Gedanken« der ideologische Boden entzogen.

Aber wo liegen nun die eventuellen Parallelen zwischen »Einklang in der Gesellschaft« und »Harmonie zwischen den Tönen«? – Ganz einfach: Nichts auf der Welt wird so bedingungslos akzeptiert wie Musik in allen ihren Erscheinungsformen. Nicht Malerei, nicht Literatur, nicht Politik, ja nicht einmal Sport. – Und was bringt den Menschen die Musik so nahe? – Ohne daß man es weiß: Es ist der Quintenzirkel.

Er ist ein Weltraum der Töne, in dem die nur zwölf Töne, die es im Tonreich gibt, so zueinander stehen, daß man es ein Universum nennen könnte: Sie stehen sich in einem Magnetfeld – jeder Ton zum anderen –, in einer absoluten Gerechtigkeit gegenüber. Bewiesen. Unfehlbar. Vollkommen.

Das »Wohltemperierte Klavier« von Johann Sebastian Bach hat vieles davon festgeschrieben – von dieser Gerechtigkeit und Gleichheit, die mathematisch beweisbar ist und die untereinander keine Fehler aufweist.

Der Quintenzirkel hat also nicht die Schwachstellen der ideologischen Kernsätze bisher bekannter politischer Ideologien.

Bitte laßt mich einfach einmal spinnen, denn den Quintenzirkel auf das gesellschaftliche Leben zu beziehen, ist natürlich Träumerei. Aber warum nicht mal die Welt der Töne als Vorbild auch für uns Menschen heranziehen?

Was *ist* nun dieser Quintenzirkel? Was steckt hinter diesem komplizierten Wort? Ich will versuchen, auch für Nicht-Musiker das Wunder dieser phantastischen Wahrheit zu erklären:

Nehmen wir C-Dur. In C-Dur ist C ein »Präsident«, der wichtigste Ton dieser Tonart, der Ton, der der Tonart seine Ruhe, seine Tiefe und seine Verantwortung gibt. Dieser Grundton wird »Tonika« genannt.

Die dazugehörige Quint ist der Ton G, darauf baut sich die wichtigste Harmonie auf, die C-Dur braucht, um beispielsweise eine kleine Kindermelodie zu spielen wie »Hänschen klein«. Da kommt man mit den Grundakkorden C und G schon aus. Diesen Ton nennt man »Dominante«, ihm kommt also eine dominierende Funktion in C-Dur zu.

Der drittwichtigste Ton für C-Dur ist die »Subdominante«, die Quart, in unserem Fall das F.

Mit diesen drei Harmonien kann man beinahe alle Volkslieder spielen und viele kleine Melodien, Schlager. Jeder Ton hat in der Quint, in der Quart, also in der Dominante und in der Subdominante, die wichtigsten Begleittöne. Man könnte sagen, daß diese Begleittöne »Minister« für den jeweiligen Hauptton, also den »Präsidenten«, sind.

Was sind jetzt aber die anderen neun Töne? – Unterschiedlich wichtige Töne. Sie tragen die Melodie, sorgen für Spannung in dieser Tonart, aber sie haben gewissermaßen Arbeitsfunktion, durchaus wichtig, aber untergeordnet.

In C-Dur entscheidet das C, unterstützt von den »Ministern« G und F. Sie geben die Richtlinien vor.

Das bedeutet also, daß in dieser Tonart ganz klare Machtverhältnisse herrschen: »Präsident«, verantwortungsvolle »Ministertöne«, »Beamte«, »Arbeiter«.

Wie verhält es sich aber jetzt in jeder anderen Tonart aus den zwölf Tönen?

Nehmen wir den Ton, der direkt neben dem C liegt. Man

könnte auch jeden anderen nehmen, es verhält sich immer nach dem gleichen Muster, mathematisch genau.

Der Ton neben dem C, einen halben Schritt höher zum Beispiel, das Cis. – In Cis-Dur ist Cis der »Präsident«. Also ein Ton, der eben nur eine untergeordnete Rolle hatte, ein »Wasserträger« würde man im Fußball sagen, ein Arbeiter, der wird jetzt Träger der Verantwortung. Jetzt gibt er der Harmonie Ruhe, die Macht, das Vertrauen.

Die Quint ist nun das Gis, das wäre jetzt der wichtigste »Minister«, ebenso das Fis, alles Töne, die in C-Dur die untersten Ränge der Gesellschaftsstruktur einnahmen, nehmen hier die höchsten ein.

Das C, soeben noch die »Nummer 1«, ist durchaus nicht unwichtig, hat jetzt – in Cis-Dur – aber eine »Arbeiterfunktion«.

So läßt sich das Spiel mit jedem Ton durchspielen. In jeder Tonart werden die Verantwortungsbereiche fließend und ständig geändert. Der »Quintenzirkel« ist also ein immer in sich stimmendes System, das jedem Ton souveräne Autorität genauso wie dienende Funktion auferlegt. Herrschaft und Demut in vollendeter Harmonie und Gerechtigkeit.

Haben Menschen sich das ausgedacht?

Nein.

Die Natur hat diese Verteilung der Töne vorgegeben, die Menschen haben dieses Geheimnis aber erst entdecken müssen, genauso, wie wenn Archäologen etwas ausgraben.

Zwei Töne, die direkt nebeneinander liegen, wie zum Beispiel F und Fis, erzeugen eine Dissonanz, die dem Ohr fast weh tut. Auf dem Computerbild sichtbar gemacht, kann man sehen, wie diese beiden Kurven sich reiben. Vom Komponisten werden solche Reibungen natürlich bewußt eingesetzt, um Spannungen zu erzeugen.

Die »wohlklingenden Töne«, ein C, E, G, der klassische C-Dur-Dreiklang, die passen auch sichtbar auf dem Computerbild ineinander. Die Tonwellen kreuzen sich in harmonischen Formen. Die passenden Töne passen mathematisch genau in die Schwingungen des anderen Tones hinein. Dadurch entsteht Wohlklang oder Dissonanz, wie es gewünscht wird.

Das Interessante daran ist, daß sich bei allen Menschen der Welt, bei allen Kulturen unserer Zeit, auch bei den asiatischen, die ja ganz andere Tonreihen in ihrer traditionellen Musik verwenden, diese im Abendland entdeckte Tonkultur durchgesetzt hat.

Die gesamte abendländische Musikkultur ist in diesem Tonsystem geschrieben und die gesamte Musikkultur, die heute in der Welt gehört wird. Von der Rock- bis Popmusik, von den Beatles bis zu den Rolling Stones, von Heavy Metal bis zu Volksliedern, vom Flamenco bis zu alpenländischen Jodlern, von Beethoven bis Bach ohnehin.

Es gibt keine Kunstmusik und keine populäre Musik in der heutigen Zeit, die nicht auf den Quintenzirkel zurückgeht.

Alle Musik bedient sich dieser Struktur, dieser Ton-Hierarchie.

Manche modernen Komponisten heben die natürlich vorhandenen Machtstrukturen unter den Tönen einfach auf. Sie vertreten in etwa den Standpunkt: »Wir erkennen das nicht mehr an. Uneingeschränkt gleiches Recht für alle Töne!« Sie erzeugen also eine Art Anarchie unter den Tönen und geben jedem Ton die gleiche Macht – oder Ohnmacht.

Natürlich ist jedes Experiment wichtig, aber man muß sagen, daß diese Klänge größtenteils bis zum heutigen Tage am Publikum, an den Gefühlen und Herzen der Menschen vorbeigingen. Musik, die außerhalb des Quintenzirkels steht, erzeugt kaum Geborgenheit beim Hörer. Die Gerechtigkeit der Töne untereinander scheint zu fehlen. Es gibt keine Orientierung, und dadurch fühlen wir uns akustisch alleingelassen.

Es ist keine Musik, die populär wird, die nachpfeifbar, nachsingbar ist, keine Musik, die uns innerhalb unseres Gefühlslebens eine gewisse Heimat bietet.

Grandiose Spannung in der Musik wird erzeugt, wenn der Komponist den Quintenzirkel bewußt verläßt, um chaotischen Aufruhr im Hörer zu erzeugen und dann wieder zurückzukehren, um den Kontrast deutlich zu machen.

Mein malender Bruder Manfred hat in den letzten Jahren die Liebe zum Klavierspiel entdeckt, ohne jegliche Ahnung von musikalischen Vorgängen zu haben. Ich vermute, daß er nicht einmal weiß, was ein C oder ein F ist. Ich höre ihm gerne zu, wie er im gefühlvollen Chaos auf der Suche ist. Und siehe da: Wohin er sich auch auf den Tasten verirrt, er kehrt ständig, ohne es zu wissen, zur Tonika zurück. Der Quintenzirkel holt ihn ein. Er spielt vollkommen laienhaft wunderschöne, meditative Musik mit Ausflügen in die Anarchie.

Anarchie ist durchaus etwas Positives, aus dem eine Ordnung entstehen kann. Das Wort Anarchie kommt aus der Sprache der Astrologie. Anarchie, glaubte man früher, sei die scheinbare Willkür, in der Sterne im Weltall sich befinden, in dieser unergründlichen Weite des Weltraums.

Aber wir lernten langsam, daß diese unergründliche Weite in einer phantastischen Ordnung zueinander steht, also keine Anarchie ist.

Es ist ein gewaltiger Einklang, vergleichbar mit der Ordnung der Tone zueinander.

So ist dieser Quintenzirkel eine große, wunderbare Wahrheit, ein Universum, das Ruhe und Halt und Sicherheit unter den Tönen bietet – aber auch in den Gefühlen der Menschen.

Visionen sind natürlich erst einmal immer unreif. Daher ist es sicherlich Spinnerei, wenn man diese Harmonie vielleicht als einen Ansatzpunkt heranzieht, um über Gesellschaftsformen nachzudenken. Aber dieses Thema fasziniert mich seit Jahren.

Vielleicht werden Menschen in einer fernen Zukunft, sollte es eine solche dann noch geben, eine gefestigtere Form der Demokratie ausprobieren, geleitet von den Grundsätzen des Quintenzirkels, der einer möglicherweise entstehenden Weltverantwortung die Grundorientierung geben könnte. Vielleicht ist es denkbar, daß eine künftige Gesellschaft in vielen kleinen Zellen oder Gruppen in vielen Regionen geordnet sein könnte, Gruppen, die je nach den jeweiligen Erfordernissen ihren individuellen Fähigkeiten gemäß herrschen oder dienen, Entscheidungen fällen oder helfen, sie durchzuführen. Machtverteilung mit Autorität und Demut. Herrschen und dienen in vollendeter Gerechtigkeit und Flexibilität, Zusammenleben in Harmonie und Dissonanz, gleich den Tönen. Die Gesellschaftsordnung von Menschen, die sich selbst, ihre Fähigkeiten und Grenzen genau kennen; Menschen in einem Zeitalter der Reife, in der Individualität und gesellschaftlicher Zusammenhalt gleichermaßen notwendig sind und vom Einzelnen gefordert werden. Eine »Mega-Demokratie« mit der Verantwortung für eine wahrhaftige Freiheit, mit dem Sinn des Wortes, wie wir ihn alle fühlen, aber bis heute so schwer leben können. Welch herrlich-verrückte Phantastereien!

An der Hochschule für Musik in München habe ich einmal einen Vortrag gehalten, mit anschließender Diskussion.

Als ich in den Hörsaal kam, wurde ich erst mit neugieriger Aufmerksamkeit betrachtet. Ich war damals noch nicht Professor. Ich wurde einfach eingeladen, um mit Studenten zu sprechen. Es war die Zeit, als das Lied »Ein ehrenwertes Haus« ein großer Hit war. »Der Schlagersänger kommt in den Hörsaal, was erwartet uns?«

Ich wählte das Thema »Quintenzirkel und Gesellschaft«. Das absolute Verstehen des Quintenzirkels ist natürlich eine Voraussetzung für jeden ernstzunehmenden Komponisten.

Aber über die Tatsache hinaus, daß man ihn rein funktionell verstehen kann, vermittelt der Quintenzirkel uns eine Wahrheit, die weit über das technisch Lernbare hinausgeht.

Ich sprach mit den Studenten darüber und löste große Begeisterung aus. In dieser Form hatte man sich noch niemals zuvor dieser scheinbar so »trockenen« Materie genähert, was mich übrigens sehr wunderte.

Natürlich haben wir dabei Quintenzirkel-Fragen auch auf dem Klavier durchgespielt und diskutiert.

Am Ende des Vortrages gab es begeisterte Reaktionen, und man hat mich gebeten, das »Ehrenwerte Haus« zu spielen. Es artete beinahe zu einem Mini-Konzert aus. Es wurde zum Happening.

Das ewige Wunder Musik: nur zwölf Töne, aber sie sprechen tausend Sprachen, von Jugend bis Alter, über Rassen und Religionen, Grenzen und Kontinente hinweg.

Stark, gerecht, unfehlbar und daher ewig.

Fiktionen

oder

Ein Pressespiegel mit persönlichen Kommentaren

Mir scheint es an der Zeit zu sein, die letzten fünfunfzwanzig Jahre im Spiegel der Presse zu sehen.

In dieser Zeit sind unendlich viele gute, schlechte, laute und leise, bunte, farblose und grandiose Artikel über mich erschienen. Etwa dreihundert prall gefüllte Leitz-Ordner voll. Soweit das möglich ist, sind alle aufgehoben.

Was mich bei der Durchsicht dieser Flut von Berichten so erstaunt: Politisch saß ich eigentlich immer dort, wo mich keiner vermutet: zwischen allen Stühlen. Die Rechten griffen mich ebenso an wie die Linken, die aus der DDR genauso wie die aus der BRD.

Bei der Durchsicht der von mir ausgewählten kritischen Berichte über mich habe ich die Feder nicht stillhalten können. Daher habe ich mir erlaubt, zu jedem Beitrag einen kurzen Kommentar aus heutiger Sicht zu verfassen.

1966. Im April schrieb Martin Morlock, der begnadete, leider viel zu früh verstorbene Journalist, Kabarettist und Spötter im »Spiegel«:

»Lieber deutsche Panzer als deutsche Schlager«, scherzen die Benelux-Nachbarn düster, sooft ihnen der grenzenlose Äther das Vulgär-Liedgut unseres Kulturbereiches zuspült.

Was immer an Sangeslust und -leid hiesigen Telephonistinnen, Friseurgehilfen oder Hochleistungssportlern aus der Kehle quoll,

293

ein Jahrzehnt lang wollte es niemand Fremder ohne Not mit an-
hören.

Nun hat auch unser Sprachraum ein Export-Idol: in Udo Jür-
gen Bockelmann, 31 Jahre, 1,86 Meter, aus Klagenfurt, genannt
Udo Jürgens.

Und noch etwas ist meiner Selbstachtung förderlich: Ich bin international der einzige, »der mit einer langsamen Nummer reingeht
und auch wieder rausgeht«. – Stand da zu lesen.

Meist mache ich das immer noch so – und es gibt wirklich auch
heute nur ganz wenige meiner Zunft, die das tun, da es der wesentlich schwierigere Weg auf und von einer Bühne ist. Aber wenn
es gelingt, der glaubwürdigste.

1969. Am 15. Oktober schrieb Baldur Bockhoff, einer der Star-
Kritiker in der »Süddeutschen Zeitung«, unter dem Titel:
»UUUDOOH – Märchentante des Kapitalismus. Eine Konzert-
kritik«:

Vor lauter Aufregung lassen einige Zeitgenossen auf dem über-
füllten Parkplatz ihr Auto mit eingeschalteten Scheinwerfern ste-
hen.

Man hastet, obwohl eigentlich immer noch reichlich Zeit bis
Konzertbeginn – der einzige Grund: Uuuudoh!

Er wirbt im Programmheft natürlich für seine Platten, ferner
fürs Postsparen – Udo ist auch sonst staatserhaltend –, für einige
Armbanduhren, und Hans Hellmut Kirst – 08/15-Autor – hat
ihm ein existentiell beglaubigendes Vorwort geschrieben: »Er
macht nicht Musik – er ist Musik!«

Mehr sein als scheinen also, und dennoch werden Plakate zum
heimischen Wandschmuck verkauft.

Bevor Udo sein Programm beginnt, nimmt Frau Panja mit
Sohn Jonny in der ersten Reihe Platz. Neidvoll knistert das Par-
kett, Fotografen sind geschäftig.

Udo ist schon vor dem Auftritt, was seine Manager aus ihm ge-
macht haben: der Konsum-Udo.

So erscheint er, im schwarzen Frack, mit roter Blume im Knopf-

loch, verspieltem Spitzenhemdchen und schier unendlich langen Beinen. Die rote Blume wird blaß – Udo, nein: Uuuudoh hat's mit der Sehnsucht: »ein letzter Brief« auf »weißem Papier«, und »immer wieder geht« – zu schnulzigstem Tschaikowsky – »die Sonne auf«. Daß wir »in dieser Welt Freunde sein wollen«, wer möchte es bezweifeln? Denn diese Welt setzt sich zusammen aus triefenden Auflösungen, einer idiotensicheren Sequenztechnik, die offensichtlich für musikalische Einfälle gehalten werden.

Udos Welt kennt auch bange Fragen: »Wie könnt' ich von dir gehen, wie könnt's im Sommer sein?« Duftige Zweifel ob der vielen schönen Blumen.

Rachmaninow, dem Udo seine musikalischen Rezepte abgeschaut hat, ist dagegen ein schlichter Gefühlsaristokrat.

Plötzlich liegt, kurz nach den Blumen, ein sterbender Stier in seinem Blute, und Uuuudohs Gesicht zeigt einen Schauder.

Im Ernst: Udos Späße sind böse Späße.

Da spricht die kapitalistische Märchentante das Wort zum Feierabend: Wenn ihr arm seid, tröstet euch. Auch wir Reichen können schließlich nicht alles kaufen – keine Sterne, Freundschaften, nicht den Mond, die Sonne.

Udo verkauft solche zynisch-perfiden Thesen, leger auf einem Stuhl sitzend, mit Rokoko-Begleitung. Rasch folgt ein Liedchen über Rosen und eines über den Clown, der immer lacht. Wenn dennoch »der letzte Vorhang fällt«, kommt schließlich »ein Seufzer der Tiefe«.

Was er gegen den Krieg, gegen Rassismus, gegen Hunger und Armut zu singen weiß – mit welchem Lied er kürzlich den Kanzler erfreute, auf den es ankommt –, hat denn auch den Beifall von falscher Seite: Mit solch dumpfen Sentiments, mit solch verblasenem Seelengequatsche marschiert man nach Langemarck. Mit solchem Programm, das kapitalistische, faschistoide Gefühlsmassage in burschikoses, jungenhaft naives, »Udo 70er Jahre« verpackt, kümmert sich Udo folgerichtig – und damit nichts offenbleibt – selbst um den Schöpfungsmythos: »Wer ersann das All? Wer lenkt unsere Wege?«

Der liebe Gott erhält zwar einen Riesenapplaus, doch wenn Uuuudoh von Sternennacht, Sonnenball und Meer singt, meint und suggeriert er in Wirklichkeit schick kaschierte Abhängigkeit,

Unterdrückung, Ohnmacht – ob's ums Geld geht, die Politik oder die uns vorgezeichneten Wege. Ob »Señoritas Bettchen« oder »ER, der die Welt in Händen hält«, ob die russisch gestotterte »Anuschka« oder »Glory Hallelujah« – dieses Programm ist verteufelt auf Entmündigung und Schwachsinn getrimmt.

An dieser Kritik hatte ich schwer zu schlucken. – Mein demokratisches Denken mit »Langemarck« zu verbinden, das hat weh getan.

In der »68er-Zeit« reagierte man auf jede kleinste Äußerung überempfindlich. Die kleinsten Anzeichen von Einverständnis mit der Gesellschaft und dem System wurden als rechtsradikal empfunden. Alles wurde zu Politik gemacht: abends ein Glas Wein in der »falschen« Kneipe zu trinken, ein Markenhemd zu tragen, ein Lied lang einfach von schönen Dingen zu träumen, das machte einen schon zum »Klassenfeind«. Überreaktion allerorten.

Natürlich war damals alles an mir noch reichlich naiv, aber ich wollte in jener Zeit eben zu denen gehören, die neue Wege beschreiten, wie man es in Frankreich und Italien schon lange tat.

1969. Am 10. August klärte der damalige SED-Kommentator Karl-Eduard von Schnitzler in der Sendung »Antworten auf Hörerfragen« (Radio DDR vom 10. 8. 69) eine Ilona genannte Hörerin auf, die angefragt hatte, warum das SED-Organ »Neues Deutschland« »unser Schlager-Idol Udo Jürgens« dafür angegriffen habe, daß er mit Bundeskanzler Kiesinger »vierhändig Klavier gespielt« habe.

Liebe Ilona, ich bin mit Ihnen einer Meinung, daß Udo Jürgens überdurchschnittlich gut singen kann. Aber es geht nicht um sein Klavierspiel. Es geht darum, daß in Westdeutschland Bundestagswahlen vor der Tür stehen, und daß die Partei der Kiesinger/Strauß auf Stimmenfang aus ist.

Das sind gemeine, blutrünstige Leute, die Sie, liebe Ilona, um Ihre Jugend, um Ihren Freund, um Ihren Staat, um Ihre Gleichberechtigung, um Ihre Zukunft bringen wollen. Das können diese Leute natürlich weder Ihnen noch den eigenen Wählern ins Ge-

*sicht sagen. Und darum versuchen sie, sich den Anschein anstän-
diger, friedfertiger, kulturvoller, den Musen ergebener Leute zu
geben. Und so hat Herr Kiesinger den Udo Jürgens eingeladen.*

*Und Udo Jürgens sang für Kiesinger sein »Merci und Danke-
schön und auf Wiedersehen«* (gemeint ist offensichtlich »Merci
Chérie«), *und schließlich spielte der populäre Schlagerstar mit
dem Goebbels-Diener und Notstands- und Alleinvertretungs-
Kanzler vierhändig Klavier.* (Die Behauptung, Kanzler und Sänger hätten vierhändig Klavier gespielt, ist frei erfunden.)

*Udo Jürgens nun wird von der Bonner Politik nicht betroffen,
denn er ist Österreicher.*

*Sie, liebe Ilona, sagen, er sei schließlich nur ein Künstler. Aber
nun spielte und sang der Künstler nicht nur für und mit Herrn Kiesinger, sondern er plauderte auch mit ihm. Und dabei kamen er
und Kiesinger zu dem gemeinsamen Schluß, daß Udos Lieder
»beigetragen haben, daß die Menschen drüben – also in unserer
DDR – durch solche Lieder mit uns fühlen« – also mit Kiesinger
und Strauß und dem Imperialismus.*

*Ja, und da hören nun Spaß und Kunst auf. Das ist nicht mehr
ein Künstler, der mißbraucht wurde, sondern das ist ein Aktivist,
der dem Altnazi Kiesinger erneut auf den Kanzlerstuhl helfen will.
Dem Mann, der unsere DDR am liebsten zum Frühstück verspei-
sen würde.*

*Schauen Sie, liebe Ilona, da gibt es noch Leute, die möchten
Kunst und Politik fein voneinander getrennt halten. Aber Kiesinger und Jürgens haben zweistimmig und vierhändig bewiesen,
daß es das nicht gibt. Das war keine leichte Muse und keine Kultur, sondern das war harte Politik, ein durchaus unkünstlerischer
Schlag ins Gesicht von Verstand, Anstand, Moral, Demokratie
und Frieden. Und darum kann Jürgens so schön singen wie er will,
zum wahren Künstler fehlt ihm noch eine ganze Menge, nämlich
das Gewissen, das Verantwortungsbewußtsein, wem er mit seiner
Kunst zu dienen hat. Ich weiß, es ist schmerzlich, wenn ein Idol
sich als schäbiger Popanz entlarvt.*

*Aber wer den Bonnern ins Ohr und ins Mikrophon singt
»Merci, dankeschön, auf Wiedersehen«, dem können wir nur
kurz und schlicht antworten: »Vielen Dank und auf Nimmerwie-
dersehen.«*

Fast unglaublich, so etwas heute zu lesen! Die Angst, die radikale Politik vor Liedern hat, ist bemerkenswert und macht Mut.

1970. Am 24. Oktober schrieb der österreichische Bundeskanzler Dr. Bruno Kreisky im Wiener »Express«:

Donnerstag abend war ich bei Udo Jürgens in der Stadthalle. Es war gar nicht leicht, mir die Zeit dafür frei zu machen. Aber ich bin froh, daß ich's getan habe. Zum erstenmal hatte ich Gelegenheit, bei einer Veranstaltung dieser Art dabei zu sein, und es war ein wirkliches Erlebnis zu sehen, wie Udo Jürgens mit seinen Liedern, mit seiner Art, Musik zu machen, mit seiner Fähigkeit, den Rhythmus zu mobilisieren, 15 000 junge Menschen in seinen Bann schlug.

Seine Lieder handeln von den kleinen Dingen des Lebens, von denen, die so wichtig sind zwischen den Menschen. Es sind sentimentale und komische und immer einfache Lieder, die offenbar den Jungen viel bedeuten.

Dann plötzlich aber wird er ganz ernst, ganz leise, ganz eindringlich und anklagend zugleich. Ein Bekenntnis mitten im Trubel des Abends: »...ich glaube, diese Welt müßte groß genug, weit genug, reich genug für uns alle sein«, und enthusiastisch brandet der Beifall auf.

Die Jungen haben ihn verstanden, und einer, der fast immer nur mit den so furchtbar Erwachsenen zu tun hat, den beschleicht ein frohes Gefühl darüber, daß den so oft gescholtenen Jungen von heute so vieles gar nicht gleichgültig ist.

Ganz im Gegenteil, daß sie, die Jungen, die es doch »so gut haben«, Armut, Ungleichheit und Krieg nicht unberührt läßt.

Beim Hinausgehen sagte einer von den Älteren, Unbeteiligten zu mir: »Der Udo Jürgens, der weiß, wie er sein Geld verdient.«

Ich habe ihm geantwortet: »Ja, aber er verdient sich's auch.«

Diese Worte haben mir viel bedeutet.

Ein großer Mann europäischer Geschichte. Nach diesem Abend besuchte ich ihn, wir sahen uns von Zeit zu Zeit und telefonierten oft miteinander. Er liebte es, politische Perspektiven nicht nur mit den Profis – »Fachidioten«, wie er sie einmal nannte – zu diskutieren.

Obwohl selbst Jude, setzte er sich als erster West-Politiker für die Palästinenser ein, war dadurch seiner Zeit weit voraus.

Vor seinem entscheidenden Treffen mit Yassir Arafat telefonierten wir lange. Ich konnte durch das Telefon fühlen, wie die Verantwortung auf ihm lastete und er auch die internationale Reaktion fürchtete.

Aber er war überzeugt: »Wenn die Palästinenser nicht in das Gespräch einbezogen werden, wird niemals Frieden werden.«

Seine Vision ist heute durch die Geschichte bestätigt.

1970. Im Oktober schrieb Spiegel-Reporter Fritz Rumler über »Udo 70«:

Auf der Bühne war der Himmel los.

Rudel brünstiger Backfische reckten sehnend die Arme nach dem Herrn, andere küßten ihm das Lackschuhwerk, und eine herbe Vierzigerin trank behend den Rest Kamillentee, den Udo Jürgens, der Sänger der heilen Welt, am Flügel hatte stehenlassen.

Im Riesenbauch der Berliner Deutschlandhalle ging »Udo 70« ins Finale – die längste und bestverkaufte Schlager-Tour, die je durchs deutsche Land gezogen war. In zehn Monaten und 222 Konzerten hatte Udo eine halbe Million Menschen angesungen, darunter Minister, Bürgermeister und sogar den Maestro Karajan.

Beim Berliner Finish saß der Regierende Schütz als »Schirmherr« in der ersten Reihe, auch der Illustrierten-Senator Burda saß da, sowie, vornehm verinnerlicht, Axel Springer; neben ihm war ein Menschenkind im Rollstuhl aufgestellt.

»Merci Chérie«, sang Udo Jürgens, smart im Smoking und mit einem Touch tuberkulöser Romantik. »Warum muß alles vergehen?« wehklagte er und tröstete: »Immer wieder geht die Sonne auf« oder: »Was wirklich zählt auf dieser Welt, bekommst du nicht für Geld.« Abschließend: »Auf Wiederseh'n und Dankeschön.«

Bei der Midnight-Party im Hilton wurde dann dem Sänger

Dank gesagt. Bertelsmanns feingeistiger Köhnlechner, der Udos Platten verlegen läßt, hieß die Tour einen »Kreuzzug«; der »Bunte«-Burda entsann sich geehrt seiner Reise-Ratschläge für Udo (»Solide leben!«); denn »Mitzusegeln ist für einen Verlag nicht uninteressant.« Mit Udo-Titel verkaufte die »Bunte« 40000 Stück mehr. Und die Berliner »Stachelschweine«, für 8000 Mark eingekauft, witzelten dienstbereit: »Udo gut, alles gut.«

Einer fiel durch Schweigen auf bei dieser weihnachtlichen Feier – der Herr der gelobten Stimme, der Musikverleger und Udo-Impresario Hans Rudolf Beierlein, 41. Das ist die Grundeinstellung des kurzen Bayern mit dem pummeligen Pokerface: »Mir macht es Spaß, im Hintergrund zu sein...«

»Die einzigen Noten, die ich lesen kann«, sagt Beierlein, »sind Banknoten.«

Provinz-Zeitungen haben Sorgen mit dem Abonnement-Nachwuchs. »Diese Sorge«, sagt Beierlein mit stiller Miene, »haben wir uns zunutze gemacht.« Effekt: Rund 30 deutsche Tageszeitungen veranstalteten Udo-Preisausschreiben. Netter Nebeneffekt: ganz wenig Udo-Verrisse.

Mit solchen und anderen PR-Aktionen war der Markt aufgewühlt. Die Zielgruppe stand auch fest – eine mit hohem Kompensations-Konsum. »Es besteht, vor allem beim weiblichen Publikum, ein großer Nachholbedarf an Seelentrost«, sagt Beierlein. »Diese Möglichkeit haben wir genutzt.«

Als Konsumenten hatte er nicht nur Teenager im Sinn – obwohl: »Wer springt sonst auf die Bühne, wer macht sonst das Geschrei?«

»Teenager«, weiß Beierlein, »sind Impulskäufer: Die wechseln Schlagerstars schneller als ihre Höschen. Ein Sänger, der ›fünf bis zehn Jahre‹ im Geschäft bleiben will, braucht einen breiteren Kundenkreis.«

Beierlein zielt auf Kunden »von zehn bis 90«, und »deswegen sind unsere Liedchen so angelegt, daß für jede Kategorie etwas Brauchbares dabei ist«. Für Kunden bis 28 etwa hält er »Liebesschmerz« bereit, für die älteren »Sachen mit Abschied«.

»Philosophie für den Wohnküchen-Gebrauch« sollen Udos Lieder liefern; die Leute, meint Beierlein, »ärgern sich nicht über ungerechte Vermögensverteilung, sondern über kleine Dinge«. Er sagt: »*In unseren Liedern sind beträchtliche Binsenweisheiten verpackt.*«

»*Es gibt Lieder*«, gesteht er, »*die mir die Schuhe ausziehen, an denen aber Udos Herz hängt.*«

Udo verbinde »*Geschlechtsfreude*« *mit manchem Liede,* »*weil er danach ein schönes Mädchen vernascht hat*«. *Udo erhalte* »*massive Angebote, und er macht von den Angeboten Gebrauch*«.

Er war freilich angewiesen, »*dezent*« *zu gebrauchen. Mitreisende bestätigen, nur Mädchen hatten Zugang, deren Alter und Herkunft lästige Folgen ausschloß; zum Image des stark libidinös besetzten Produkts Udo gehört der Begriff Seriosität.*

Deswegen tritt Udo stets »*wie ein Konzertsänger*« *im Smoking auf, und auf Photos, so verordnete Beierlein, muß er immer* »*gut angezogen*« *erscheinen. Rund fünf Millionen Mark, sagt Beierlein, hat Udo mit* »*Udo 70*« *eingenommen, doch der Lebenszyklus des Produkts Udo nähere sich nun der Phase der Marktsättigung.*

Beierlein schätzt seinen Sänger: »*Er kann Noten lesen, was neu in der Branche ist.*« *Daß Udo ein* »*Nervenbündel*« *ist, schätzt Beierlein auch; dadurch gehe er* »*mit ungeheurer Intensität auf die Bühne*«. *Zuweilen mußte der Impresario freilich sein Rennpferd künstlich nervös machen.*

Frage: Wird es, nach alldem, ein »*Udo 80*« *geben?*

Beierlein: »*Kaum.*«

Den Schalttag wird er (Beierlein) Udo »*unter vier Augen mitteilen*«.

Dieser Artikel ist typisch für die damalige Zeit. Beierlein steht als Manager-Zampano bereits viel mehr im Mittelpunkt als ich. Das störte mich nicht, aber daß er mit meinem Schicksal spielte, das störte mich natürlich gewaltig.

1971. Am 17. Februar schrieb Matthias Walden in der damals noch in Hamburg erscheinenden »Die Welt« unter dem Titel: »Protestsänger Udo Jürgens entdeckt das Vaterland«:

Udo Jürgens ist Millionär.

Hat ein Nutznießer der kapitalistischen Leistungsgesellschaft überhaupt das Recht, Kritik an dieser Gesellschaft zu üben?

Nach einem vaterländischen Liebesbekenntnis schränkt der Sänger ein: »...ich hab' dich gern, wie einen würdevollen, etwas müden alten Herrn.« Und dann liest Jürgens dem »würdevollen alten Herrn« die Leviten: »Lieb Vaterland, wofür soll ich dir danken? Für die Versicherungspaläste und die Banken? Für die Kasernen, für die teure Wehr, wo tausend Schulen fehlen, tausend Lehrer und noch mehr?«

Auch hier hat der Sänger trotz seines Auftritts beim Luftwaffenball und als Starfighter-Mitflieger etwas Wesentliches übersehen: Die teure Wehr verteidigt unter anderem auch sein Recht, den Lehrermangel zu beklagen, Schulen statt Kasernen – das ist eine Alternative für die kleinen Moritze der Gesellschaftskritik, zu denen der große Troubadour gewiß nicht zählen möchte.

Die meisten haben weniger Erfolg als zum Beispiel Udo Jürgens. Aber dafür ist das Vaterland nicht verantwortlich, obwohl des Sängers Klagelied weitere Einwände erhebt: »Lieb Vaterland, magst ruhig sein, die Großen zäunen Wald und Ufer ein, und Kinder spielen am Straßenrand, lieb Vaterland.«

Einige der Zäune gehören Udo Jürgens. Wenn sein politisch' Lied nicht als garstig empfunden werden, sondern Erfolg haben sollte, werden noch ein paar Zäune für ihn hinzukommen. Vielleicht springt sogar eine Spielwiese für die Kinder am Straßenrand dabei heraus?

Der Dank des Vaterlandes ist ihm genauso ungewiß wie dem Vaterland der Dank des Sängers. Denn seine politischen Hinweise sind leider weit weniger zuverlässig als seine weitverbreitete Mitteilung, daß die Sonne »immer, immer wieder« aufgeht.

Matthias Walden war in den sechziger und siebziger Jahren ein bedeutender politischer Journalist. Als einer der ersten hatte er eine eigene Fernsehsendung, natürlich schwarz-weiß, heute würde man sagen eine »Talk-Show«. Nur Politiker und ab und zu Schriftsteller und Intellektuelle wurden eingeladen.

Es war wie ein kleiner Adelsschlag, als er mich wegen dieses Liedes in seine Sendung einlud. Es war eine gute Sendung mit einem harten Gespräch, bei dem ich gegen Walden, den strammen Rechten, recht gut abschnitt.

Kaum aber waren die Lichter im Studio verloschen, die Sendung zu Ende, war Walden plötzlich ganz Fan. Autogramme für die Kinder, die Freunde mußte ich ihm geben. Aus dem scharfen Zyniker wurde übergangslos der liebenswürdige Mitbürger.

Selten war ich so verdutzt.

1973. Im März schrieb Sigi Sommer, der als der Spaziergänger »Blasius« Berühmtheit erlangte, in der »AZ«, der »Münchner Abendzeitung«, die für mich auch heute noch meine Verbindung mit München ist:

Ich weiß nicht mehr genau, warum ich den Udo Jürgens gleich mochte. Vielleicht wegen seiner großen Nase. Ich sammle nämlich Nasen wie andere Leute Briefmarken oder Autogramme. Und schon immer war ich der Meinung, daß große Männer eigentlich auch große Nasen haben müßten. Der Goethe zum Beispiel hatte einen besonders beachtlichen Kumpf im gescheiten Gesicht. Oder der Alte Fritz mit seinem berühmten Schnupftabak-Schnorchel. Oder gar der Hans Albers, dessen kühner Zinken ja beinahe waffenscheinpflichtig war.

Im übrigen sagt ein weitverbreitetes Sprichwort auch noch: »Wie die Nase des Mannes, so sein Bumsfallera«.

Sicherlich rührt von dieser Vorstellung auch ein Teil der Berühmtheit des Jet-Set-Carusos Udo her. Jedenfalls hat seine Nase längst über den schmutzigen Notenständer eines Vorstadtmusikanten hinausgerochen. Obwohl es auch bei ihm eine Zeit gab, wo er ganz kleine Brötchen backen mußte. So klein, daß nicht einmal der winzigste Zahn voll Butter darauf Platz hatte. Und die Wurst, die es manchmal dazu gab, war so dünn geschnitten, daß die Scheiben überhaupt nur eine Seite besaßen. »Well.«

Nun, obwohl also der Udo für mich ein Nasenkönig ist, habe ich natürlich auch bemerkt, daß seine wahre Größe ein Stockwerk tiefer liegt.

Früher, wenn ich das Wort Sänger hörte, so dachte ich immer an diese gräßlichen Lebertran-Mutterschiffe, die voll ranzigen

Gefühlen fast überschwappten. So daß ihnen die Rührung über die Reling ihrer nagelneuen Porzellanzähne direkt aus dem Mund tropfte. Auch dachte ich nicht besonders wohlwollend an jene neckischen Unterrock-Tenöre, die hauptsächlich mit den schelmischen Augen, mit den Beinen oder einem abendfüllenden Schleuderbusen sangen.

Beim Udo jedoch stimmt die Anatomie in dieser Hinsicht vollkommen. Er singt ganz einwandfrei aus dem Hals. Und was da herauskommt, ist Handelsklasse A und ein echter EWG-Beitrag.

Auch optisch ist er das Maßnehmen wert. Denn er ist schlank wie ein Trinkhalm, fair wie der Beckenbauer Franzl und windschlüpfrig wie ein Hürdenläufer. Man würde sich deshalb vielleicht auch gar nicht wundern, wenn er plötzlich im Konzertsaal einen kleinen Spaten aus dem Smoking ziehen würde, um damit Startlöcher in den Parkettboden zu graben. Für ein Tausend-Meter-Hindernisrennen.

Und was seine Stimme betrifft: Die ist nicht von dem Baumuster »Vergißmeinnicht in Milch gekocht«. Denn wenn er sein »Chérie« posaunt, so klingt das wie die Trompete von Arlington. Oder noch besser. Sie ist wie der Strahl eines Wasserwerfers. So klar, so kühl und so hart. Und sie wirft sie einfach um. Alle die kleinen Mädchen im Saale.

Da geht auch die keuscheste Maid freiwillig in die Horizontale. Und wartet dann geduldig. Aber nicht auf Godot. Sondern mehr auf einen Klapperstorch mit Ohren. Und wenn der Zwerg Matzerath vom Günter Grass beispielsweise mit seiner Stimme Löcher in die Glasscheiben singen konnte, so singt der Jürgens Löcher in die Mädchenherzen.

Ja selbst die zäheste Juchtenleder-Seele der verstocktesten Jungfrau wird da noch porös.

Dann wieder wird seine Beschallung schwül. Als hätte er morgens mit Okasa gegurgelt. Oder hinreißend sinnlich, wie ein dunkelblauer Hurrican. Und bei manchen Liebesliedern ist sie zärtlich streichelnd, als wäre seine Kehle mit Wildnerz gefüttert.

Ißt dieser Plüsch-Tiger vor dem Auftritt vielleicht gestoßene Kreide wie der böse Rotkäppchen-Wolf, wie manche Frauen im sanften Wahn behaupten? Oder gurgelt er mehr mit einer Mischung aus geraspelter Melancholie und einsamer Dämmerung?

Manchmal, wenn ich ihn so in das verchromte Ohr der Welt flüstern höre, dann muß ich denken: Jack Dempsey hatte unrecht, wenn er behauptete, der einsamste Mensch der Welt wäre der Boxer im Ring. Ich denke, der Verlassenste von allen ist sicherlich der Sänger vor dem Mikrophon.

Udo kommt irgendwoher aus den Steppen. Seine Seele ist russisch. Und er hat wirklich immer etwas vom Zarewitsch und von Rasputin. Von dem einen die »Hastduvergessenmich-Augen« und von dem anderen die Frisur. Aber von wem hat er bloß die Musik eingehaucht bekommen?

Ich denke, womöglich hat der Mozart oder der Schubert bei ihm in seinem früheren Leben einmal eine Mund-zu-Mund-Atmung gemacht.

Der Junge ist heute schon so berühmt wie Coca-Cola. Auf jeden Fall aber berauschender. Und er spießt die Herzen der Menschen auf wie Schaschlik.

Ich möchte sagen, es ist unmöglich, von Udo Jürgens nicht gefesselt zu sein.

Dieser Mensch hat wohl überhaupt nur einen einzigen Fehler. Allerdings einen, den ich ihm selber nie verzeihen werde. Nämlich, daß er kein Münchner ist.

Sigi Sommer, Du intellektueller Valentin der siebziger und achtziger Jahre – ich danke Dir!

Bei Deinen köstlichen »Spaziergängen« war ich in Gedanken immer dabei!

Sigi Sommer – wo bleiben Deine Nachfolger, die Spaziergänger zwischen Tag und Nacht, bei denen Musik, Literatur und Kunst menschelt?!

1973 schrieb der Wissenschaftler Günther Hunold in dem Buch »Warum nur, warum?« unter dem Titel »Orgasmus im Konzertsaal«:

In einem besonderen Maße und in einem erheblich größeren Umfang als bei vielen anderen Komponisten weisen Jürgens' Lieder eine Komponente auf, die der erotisch-sexuellen Anziehungskraft

dienlich ist: pausenlos hämmernde, intensivierende, verstär-
kende, lusterhöhende Triolen. Jene Aufteilungen musikalisch-
rhythmischer Grundstruktur, die aus einem statischen Rhythmus
einen dynamischen, aus einem erdgebundenen einen tänzerischen
macht. (...)

Wenn man davon ausgeht, daß ein enger Zusammenhang zwi-
schen Musik und Sexualität besteht, dann sind die Triolen nicht
nur bei Jürgens, sondern ganz allgemein Ausdruck einer sich stei-
gernden erotischen Spannung.

Jürgens verwendet sie jedoch häufig in Permanenz. Wenn er sie
einmal hat, trennt er sich überhaupt nicht mehr von ihnen!

Tritt nun auf der Basis dieser Triolendynamik gleichzeitig ir-
gendwann auch ein melodischer Höhepunkt ein, so entsteht die –
natürlich unbewußte – Assoziation eines Orgasmus.

Diesen Orgasmus treibt Jürgens immer weiter. Er bleibt »an
ihm«. Die ständig weitertreibenden Triolen vermitteln den Ein-
druck, dieser Orgasmus werde ins Unendliche fortgesetzt.

Der Orgasmus wird damit gleichsam pausenlos.

Schematisch sieht das etwa so aus:

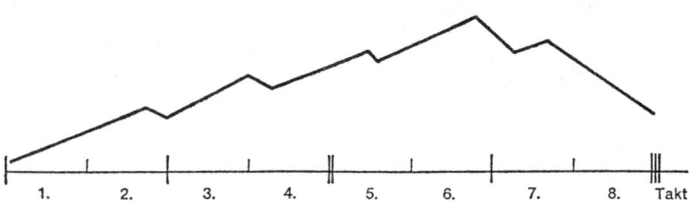

Der Höhepunkt wird also nicht im ersten Anlauf erreicht, son-
dern erst nach mehrmaligem Absinken und Wiederansteigen, in
den melodischen Einzelheiten natürlich unendlich variabel und
differenziert. (...)

Seit Van de Velde und Kinsey ist allgemein bekannt, daß die Er-
regungskurven von Mann und Frau unterschiedlich verlaufen.
Die Orgasmuskurve des Mannes steigt im allgemeinen rasch an
und fällt rasch ab; die der Frau steigt langsamer an und erreicht
den Höhepunkt später. Beide Kurven verlaufen also nicht syno-
nym.

Dagegen stimmen die Spannungskurven von achttaktiger Periode in der Musik und weiblicher Orgasmuskurve völlig überein. Die nachstehende Graphik möge dies deutlich machen:

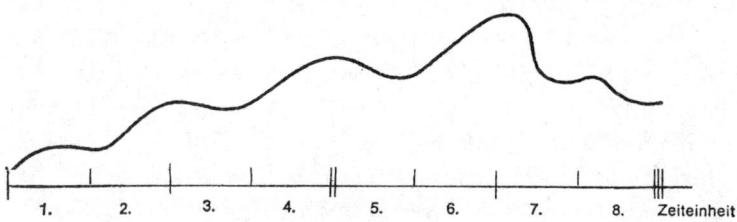

Nun ist aus der sexualwissenschaftlichen Forschung spätestens seit Kinsey bekannt, daß nur die Frau eine solche »Perlenkette von Höhepunkten« erleben kann. Nur sie vermag aufgrund ihrer körperlichen Disposition ein Absinken der Spannung, ein Abfallen weitgehend zu verhindern. Diese Tatsache hat innerhalb der sexuellen Partnerschaft schon manche Problematik erzeugt, weil der Mann diesen Erregungskurvenverlauf körperlich und seelisch nicht synonym vollziehen kann.

Das bedeutet praktisch: Udo Jürgens bietet seinen weiblichen Zuhörern das musikalische Äquivalent eines pausenlosen Orgasmus, einer nicht endenwollenden Kette von Höhepunkten, die in ihrem Ablauf in sich differenziert, schwankend ist, aber nicht absinkt. Ist es unter derartigen Aspekten verwunderlich, daß sich unter dem Eindruck einer suggestiven Interpretation auch die Empfindungen der reifsten Zuhörerinnen verwirren und die musikalischen »Höhen« unbewußt in körperliche Bereiche transponiert werden?

Die erotische Dynamik der stilbildenden Triolen des Udo Jürgens vermitteln den weiblichen Zuhörern einen pausenlosen Orgasmus. Einen Orgasmus, auf den sie im Leben verzichten müssen, weil es ihn physiologisch nur selten und künstlerisch gestaltet überhaupt nicht gibt.

Udo Jürgens ist als Komponist ein Vertreter der klassischen musikalischen Formen. Seine Melodien tragen unverkennbar den Stempel traditioneller Musizierpraktik, auch harmonisch bewegt *er sich fast ausschließlich in Bahnen, die das frühe 19. Jahrhundert fast wieder verlassen hat. Die Melodiebildung in Jürgens' Kompositionen läßt sehr deutlich die oben angeführten Merkmale erkennen. Auch hier finden wir die Zugrundelegung der achttaktigen Periode; auch hier verläuft die melodische Entwicklung entsprechend dem oben dargestellten Schema; auch hier steigt die Melodie langsam an, um erst im sechsten oder siebten Takt den melodischen Höhepunkt zu erreichen, nach dem dann die Spannung sinkt, aber nicht völlig abklingt. (...)*

Die Melodien von Udo Jürgens sind spannungsmäßig dem Verlauf der weiblichen Orgasmuskurve angeglichen. Vor allem Frauen werden deshalb stark von diesen Melodien angerührt. Sie fühlen sich verstanden, angesprochen. Sie können, wenn auch meist unbewußt, den erotischen Spannungsverlauf körperlich spüren. Der Höhepunkt an der richtigen Stelle, zur richtigen Zeit, vermittelt der Frau ein echtes Glücksgefühl, eine Entspannung, die um so dankbarer empfunden wird, je stärker sie ersehnt wurde.

Wenn man sich nun klarmacht, daß die wenigsten Frauen und Mädchen im Leben einen Partner haben, der dieser Spannungskurve folgt, dann wird verständlich, warum Udo Jürgens vor allem beim weiblichen Geschlecht so große Erfolge hat.

Dazu kommt, daß im Zusammenhang mit dem musikalisch-erotischen Spannungsablauf natürlich gerade die persönliche Ausstrahlung, die Interpretation, eine nicht zu unterschätzende Rolle spielt. Der gleiche Song, der gleiche Ablauf, die gleiche Melodie – von einem anderen vorgetragen, hätte keine oder vielleicht sogar desillusionierende Wirkung. Vereinigen sich jedoch wie bei Jürgens alle Faktoren, dann erlebt eben die simple, schon hundertmal totgesagte achttaktige Periode eine Auferstehung, oder sie bestätigt erneut, daß sie niemals tot war. (...)

So lassen sich Frauen und Mädchen aller Altersklassen gern durch Udo Jürgens von einem Orgasmus zum anderen führen: Sie sind dabei reinen Herzens, denn sie wissen es nicht einmal.

Lieber Herr Hunold, ich habe gar nicht gewußt, was für wissenschaftliche Aspekte im Zusammenhang mit »der schönsten Hauptbeschäftigung« aus meiner Musik herauszuholen sind.

Wir alle wissen: Sex ist eine sehr private Sache. Und jeder von uns hat da seine kleinen Geheimnisse. Von Zärtlichkeit bis Brutalo. Ob Homo, ob Hetero oder beides, jeder sollte frei seinen Weg gehen, solange niemals Gewalt oder irgendeine andere Form von Entwürdigung angewandt wird.

Mein Credo ist: Erotik sollte das Selbstwertgefühl eines jeden Menschen erhöhen; sowohl im Moment, in dem sie erlebt wird, als auch in den Nachgedanken daran.

Ich grüße Sie.

1984. Im September verfaßte Dr. Jack Stark im Schweizer »SonntagsBLICK« folgende »Kurze Nachrede an einen Freund«:

Der römische Schriftsteller Plinius (61–113 n. Chr.) schrieb einst an einen Freund: »Die Albernheiten in einer noch längeren Vorrede entschuldigen oder empfehlen zu wollen, ist wohl selbst die größte Albernheit.«

Über Udo Jürgens etwas Neues schreiben zu wollen, ist wohl auch eine Albernheit.

Ich lese deshalb in einem Programmheft zu einem Udo-Konzert im Jahre 1968: »Seine Karriere begann, als er im zarten Alter von 16 Jahren einen Komponisten-Wettbewerb gewann, und mit 20 hatte er seinen ersten Schallplattenvertrag in der Tasche. Doch damit begann sein Abstieg, denn in Deutschland ließ man ihn nicht die Lieder singen, die er wollte. Die Produzenten schoben ihn ratlos von einer Ecke in die andere. Warum nur, warum sang er auch nicht wie alle andern Schlagersänger? Er wollte partout singen wie ein gewisser Udo Jürgens.«

Diese Sätze schrieb ich vor 16 Jahren.

Auch heute singt Udo noch immer nicht wie alle anderen Schlagersänger, sondern partout wie ein gewisser Udo Jürgens. Und genau damit schaffte er seinen Aufstieg zum bekanntesten Unterhaltungs-Künstler der deutschsprachigen Szene. Seit 20 Jahren, seit seiner ersten Teilnahme am »Grand Prix Eurovision« im Jahre 1964, dauert seine erfolgreiche Karriere – eine halbe Ewigkeit im schnellebigen Showbusineß.

In diesem Jahr wird Udo Jürgens fünfzig.

Dazu singt er in einem neuen Lied: »Ab fünfzig fühlt so man-
cher sich als midlifegreiser Tatterich. Ich aber sage: Ohne mich!
An meinem fünfzigsten werde ich noch einmal fünfundzwanzig.

Ob einmal oder zweimal 2 5 – alle, die Udo Jürgens jetzt hören
oder ihn demnächst auf seiner Tournee hautnah erleben, werden
bestätigen, was der deutsche Ex-Bundeskanzler Willy Brandt
schon vor vielen Jahren sagte: »Der Mann ist wirklich Welt-
klasse!«
Auch als Freund.

Nach all den Jahren habe ich gelernt, mit der harten und beißen-
den Sprache der Kritik umzugehen. Da möge man es mir verzeihen, daß solche Worte Balsam für meine Seele sind. Auch wenn
diese Worte aus der Feder eines jahrelangen Freundes kommen.

**1987. Am 11. März erschien in der deutschen Illustrierten
»BUNTE« das folgende Interview, das Carl Schmidt-Polex
führte:**

Im Showgeschäft ist er seit mehr als 3 0 Jahren erfolgreich. UJ füllt
auf Tourneen die Säle und die Seelen; ein Grenzgänger zwischen
Schlager und Chanson.

Zwei Smokings hat er durchgeschwitzt und dabei eineinhalb
Liter Körperflüssigkeit verloren. Dann kam er im weißen Bade-
mantel auf die Bühne – Udo '87, Udo Jürgens auf großer Tour-
nee. In der Stadthalle von Hagen im Sauerland hat er gerade sein
48. Konzert en suite beendet, zweieinhalb Stunden Solo mit Or-
chester. UJ: geplagt mit einer Bronchitis, mehrere Becher mit Lin-
denblütentee auf dem gläsernen Flügel und Hunderte von Men-
schen, die sich nicht trennen wollen von dem Mann, der ihnen in
die Seele gesungen hat. Sie sitzen noch lange nach dem Verlöschen
der Lichter im Saal, diskutierend die einen, nachdenklich viele;
andere weichen nicht vom Bühnenrand – Hoffnung auf einen
Händedruck mit dem Künstler, der längst erschöpft in seiner Gar-
derobe weilt, der noch einmal zurückeilt, später, um Auto-
gramme zu malen, auf Programmhefte, auf Taschentücher und
bunte Schirme; um ein paar Worte zu sprechen zu den Menschen,

die seinetwegen gekommen sind und mit einem Stück von ihm nach Hause gehen wollen.

BUNTE-Autor Carl Schmidt-Polex suchte zu ergründen, warum UJ, 53 Jahre alt, von so vielen Menschen wie ein Guru der Seele verehrt wird.

Draußen sitzen immer noch Menschen zusammen, und eine ältere Frau kommt an unseren Tisch im Restaurant der Stadthalle. »Ich möchte Ihnen nur die Hand geben«, sagt sie zu Jürgens. Sie will nicht gehen. »Ich habe Ihre Hand vor zehn Jahren schon einmal geschüttelt. Erinnern Sie sich?«

UJ: *»Manchmal erschrecke ich, denn ich muß befürchten, gar nicht all das geben zu können, was Menschen von mir erwarten.«*
»Heute abend haben Sie viele Menschen glücklich gemacht...«
UJ: *»Dabei war das kein gutes Konzert. Ich habe die Nacht zuvor, das war in Kaiserslautern, wegen meiner Bronchitis kaum geschlafen, wir sind wegen Schneestürmen viel zu spät in Hagen eingetroffen, der Schlagzeuger ist schwerkrank, eigentlich ging alles schief. Aber ich habe gegeben, was ich konnte, habe keine Nummer weggelassen. Das spüren die Menschen, und sie danken es.«*

»Bei Ihren Konzerten in Ostberlin flossen sogar Tränen.«
UJ: *»Wir haben auf der Bühne geheult, und vor uns haben Zuhörer geheult. Männer mit Parteiabzeichen und Junge Pioniere. Manche hatten 36 Stunden in der Kälte gewartet, in der Hoffnung auf eine Karte, obwohl seit Monaten alles ausverkauft war. Es waren drei Konzerte, die mit allen Emotionen beladen waren, die man sich nur vorstellen kann.«*

»Kein Wunder, da Sie doch ein Lied singen mit dem Titel: Sperr mich nicht ein...«
UJ: *»Da ging ein Aufschrei durch die Zuhörer, wie ich ihn nicht vergessen werde. Unter mir saß der DDR-Kultur-Staatssekretär Kurt Löffler, zusammen mit seiner Familie. Nach dem Konzert kam er zu mir und erklärte, statt der vorgesehenen TV-Aufzeichnung von eineinhalb Stunden werde die DDR jede Sekunde meines Konzertes senden. Stellen Sie sich das vor: ein Gesicht, eine Stimme und all die Reaktionen – zwei Stunden und 35 Minuten lang zu zeigen. Die Straßen sollen leer gewesen sein.«*

»Wurde ungekürzt und ohne diplomatische Schnitte gesungen und gesendet?«

UJ: »Vor elf Jahren, bei meinem letzten Auftritt in der DDR, gab es Bitten und Forderungen, dies oder jenes wegzulassen. Diesmal war es umgekehrt: Ich hatte Bedenken wegen verschiedener Lieder, und mir wurde bedeutet, gerade die wolle man hören.«

»Sie singen vom Riß quer durch Berlin...«

UJ: »Die Zeile heißt: ›Der Riß durch Berlin, der lautlose Schrei in die Welt hinaus.‹ Der Funktionär Löffler sagte mir in einem Trinkspruch bei einem Essen: ›Uns tut dieser Riß genauso weh wie Euch, aber wir müssen mit ihm leben, Ihr müßt damit leben, wahrscheinlich noch lange.‹ Ihm lag das schwer auf der Seele.«

»Wie unterscheidet sich das Publikum in beiden deutschen Staaten?«

UJ: »Verallgemeinerungen treffen meist ungenau, aber mir fällt auf, daß wir satt sind, und satte Menschen sind selten herzlich und hilfsbereit. Ich gehe beispielsweise immer hungrig auf die Bühne, anders kann ich nicht überzeugend sein. In der DDR habe ich Herzlichkeit und Freundlichkeit untereinander angetroffen, wie sie bei uns selten ist. Und dann unsere verlogene Moral zur Arbeit...«

»Arbeit?«

UJ: »Wenn als Ziel gepredigt wird: ›Weniger Arbeit, aber dafür mehr Geld‹, dann halte ich das für einen unmoralischen Grundgedanken, ganz egal, wer oder welche Organisation ihn vertritt. Uns geht es gut, und wir leben in einem Überfluß, der auf manche Menschen erschreckend wirkt. Wir sollten unsere Kinder wieder zu mehr Bescheidenheit erziehen und selbst bescheidener werden.«

»Wie denken Sie über Schauspieler und Pop-Stars, die sich für Hungernde engagieren?«

UJ: »Grundsätzlich ist jede Hilfe, von wem auch immer, wichtig und gut. Aber man merkt manchmal schmerzlich, daß manche damit nur ein kaputtes Karriereschiff flott machen wollen.

Ich halte zum Beispiel gar nichts von dem, was hier unter Hilfe *für Afrika abläuft. Verstehen Sie mich bitte richtig: Die Initiatoren mögen es gut meinen. Aber was bedeutet es, wenn ich heute Milchpulver in die Hungergebiete sende? Der Tod der Hungernden wird verschoben, um zwei Wochen vielleicht. Einem Menschen, der auf der Straße liegt, Geld in den Hut zu werfen, ist zu wenig; man muß solche Menschen aufzurichten versuchen.«*

»Und was tun?«
UJ: »Das wahre Problem packt niemand an: die Überbevölkerung. Die Weltkirche und Politiker sind da gefordert zu handeln. Die Erde ist doch nicht aufblasbar. Ohne Geburtenregelung können wir das Sterben von immer mehr Menschen nicht verhindern, nur verzögern. Die Spenderfreude, so gut sie oft gemeint sein mag, dient vielen Menschen doch hauptsächlich zur Beruhigung des Gewissens – dabei müßte unser aller Gewissen wach und sehr beunruhigt sein.«

»Aber auch Sie singen für Afrika.«
UJ: »Richtig, weil es von einem erwartet wird. Es ist eine gute, aber sinnlose Tat, siehe oben.«

»Sie klingen sehr nachdenklich heute.«
UJ: »Nachgedacht habe ich immer. Und in meinen Liedern habe ich eigentlich nie versucht, Herz auf Schmerz und umgekehrt zu reimen.«

Dieser »Bunte«-Artikel erscheint mir heute ungemein interessant.

Bei dem Essen, das für mich im Gästehaus der DDR-Regierung damals gegeben wurde, konnte man die großen Veränderungen, die bevorstanden, schon ahnen. Die Tatsache, daß – auf Wunsch der DDR-Verantwortlichen – das volle Programm, mit allen emotionalen Ausbrüchen des Publikums, gesendet wurde, die Äußerung Löfflers, daß »der Riß durch Berlin« auch »uns weh tut«, sind, heute gesehen, deutliche Anzeichen einer inneren Verunsicherung in der damaligen DDR.

So wird heute deutlich, daß die gesamte westliche Musikkultur, von Rockmusik bis zu den Liedern in der eigenen Sprache, die Gefühle und Wahrheiten angesprochen haben, die populäre Musik, ihren historischen Anteil am Fall der Mauer hatte.

Die Musik hat mit für die Sehnsucht gesorgt, die nötig ist, um schließlich Veränderungen folgen zu lassen.

1993. Im März schrieb Zeno van Essel in der »Schweizer Illustrierten« unter dem Titel »Sagen, was ich meine... Leben, was ich fühl'«:

Udo Jürgens. Wenn sein Name fällt, denkt man sofort an den Strahlemann. Am beleuchteten Plexiglas-Flügel sitzend und mit schmalziger Stimme Hits wie »Merci Chérie«, »Siebzehn Jahr', blondes Haar« oder »Buenos días, Argentina« singend. Doch das ist nur eine Seite von Udo. Die kommerzielle, die ihm mittlerweile 60 Millionen verkaufte Platten bescherte.

Es gibt aber auch den anderen Udo Jürgens: kritisch, ironisch und bisweilen politisch.

Als er 1988 sein Lied »Gehet hin und vermehret euch« veröffentlichte, in dem er die Haltung der katholischen Kirche zu Empfängnisverhütung und Überbevölkerung kritisierte, führte dies zu heftigen Kontroversen – und bei drei deutschen Radiosendern sogar zu Sendeverboten.

Die »heiße Kartoffel« läßt grüßen.

Udo Jürgens will mehr sein als ein Schlagerstar. Er vergleicht sich lieber mit Showlegenden wie Paul McCartney oder Mick Jagger.

»McCartney ist als Komponist ein großer Melodiker«, sagt Udo vergleichend. »Und die Rolling Stones haben Zeichen gesetzt, weil sie mit ihren rebellischen Songs ein bestimmtes Zeitgefühl ausdrückten.«

Zeichen möchte Udo Jürgens auch setzen.

Alle sprechen von einem »großen Wandel« bei Udo Jürgens. Auf der LP sind härtere Rocknummern zu hören, die sich mit ironischen Liedern abwechseln.

Udo: »Ich habe versucht, meine Musik zu entschmalzen. Man muß diesen Weg gehen, wenn man in meiner Branche nicht rettungslos altmodisch und uninteressant werden will. Es gibt nämlich nichts Peinlicheres als Männer in meinem Alter, die immer noch schmachtende Liebeslieder singen.«

Udo wehrt sich erfolgreich gegen das Los der meisten Schlager-stars: im Durchschnitt zu versinken und im Alkohol zu enden.

»Früher hatte ich Depressionen und als junger Mann Selbst-mordgedanken«, erzählt er. »Doch jetzt habe ich das Gefühl, daß das Leben mit jedem Jahr schöner wird.«

Die erste Strophe des Liedes »Geradeaus« ist zugleich Udos neue Lebensphilosophie: »Gegen Mittelmaß und Schweigen / denn genug ist nie genug / ohne Maske alles zeigen / jeder Rückzug wär' Betrug.«

Ohne Maske alles zeigen, das braucht Mut. Udo hat ihn.

Er scheut sich nicht, seinem Publikum sein privatestes Ich zu zeigen, den wahren Udo Jürgens, ohne Smoking und Leuchtkla-vier. Dafür posiert er diesmal in Badehose am Pool oder barfuß in alten Jeans. Und zeigt sein Traumhaus an der Algarve, der süd-portugiesischen Atlantikküste, eine Ferienvilla mit Wohnzimmer mit Blick aufs Meer.

Ein kleines Paradies, das sich Udo erschaffen hat. Um »zu le-ben, was ich fühl'«.

Egal, was die Menschen deshalb von ihm halten. »Hier kann ich in Ruhe arbeiten, ohne gestört zu werden«, sagt er. »Und wenn ich Lust habe, gehe ich am Strand spazieren.«

Hundert Meter von seinem Haus entfernt, wo ein schmaler Weg über die Steilküste zu einem herrlichen Fleckchen Strand hin-unterführt, posiert Udo fürs letzte Foto in der Abendsonne.

Er nimmt eine Handvoll Sand und läßt die Körner durch die Finger rieseln.

Banales Klischee?

Sonnenuntergangsromantik?

»Na und?« sagt Udo lachend und zitiert aus seinem Lied: »Zum Durchdreh'n noch lange kein Grund.«

Dieser Blick in dreißig Jahre Kommentierung meiner Arbeit in den Printmedien zeigt natürlich nur einen winzigen Ausschnitt. Aber er macht deutlich, wie stark musikalische Aussagen in politi-schen und gesellschaftlichen Zusammenhängen gesehen werden.

Musik, die bekannt – also populär – ist, scheint, wenn sie emo-tional erlebt wird, eine Bedrohung der Gesellschaftsformen zu sein, die freies Denken unterdrücken.

Liedzeilen wie

> *Seid radikal in Euren Träumen,*
> *wagt alles, denn nur der, der wagt, gewinnt!*
> *Streckt Eure Arme in den Himmel gleich den Bäumen*
> *und lernt zu staunen wie ein Kind*

liegen nicht auf der Linie des Obrigkeitsdenkens.

Fast alle großen klassischen Komponisten haben zu ihrer Zeit mit ihren Opern und Symphonien gewaltigen politischen Gegenwind verspürt und mußten oft unter Verfolgung leiden.

Fast alle großen Rock- und Popstars haben sich an der Gesellschaft gerieben, haben mit ihren Tönen versucht, die Welt ein bißchen menschlicher zu machen.

Verbote von Pop- und Rockmusik in Ländern des Islam oder in China oder in vielen anderen Ländern sprechen eine deutliche Sprache.

Nur im Gegenwind heben Vögel und Flugzeuge ab. Und das läßt sich auch von jeder Art von Kunst sagen, die sich zumindest um Ehrlichkeit bemüht.

Mir wurde oft vorgeworfen, daß meine Musik zu sehr mit »Sendungsbewußtsein« behaftet sei.

Das Wort scheint mir zu groß.

Aber ich möchte wenigstens ein kleiner Mosaikstein sein, zu jenem Relief beitragen, das aus den positiv denkenden, freien und kritischen Kräften einer Gesellschaft zusammengesetzt ist.

1994. Am 26. September schrieb Michael Naura, Leiter der Jazzredaktion des NDR und Pianist, in »Der Spiegel« unter dem Titel »Schwellender Faungesang« über den Sinatra-Fan und Entertainer Udo Jürgens:

Am Anfang seiner fast 40jährigen Karriere war ein Viehmarkt in Kärnten. Dort spielte er mit seiner Band die übliche Kuhdorfmusik. Dann legte er mit dem Foxtrott »Wenn der weiße Flieder wieder blüht« los, und das krachlederne Volk schrie: »Hört's auf mit dem Negerjatz!« Aber der Klagenfurter Gutsbesitzersohn Udo

Jürgens, der damals noch Bockelmann hieß, hörte nicht auf. Er hat sich später erst recht in den Jazz gewühlt. (...)

Als Austauschstudent spielte er in amerikanischen Jazzklubs Jam Sessions, jene Improvisations-Exzesse mit Musikern, die einfach auf die Bühne klettern und drauflosspielen.

Unter ihnen waren Solisten vom fetzigen Les-Brown-Orchester. Bis der magere Udo aus Österreich merkte: »Mensch, die machen dich zur Schnecke. Du bist die Begleit-Sau, während die Bläser, ja sogar die Trommler sich in ellenlangen Soli exhibitionieren dürfen.« Eines Tages begann er, am Klavier zu singen. »How High The Moon«, so ein Lied aus der Showbiz-Bibel, das sie gerade kurz und klein improvisiert hatten. »Und siehe da«, schreibt Jürgens in seinen Erinnerungen »... unterm Smoking Gänsehaut«, einen amüsanten Konglomerat aus Ehrlichkeit und Größenwahn, »mit dieser Variante konnte ich jeden Jazzklub binnen Minuten in ein Tollhaus verwandeln.«

Er begann zu ahnen, wohin sein Weg führen könnte – ein Bewußtseinsschub, der ihn fast entschweben ließ: »Der riesige schwarze Kasten, aus dem man über die Tasten Leben, Liebe, Lust und Leidenschaft herauszaubern konnte, der Traum vom Broadway, von Hollywood und der glanzvollen, eleganten, großorchestralen und doch so jazzigen Musik, die dort gemacht wurde, dazu die wunderschönen Frauen, die einen auf der Kinoleinwand für wenige Schillinge in Traumwelten entführten.«

Der Bühnenwolf Udo Jürgens hatte Blut geleckt. Sein Alpha-Tier war Frank Sinatra. Lebenslang. Noch heute schwärmt er: »Ja, Frank Sinatra! Rechts ein Whiskyglas und eine blonde, links eine Zigarette und eine dunkle Schönheit im Arm, unverschämtes Machogrinsen, geschlitzter Rock, Cadillac. Das war's!« (...)

Damit waren seine beruflichen Lebenskoordinaten festgelegt: Klavier, Kompositionen, Konzert. Und das alles als nomadisierender Sänger. Udo, dieser Ikarus des aufklärerischen Entertainments, machte sich auf und flog seiner Sonne Sinatra entgegen.

Als hätte er rechtzeitig abgedreht, um nicht zu verbrennen und abzustürzen, zieht er jetzt in achtbarer Nähe zu dem Giganten seine Kreise. Als einziger in Europa. (Harald Juhnke, sei nun tapfer!) Der Weg zu dieser Position war alles andere als ein glatter Steigflug. (...)

Heute, mit fast 60, ist Udo Jürgens ein Star. Der gelernte Musiker kennt sich in Debussy, Gershwin und Jazzern aus. Das unterscheidet ihn von den Schlagerzecken in den Hitparaden.

Zudem ist er ein Produkt, ein Wirtschaftsfaktor. »Plusminus«, das ARD-Wirtschaftsmagazin, berichtete über ihn, ein Novum im Fernsehen. Er hat 60 Millionen Schallplatten verkauft. (...)

In einem Ballsaal probt Jürgens mit dem Orchester des Saxophonisten Pepe Lienhard. 16 junge Leute. Der Blechsatz kracht knackig wie Blood, Sweat & Tears oder Eisberg-Salat, und die Rhythmusgruppe weiß, was Groove ist.

Davor der Flügel aus Plexiglas, in den Glühbirnen eingebaut sind. Er leuchtet wie eine Mischung aus einem Raumschiff und dem Schlitten aus dem Märchen »Die Schneekönigin« von Hans Christian Andersen. Und wenn sein mal violett, mal türkis fluoreszierendes Licht auf den Pianisten fällt, dann sieht Jürgens magisch aus, wie ein Medizinmann.

Und als der Star zu singen beginnt, ist klar: Das ist keiner, der morgens auf den Knien liegt, um Gott für die Erfindung von Mikrofon und anderen Effektgeräten zu danken. Der Kerl hat Stimme. Nie absackende Intonation. Fesselnde Dynamik. Der Mann hat Hoden. Udo Jürgens, das ist noch immer der schwellende Faungesang, den der Wissenschaftler Günther Hunold so beschrieben hat: »Die erotische Dynamik der stilbildenden Triolen des Udo Jürgens vermittelt den weiblichen Zuhörern einen pausenlosen Orgasmus.«

Wenn man an deutsche Rock-Bübchen denkt, an jene Quasi-Kastraten (...), wenn man an diese Wichtelmänner denkt, denen die großen Fernseh-Unterhaltungssendungen zur Verfügung stehen, dann weiß man Jürgens zu schätzen. Da ist noch Substanz in der Stimme.

Ob Substanz in den Texten seiner Lieder ist, erscheint weniger sicher. Oft balancierte er auf dem schmalen Grad zwischen Romantik und Kitsch, politischer Korrektheit und Peinlichkeit. Jürgens sagt: »Hölderlin ist hinderlich.« In der Tat, aber auch die Ignoranz gegenüber der deutschen Dichtung ist mitunter mißlich. Auf jeden Fall ist es übertrieben, wenn er behauptet: »Michael Kunze ist der bedeutendste deutsche Textdichter der Gegenwart.«

(...) Immerhin hat der Lyriker Peter Rühmkorf mittlerweile vom Musiker aus dem fernen Kärnten, den »die Sehnsucht nach einer extremen Erregung« antreibt, Notiz genommen. In seinem Gedicht »Ich butter meinen Toast auf beiden Seiten« schrieb Rühmkorf: »Zu unserem Konzert für schöne Stimmen begrüßen wir außerdem: UDO JÜRGENS! Udo, der bei uns soviel Erfolg hat wie in der DDR, faßt auch heiße Eisen an.«

Dabei hat Deutschlands Chef-Ironiker noch nicht einmal gelogen. Später hat das Pack Jürgens mit Drohbriefen zugesetzt, als er sein Lied »Gehet hin und vermehret euch« veröffentlichte, mit dem er die Bevölkerungsexplosion geißelte. Die katholische Kirche rief zum Boykott auf. Trost kam von dem Papstkritiker Hans Küng, der ihm schrieb, das Lied sei die wichtigste Öffentlichkeitsarbeit zu diesem Thema. Da ist Udo Jürgens seinem Über-Ich Frank Sinatra weit voraus. Dessen Horizont endet irgendwo zwischen Bett und Bar. (...)

Die Zwangs-Nörgler werden immer wieder ihrem Trieb gehorchen müssen. Doch Jürgens, an die 600 Kompositionen im Kasten, die Stars wie Bing Crosby gesungen haben, mit Erfolg überschüttet, mit Orden und anderem Gebimmel einschließlich Professoren-Titel und lebenslangem Schallplattenvertrag eingedeckt – von weitem sieht er aus wie ein hochdekorierter Sowjet-General –, schreibt: »Wenn ich schon nichts bewirken kann, dann will ich wenigstens zu jenen gehören, die ihren Mund aufgemacht haben. Denn die Frage der Kinder und Enkel wird kommen: »Na – und was war mit dir? Hast du wenigstens versucht, was zu machen?«

Ja, Jürgens hat es wenigstens versucht. Und das ist nicht wenig, wenn man in der gleichen Arena mit der Demenz von TV-Superhitparaden agiert, den Anomalien der Wildecker Herzbuben und den wie von Stromstößen geschüttelten Kindern des Techno: Spaß jetzt, Musik später.

Sammy Davis Jr. beendete seine Show regelmäßig mit einer der besten Kompositionen von Udo Jürgens: »If I Never Sing Another Song.« Das ist der eigentliche Triumph des Entertainers mit der priapeischen Karriere. Daß der Österreicher nun auch von Bonn geehrt wird, ist nur Nebensache: An diesem Freitag erhält Udo Jürgens das Verdienstkreuz 1. Klasse.

Informationen

oder

Ein Leben in Fakten

und Zahlen

Ausgewählt und zusammengestellt von Helmut-Maria Glogger. Nach Informationen von: Montana – Hans R. Beierlein, Freddy Burger Management, Ariola Bertelsmann Verlag, Fritz Rau und Mama-Concerts, Heier Lämmler – Pressebüro, ARD, ZDF, ORF, TV DRS, Deutsche Grammophon Gesellschaft, Ringier-Dokumentations-Center, Saarländischer Rundfunk, Radio Bremen, RIAS Berlin, privaten Archiven, Sammlern und Fanclubs, Freunden in Klagenfurt, Wien, München, Zürich und New York.

1934 Am 30. September, 19.30 Uhr, als Udo Jürgen Bockelmann und mittlerer von drei Brüdern (John, geb. 1931, und Manfred, geb. 1943) in Klagenfurt geboren. Vater Rudolf wurde in Moskau geboren, war Landwirt, Mutter Käthe stammt aus Schleswig-Holstein. Der Onkel mütterlicherseits war der berühmte Dadaist Hans Arp. Sein Großvater väterlicherseits war bis zur Russischen Revolution 1917 Chef der deutschen »Bank Junker« in Moskau. Onkel Werner Bockelmann (1870–1968) war Oberbürgermeister in Frankfurt und Präsident des deutschen Städtetages.
Familie Bockelmann lebte auf Schloß Ottmanach, siebzehn Kilometer von Klagenfurt entfernt in Kärnten.

1939 Erstes Instrument: eine von den Eltern geschenkte kleine Mundharmonika. Als erstes spielte er darauf das damals bekannte Volkslied: »Die blauen Dragoner, sie reiten.«

1940 Volksschule in Ottmanach.

1942 Sein größter Wunsch wird erfüllt: ein Akkordeon.

1943/44 Der Krieg erreicht auch Familie Bockelmann. Verwandte suchen Hilfe in Ottmanach. Vater Rudolf ist Bürgermeister. Er bringt seine Familie in Schleswig-Holstein in vermeintliche Sicherheit. Auf das Familiengut

Barendorf bei Lüneburg. Dafür wird Vater Rudolf wegen »Fahnenflucht« von den Nazis verhaftet, ins KZ gesperrt und zum Tode verurteilt.

1945 Kurz vor Kriegsende wird Rudolf Bockelmann entlassen. Das Ende des Krieges rettet sein Leben.
Udo ist Schüler auf dem Realgymnasium von Klagenfurt.

1946 Ein Klavier wird der Stolz des Jungen.

1948 Beginn des Musikstudiums am Konservatorium in Klagenfurt. Die Fächer: Klavier, Harmonielehre, Komposition, Gesang.

1949 Duke Ellington, Count Basie, Benny Goodman, Fletcher Henderson, Tommy Dorsey werden sogar im fernen Kärnten gehört.
Udo schreibt seine ersten Lieder.

1950 Der Österreichische Rundfunk veranstaltet einen Komponistenwettbewerb. Als jüngster Teilnehmer gewinnt Udos Komposition »Je t'aime« unter dreihundert Einsendungen den ersten Preis: Eine Reise nach Wien als Sechzehnjähriger zur Preisverleihung in Begleitung der Mutter. Zum ersten Mal legt Udo eine Rose auf das Denkmal von Johann Strauß.

1951 Abgang vom Realgymnasium in Klagenfurt. Gründung der »Udo-Bolan-Combo«. Erster Auftritt im Gasthof Valzachi. Stundengage: 5 Schilling, umgerechnet 83 Pfennig. Die Combo spielt Swing à la Amerika, Tanzmusik neu gefaßt und Eigenkompositionen von Udo.

1952 Mitarbeit als Komponist, Dirigent, Klavier-, Akkordeon- und Vibraphonspieler, als Arrangeur und als Sänger beim Radiostudio Klagenfurt. Moderator und Musiker bei der wöchentlichen Radioshow des britischen Militärsenders BFN (British Forces Networks).

1953 Einladung nach Berlin, um mit dem Rias-Tanzorchester unter der Leitung von Werner Müller zu spielen.

1954 Erster Schallplattenvertrag mit der Firma Helidor/Polydor unter dem neuen Künstlernamen »Udo Jürgens«.
Erste Platte: »Es waren weiße Chrysanthemen«. – Ein kapitaler Flop.

1955 Mit verschiedenen eigenen Combos und Gruppen Auftritte in Kärnten, Wien, Salzburg und München. Macht sich einen Namen als hervorragender Jazzpianist.

1957 Studienreise in die USA. Vierwöchige Tournee mit dem Orchester Max Greger durch die UdSSR.

1958 Weitere Schallplattenaufnahmen. Achtungserfolg mit »Hejo, hejo, Gin und Rum«.
Umzug nach München – ins Künstlerviertel Schwabing.

1959 Tritt bei vielen »Bunten Abenden« im Vorprogramm von gerade aktuellen Schlagerstars und anderen Hitsängern auf.

1960 Teilnahme beim europäischen Schlagerfestival im belgischen Knokke.
Das deutsche Team siegt – zum ersten und einzigen Mal in der Geschichte des Schlagerfestivals. UJ bekommt den »Presse-Preis« als bester Einzelsänger des Festivals für sein Lied »Jenny«, das in Belgien ein Nummer-1-Hit wird. Komponist für Shirley Bassey. »Reach For The Stars« machte sie und den Song zum Welthit.

1961 Filmdebüt im Streifen »Und du mein Schatz bleibst hier!«
Auftritte bei »Bunten Abenden«.

1962 Dreharbeiten zu den Juxfilmen »Unsere tollen Tanten« und »Unsere tollen Nichten«. Galaauftritte in Belgien, Deutschland, Österreich.

1963 Filmarbeit an »Drei Liebesbriefe aus Tirol« und »Unsere tollen Tanten in der Südsee«.
Polydor beschließt, den Plattenvertrag nicht mehr zu verlängern. UJ will das Singen aufgeben, nur noch komponieren.
Beginn der Zusammenarbeit mit Showmanager Hans R. Beierlein, der ihn umstimmt. Vertrag mit dessen Firma Montana. Neue Platte: »Tausend Träume«. Kompositionen für Gus Backus und andere für den Film »Tanze mit mir in den Morgen«.

1964 Erste Teilnahme am Wettbewerb »Grand Prix Eurovision de la Chanson« für Österreich in Kopenhagen. Fünfter Platz für »Warum nur, warum«, dessen englische Fassung als »Walk Away«, gesungen von Matt Monroe, den ersten Platz der Hitparade in England, den USA sowie Spitzenplätze in allen Hitparaden der Welt belegt.
UJ tritt erstmals im Pariser »Olympia« auf, wo auch dieses Lied in deutscher Sprache Platz 1 der Hitparade eingenommen hat.
UJ heiratet Erika (»Panja«) Meier aus Osnabrück.
Sohn Jonny wird geboren.

1965 Zweite Teilnahme beim »Grand Prix Eurovision de la Chanson« für Österreich in Neapel. Vierter Platz mit »Sag ihr, ich laß' sie grüßen«.
Internationale Stars wie Caterina Valente, Brenda Lee, Sacha Distel, Jean-Claude Pascal singen UJ-Kompositionen. Matt Monroe hat mit der UJ-Komposition »Without You« einen Welthit.

UJ bekommt seine erste internationale »Goldene Schallplatte« für das Lied »Walk Away«.

Quincy Jones, der spätere Produzent von Michael Jackson, Frank Sinatra und vielen anderen produziert den UJ-Song »Right or Wrong« mit Sarah Vaughn.

1966 In Wien wird die uneheliche Tochter Sonja geboren.

Dritte Teilnahme beim »Grand Prix Eurovision de la Chanson« in Luxemburg. Erster Platz mit »Merci Chérie«. Ein Welthit. Spitzenpositionen in den Hitparaden von über zwanzig Ländern. Konzerte in allen europäischen Ländern, Teilnahme am Festival in Rio de Janeiro. Erste Langspielplatte »Portrait in Musik« wird auf Anhieb ein Bestseller.

Die Komposition »Siebzehn Jahr', blondes Haar« gewinnt den »Goldenen Löwen«.

1967 Montana, die Plattenfirma von Manager Hans R. Beierlein, schließt Plattenvertrag mit Ariola.

Die UJ-LP »Was ich dir sagen will« wird die meistverkaufte LP des Jahres.

Charles Aznavour überreicht für die erste Million verkaufter Scheiben von »Merci Chérie« die Goldene Platte.

Es folgen Tourneen durch die Bundesrepublik, Polen, die DDR, Ungarn, die ČSSR, Bulgarien und Rumänien.

Schriftsteller wie Hans Hellmut Kirst schreiben Texte für UJ.

Tochter Jenny wird geboren.

1968 Die beiden neuen LPs »Mein Lied für dich« und »Udo live« werden Verkaufserfolge, ebenso die Deutschlandtournee. Es folgt ein Hit auf den anderen: »Cottonfields«, »Mathilda«, »Es wird Nacht, Señorita«.

1969 Die Komposition »Was ich dir sagen will« wird in der englischen Version »The Music Played« ein Welterfolg.

In einer Repräsentativumfrage der Wickert-Institute nach den »Idolen der deutschen Jugend« steht UJ nach John F. und Robert Kennedy auf dem dritten Platz.

6. September: Beginn der längsten Tournee, die bis heute in Europa stattfand – die 266-Städte-Tournee in neun Monaten vor über einer halben Million Besuchern durch die Länder Deutschland, Österreich, Schweiz, Holland, Belgien, Luxemburg, Polen, Tschechoslowakei, Ungarn, Rumänien, Bulgarien...

Die weltberühmte klassische Sopranistin Anneliese Rothenberger nimmt UJ-Kompositionen auf.

1970 Neuer Hit mit »Anuschka«.

Beginn der Zusammenarbeit mit Dr. Michael Kunze als Texter.

Am 4. Juli Abschluß der »222-Konzerte-Tournee« in der ausverkauften Berliner Deutschlandhalle.

Die Lieder »Warum nur, warum«, »Mercie Chérie« und »Was ich dir sagen will« haben, weltweit in acht Sprachen und über vierzig Versionen gesungen, eine Auflage von zwanzig Millionen überschritten.

1971   Bundesweite öffentliche Diskussion um das gesellschaftskritische Lied »Lieb Vaterland«. Textdichter ist der Satiriker Eckart Hachfeld.
Für die TV-Serie »Jonny und Jenny« vertont UJ Texte des Kinderbuchautors James Krüss.
Zur Frankfurter Buchmesse erscheint das Buch »Warum nur, warum?«, worin »Das Phänomen Udo Jürgens« von prominenten Schriftstellern (Journalisten, Psychologen, Sexualforschern und Theologen) wie Johannes Mario Simmel, Reginald Rudorf, Axel Eggebrecht, Günther Hunold, Adolf Holl und Adolf Sommerauer untersucht wird.
Texter und Liedermacher Walter Brandin, Reinhard Mey und Miriam Francis texten für UJ, Weltstars wie Sammy Davis jr., Al Martino und Nancy Wilson interpretieren seine Lieder.
28. August: UJ ist Star des »Galaabends der Deutschen Schallplatte«, einen Tag später hebt er im Berliner Olympia-Stadion das Lied für die deutsche Fernsehlotterie »Zeig mir den Platz an der Sonne« vor fünfundsiebzigtausend Menschen aus der Taufe.

1972   Tournee durch Japan.
Nach dem Stück des berühmten englischen Schriftstellers George Bernard Shaw komponiert UJ das Musical »Helden, Helden«, das in Wien mit Michael Heltau in der Titelrolle uraufgeführt und zum riesigen Serienhit wird.
Tournee durch Deutschland, Österreich, die Schweiz, Belgien, Holland und Luxemburg.

1973   Große Tournee durch Japan.

1974   Gemeinsamer Auftritt mit Shirley Bassey im Maracaná-Sportpalast in Rio de Janeiro (der größten Halle der Welt) vor vierzigtausend Zuschauern. UJ singt unter anderem die spanische Fassung von »Was ich dir sagen will«: »Alguién cantò«, monatelang Nummer-1-Hit in ganz Südamerika.

1975   »Griechischer Wein« wird der Hit des Jahres. Der griechische Ministerpräsident Karamanlis empfängt UJ und den Textdichter Michael Kunze in Athen. Das Lied wurde in der griechischen Fassung zu einer Art Volkslied. Bing Crosby wird das Lied später unter dem Titel »Come share the Wine« aufnehmen und zum Titelsong der letzten LP seines Lebens machen.
Tourneen durch Polen, Australien, Japan und die Bundesrepublik.
Ehrung »Bestes Lied des Jahres« für den Titel »Ein ehrenwertes Haus«. »Goldene Europa« des Saarländischen Rundfunks.

1976 »Goldene Schallplatten« für »Griechischer Wein« und die LP »Meine Lieder«.
»Deutscher Schallplattenpreis« als »Sänger des Jahres«.

1977 »Aber bitte mit Sahne« wird zum Superhit Nr. 1 in den Diskotheken.
Beginn der Zusammenarbeit mit dem neuen Produzenten Peter Wagner, die – mit kurzer Unterbrechung – bis heute anhält.
Erste TV-Personality-Show im Zweiten Deutschen Fernsehen (ZDF) mit einer horrenden Einschaltquote: vierundfünfzig Prozent!
Tournee durch Deutschland, Österreich und die Schweiz mit achtundsechzig Konzerten und hundertfünfzigtausend Besuchern.
Schlagzeilenträchtige »Steueraffäre«.
Trennung vom langjährigen Manager Hans R. Beierlein, Übersiedlung von Kitzbühel nach Zürich und Beginn der Zusammenarbeit mit dem neuen Schweizer Managerpartner Freddy Burger.
Unterzeichnung eines langfristigen Plattenvertrags mit Ariola.
Tourneen durch Kanada und die USA mit der Pepe-Lienhard-Band.

1978 Größter Plattenhit seiner Karriere: Für »Buenos días, Argentina« gibt es nach fünf Wochen eine »Goldene« und nach zwei Monaten bereits eine »Platin-Schallplatte«, dazu Platz 1 in der Hitparade, bei gleichzeitigen Plazierungen für die Titel »Boogie Woogie Baby« und »Mit 66 Jahren«.
Deutschlandtournee mit vierundvierzig ausverkauften Konzerten.
Weitere ausverkaufte Konzerte in Holland, Österreich, Polen, Kanada und der Schweiz.
Die ZDF-Show »Udo Jürgens – Ein Mann und seine Lieder« erreicht eine Einschaltquote von sechsundfünfzig Prozent und das Prädikat »Show des Jahres«.
Weitere Auszeichnungen in diesem Jahr: »Deutscher Schallplattenpreis«, »Goldene Europa«, »Goldenes Mikrophon«, »Silberner Löwe«, »Goldene Westfalenhalle« für das erfolgreichste Live-Konzert des Jahres in dieser Halle (der größten Europas) und »Bester Sänger des Jahres«.

1979 Zum »Jahr des Kindes« erscheint die LP »Die Blumen blüh'n überall gleich« mit Kinderliedern von UJ, für die der bekannte Kinderbuchautor James Krüss die Texte schrieb.
Für seine TV-Personality-Show »Udo Jürgens – Ein Mann und seine Lieder« erhält er in Wien die »Goldene Kamera« der größten Programmzeitschrift Europas, der »Hör zu«, und das »Goldene Ehrenzeichen« der Stadt Wien.
Eröffnungsgala der Internationalen Funkausstellung in Berlin mit Liza Minelli.
Ein Meilenstein ist die LP »Udo '80«: Seine Acht-Minuten-Komposition »Wort« nimmt UJ zusammen mit den Berliner Philharmonikern auf. Herbert von Karajan macht das möglich.

1980 Die Tournee »Udo '80« wird die bis dahin erfolgreichste UJ-Tournee: dreihundertdreißigtausend Konzertbesucher in hundertzehn Konzerten. Die LP »Udo '80« kommt auf Anhieb in die »Top 10« der Bestsellerliste.

Die Single »Ist das nichts?« wird als »Lied der Fernsehlotterie 1980« ausgewählt.

In den USA bekommt UJ von der »ASCAP – American Society of Composers, Authors and Publishers« – einen »Country Music Award« für die amerikanische Version von »Buenos días, Argentina«. Konzert im Hollywood Palladium, Stargast in der »Merv Griffin Show«, der damals populärsten Talkshow Amerikas.

Die ZDF-Show »Meine Lieder sind wie Hände« wird in Deutschland ein Riesen-TV-Hit.

In einer demoskopischen Umfrage des Instituts Allensbach steht UJ mit einem Bekanntheitsgrad von fünfundneunzig Prozent in der deutschen Bevölkerung auf Platz 1 aller in- und ausländischen Sänger und Musiker der Unterhaltungsbranche.

1981 In allen deutschen Rundfunksendern ist UJ der meistgespielte deutschsprachige Künstler.

Er erhält zum fünften Mal die »Goldene Europa«, wiederum den »Deutschen Schallplattenpreis«, ferner den »Paul-Lincke-Ring« und die »Robert-Stolz-Ehrenurkunde«.

Veröffentlichung seiner ersten englisch gesungenen LP »Leave A Little Love«. UJ komponiert und produziert diese LP in Hollywood. Sie erscheint in über zwanzig Ländern, selbst in Rußland.

Die zweiunddreißig führenden deutschen Musik- und Medienjournalisten setzen die LP auf Platz 1 der »Bestenliste«. Produziert wurde diese Meilenstein-LP von »Grammy«-Preisträger Harold Faltermeyer.

Beim »World Popular Song Festival« in Tokio gewinnt UJ als einziger Teilnehmer gleich zwei Preise: »Most Outstanding Performance Award« als Interpret und »Outstanding Song Award« als Komponist von »Leave A Little Love«.

Als erfolgreichster Tourneekünstler der Saison 1980/81 erhält er das »Goldene Concert Ticket«.

1982 Für die LP »Leave A Little Love« erhält UJ einmal mehr den »Deutschen Schallplattenpreis«.

Zur weltweiten internationalen Promotion dieser LP bereist UJ mehrere Kontinente, gibt Konzerte in Südafrika, in mittel- und südamerikanischen Ländern, in den Beneluxstaaten, in Skandinavien.

In Deutschland, Österreich und der Schweiz erscheint die LP »Silberstreifen«.

Mit der Single »5 Minuten vor 12« greift er ein brisantes Thema des aktuellen Zeitgeschehens auf und kreiert eines seiner unvergeßlichen und wichtigsten Lieder.

Ab Herbst geht UJ wieder auf Tournee – unter dem Motto »Udo live – Lust am Leben«.
Als Mitschnitt erscheint das Live-Doppelalbum »Lust am Leben«.
Das ZDF strahlt eine TV-Personality-Show unter dem gleichen Titel aus.
UJ wird auf der Tournee, auf dem Album und in der TV-Show vom Schweizer Orchester Pepe Lienhard begleitet, das von nun an sein ständiges Begleitorchester ist.
Er erhält bereits für den ersten Teil der Tournee das »Goldene Konzert Ticket« für 150000 Besucher bei 47 Konzerten.

1983 Fortsetzung der Tournee durch Deutschland, Österreich, die Schweiz und die Beneluxländer: hundertdreiundzwanzig Konzerte mit über vierhunderttausend Besuchern, was einmal mehr neuen Tournee-Rekord bedeutet.
Für die LP »Silberstreifen« erhält er zum dritten Mal hintereinander den »Deutschen Schallplattenpreis«.
Eine repräsentative Umfrage ergibt: UJ ist der »Star des Jahres«.
Er gewinnt zum sechsten Mal die »Goldene Europa«.
Seine neue LP »Traumtänzer« erscheint, ausgekoppelt die Single »Die Sonne und du«.
Für eine internationale TV-Produktion fliegt UJ samt Glasflügel per Helikopter aufs 3454 Meter hoch gelegene Jungfraujoch in den Schweizer Alpen; dieses verrückte »Traumkonzert« eines Traumtänzers wird weltweit in den verschiedensten Shows und Nachrichtensendungen gezeigt.

1984 Anfang April stirbt Vater Rudolf in Klagenfurt.
Im Juli erscheint das neue Album »Hautnah« und die Hit-Single »Rot blüht der Mohn«, ein heißes Thema: das Drogenproblem.
Auf persönlichen Wunsch des deutschen Bundespräsidenten Karl Carstens tritt UJ in dessen Abschieds-Fernsehsendung auf.
Zur Frankfurter Buchmesse erscheint im September sein erstes Buch »Smoking und Blue Jeans – Jahre eines Traumtänzers«. Es klettert auf Platz Nr. 5 der »Spiegel«-Bestsellerliste.
Am 30. September feiert UJ seinen fünfzigsten Geburtstag.
Der Bundespräsident der Republik Österreich verleiht UJ durch den damaligen Bundesminister für Unterricht, Kunst und Sport, Dr. Herbert Moritz, den Berufstitel Professor in Anerkennung seiner Verdienste um die österreichische Kunst.
Ab 1. November, begleitet vom Orchester Pepe Lienhard, unter dem Titel »Udo Hautnah« große Tournee durch Deutschland, Österreich und die Schweiz.

1985 Die »Hautnah«-Tournee: hundertdreißig Konzerte von November 1984 bis Mai 1985 und über vierhundertdreißigtausend verkaufte Eintrittskarten belegen den Ruf, einer der erfolgreichsten Entertainer deutscher Sprache zu sein.

Rechtzeitig zum Start des zweiten Tourneeteils erscheint ein Mitschnitt des Frankfurter Konzerts als LP mit dem Titel »live & hautnah«. Die deutsche Tourneeagentur Lippmann & Rau verleihen ihm dafür die Auszeichnung »The Concert of the Year«.

Das Album »Hautnah« erhält Gold.

Am 18. August nimmt er in der Arena di Verona am Benefizkonzert »Opera for Africa« der Opernstars teil. Unter dem Titel »Opernpop« repräsentiert er als einziger Interpret die U-Musik. Einer der Höhepunkte des denkwürdigen Anlasses: UJ begleitet als Abschluß des Konzertes José Carreras am Flügel.

Er gewinnt erneut die »Goldene Europa« des Saarländischen Rundfunks. Im Spätherbst veröffentlicht er seine LP »Treibjagd«.

Am 17. 10. strahlt das ZDF eine Live-Aufzeichnung des Konzerts der »Hautnah«-Tour in Hannover aus. Mit wiederum riesigem Einschaltquotenerfolg. In sechzehn TV-Sendungen tritt er in nur zwei Monaten auf.

1986 Die Eröffnung der »Wiener Festwochen« am 9. Mai ist dem Komponisten UJ gewidmet. Er singt seine Lieder auf dem Rathausplatz vor über dreißigtausend Zuschauern und wird dabei von den Wiener Symphonikern, dem Orchester Pepe Lienhard, dem Schönberg Chor und den Gumpoldskirchner Spatzen unterstützt. Es dirigiert Peter Falk.

Im September präsentiert er im Vorfeld der 87er Tournee seine neue LP »Deinetwegen«. René Kollo, der weltberühmte Wagner-Sänger, veröffentlicht unter dem Titel »Musik war meine erste Liebe« eine LP ausschließlich mit UJ-Kompositionen.

1987 Im Februar Start zur Tournee »Deinetwegen«.

Erstmals seit über zehn Jahren tritt UJ wieder in der DDR auf: Zur 750-Jahr-Feier Berlins zwei Konzerte im Friedrichstadtpalast.

Im Herbst zweite Tourneehälfte »Deinetwegen«; hundertsechs Konzerte in der BRD, Österreich, der Schweiz und den Beneluxländern. Vierhunderttausend Zuschauer, Hallenbelegungsgrad neunzig bis einhundert Prozent.

Während der Tournee werden die LP »Das Live-Konzert 1987« (CCH Hamburg) und ein ZDF-Konzertmitschnitt »›Deinetwegen‹ – Ein Abend mit Udo Jürgens« (Friedrich-Ebert-Halle, Ludwigshafen) in Deutschland, Österreich und der Schweiz aufgezeichnet und ausgestrahlt.

Im Mai Live-Übertragung der »Soiree in Wien«, die in fünfzehn Ländern Europas ausgestrahlt wird.

Im Sommer Reise nach China zur deutsch-chinesischen TV-Gemeinschaftsproduktion »Heute abend in Beijing«, die von über vierhundert Millionen Chinesen mitverfolgt und auch von der ARD ausgestrahlt wird.

»Uduo Yuergensi«, wie UJ von den Chinesen genannt wird, singt im Duett mit dem chinesischen Star Cheng Fangyan und spielt als erster Pop-Musiker in der Verbotenen Stadt.

Auf der Internationalen Funkausstellung in Berlin wird ihm der erste »Deutsche Musikpreis für langjähriges Schaffen«, die »Berolina«, überreicht. Von RTL erhält er den »Ehrenlöwen«.

1988 Für sein Mitwirken in »Heute abend in Beijing« erhält er die »Goldene Kamera« als »Botschafter der Musik«.
Am Schalttag, dem 29. Februar, stellt er in Zürich seine neue LP vor: »Das blaue Album«.
Zum Höhepunkt dieser Produktion entwickelt sich auf der Platte wie im Konzertsaal das Lied »Gehet hin und vermehret euch«, zu dem der TV-Journalist Hanns-Joachim Friedrichs den Prolog spricht. Das Lied löst einen Proteststurm der Entrüstung und einen Boykottaufruf der katholischen Kirche aus. Aber ebenso einen Begeisterungssturm. Demonstrierende Fans mit Transparenten vor Rundfunkanstalten, nachdem das Lied auf den Index kam.
Das Lied behandelt die Überbevölkerung und wird in TV-Debatten diskutiert.
UJ erhält den »Danny Kaye Award«, tritt mit Harry Belafonte in einem Fernseh-Special auf und komponiert als Wahlschweizer die Titelmelodie für den Film »Ein Schweizer namens Nötzli«.

1989 Anfang Februar stirbt Mutter Käthe in Innsbruck.
Ende Juni Scheidung von Panja in Zürich.
Doppel-LP »Sogar Engel brauchen Glück« und die LP »Ohne Maske« mit Liedern wie »Masken, Masken« und »Wer nie verliert, hat den Sieg nicht verdient«.
»Ohne Maske« lautet auch der Titel der neuen Tournee: hundertsieben Konzerte mit vierhundertzehntausend Besuchern.
Beim Fall der Berliner Mauer wird UJ im November Zeitzeuge: Er gibt in diesen Tagen sein Konzert in Berlin, erlebt live den Zusammenbruch der DDR und steht in der Nacht, als die Mauer fällt, am Brandenburger Tor.

1990 LP »Sempre Roma« mit der deutschen Fußballnationalmannschaft zum Weltmeistertitel.
Als Komponist zeichnet er verantwortlich für zwei Folgen der TV-Erfolgsserie »Traumschiff« und spielt auch in einer Episode mit.

1991 Komponist und Sänger der Fanfare und des offiziellen Songs »Wings of Love« zur Eiskunstlauf-Weltmeisterschaft in München. Zusammen mit dem Orchester Pepe Lienhard gestaltet er die Eröffnungsfeier. Die berühmtesten deutschen Eiskunststars laufen zu seiner Musik.
Anfang September erscheint als Auskopplung der neuen LP »Geradeaus« die Hit-Single »Na und?!«.
Auszeichnung seines Geburtslandes Kärnten: UJ erhält den »Goldenen Landesorden« von Kärnten.
Ab 7. Oktober ist er auf Tournee mit »Geradeaus«.

1992 Die Tournee »Geradeaus« wird zum Großerfolg.
Wenige Tage nach Ende der Tournee startet UJ zusammen mit dem Frankfurter Symphonieorchester, einem Jugendchor und dem Orchester Pepe Lienhard zu seiner »Open-Air-Symphonie«-Tournee.

Das Konzert aus dem römischen Amphitheater in Windisch in der Schweiz vor zehntausend Menschen wird von RTL übertragen.
Ende Juni erlebt er das »Konzert der Konzerte«: Über zweihunderttausend Menschen kommen zu seinem Open-Air-Konzert auf die Wiener Donauinsel – das größte Open-Air-Konzert aller Zeiten auf dem europäischen Kontinent.

1993 Die CD/LP »Café Größenwahn« erscheint. Thomas Spitzer, der Chef und Texter der österreichischen Popgruppe »Erste Allgemeine Verunsicherung« hat den Text für das Titellied geschrieben.
Unterzeichnung eines lebenslangen Schallplattenvertrags mt Ariola und dem Verlag Bertelsmann in München.
Dreharbeiten als Schauspieler für eine Folge der TV-Serie »Ein Schloß am Wörthersee«.
Ab September Arbeit an dem Buch »... unterm Smoking Gänsehaut«.

1994 Arbeit am Buch »... unterm Smoking Gänsehaut« in Zürich und Portugal, das zur Frankfurter Buchmesse erscheint.
Tochter Jenny moderiert die abendfüllende ZDF/ORF-Aufzeichnung der TV-Gala zum sechzigsten Geburtstag. Die Deutsche Phonoakademie zeichnet ihn mit dem renommierten »Echo«-Preis für sein künstlerisches Gesamtwerk aus.
Der damalige Wiener Bürgermeister Zilk verleiht ihm den »Goldenen Ehrenring« der Stadt Wien.
UJ wird Ehrenbürger von Pörtschach am Wörthersee.
An seinem Geburtstag erhält UJ in Frankfurt das Bundesverdienstkreuz (1. Klasse des Verdienstordens der BRD).
Seine Wahlheimat Zürich pflanzt zu seinen Ehren sechs zehnjährige »Götterbäume« auf einem der schönsten Plätze der Stadt.
Im Herbst Start der neuen – seiner dreizehnten – Tournee, die ihn unter dem Titel »Udo Jürgens 1994/95« (»Die Größenwahn-Tour«) nahezu sieben Monate lang durch Deutschland und die Nachbarländer führt.
In Österreich erhält UJ eine Goldene Schallplatte für die CD »Aber bitte mit Sahne«, eine Kopplung seiner erfolgreichsten Lieder. Er ist damit der einzige deutschsprachige Musiker, der vier Jahrzehnte hindurch Goldene Schallplatten erhalten hat.

1995 Die Tournee wird mit nahezu 500000 Besuchern bei knapp 140 Konzerten zur erfolgreichsten Tournee der Konzertsaison in Europa. »140 Tage Größenwahn« heißt auch die im Frühling erscheinende Live-CD sowie der ZDF-Konzertmitschnitt.
Anläßlich seiner beiden Konzerte in Wien erhält UJ im Februar die höchste Auszeichnung seiner Heimat: das »Große Ehrenzeichen für Verdienste um die Republik Österreich«.
Die Zeitschrift »Hörzu« überreicht ihm die Goldene Kamera als erfolgreichster Künstler des Jahres 1994. Damit ist er der einzige Künstler, der diese Auszeichnung dreimal erhalten hat.

Die Kärntner Stadt Villach benennt einen »Udo-Jürgens-Platz«.
Nach dem Ende der Tournee arbeitet UJ in Zürich, Wien, Kärnten, an der Algarve und in New York an neuen Liedern für die CD »Zärtlicher Chaot«, die im Spätherbst erscheint.

Unbekannte Ansichten einer Künstlerkarriere - ein neuer Blick auf das Leben von Udo Jürgens

C. Bertelsmann

120 Seiten großformatige Fotos von Manfred Bockelmann, dem bekannten Fotografen und Bruder von Udo Jürgens

Es bedarf einer hohen Kunst, im scheinbar längst Bekannten, im tausendfach fotografierten Gesicht, das Unbekannte, das nie Gesehene zu entdecken und zu enthüllen. Privates aus Kindheit, Jugend und dem unbekannten Leben hinter der Bühne wird in ein überraschendes Verhältnis gesetzt zu Udos Leben im Scheinwerferlicht, und gesehen aus neuem Blick- und Kamerawinkel, läßt es die Lebens- und Kraftlinien einer außergewöhnlichen Karriere plötzlich sichtbar werden. Udo Jürgens selbst hat den weitestgehend unbekannten Fotos kurze Texte hinzugefügt.

C.Bertelsmann